JN041248

わかりやすい

マーケティング戦略

第3版

沼上 幹［著］

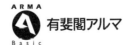

ARMA
Basic
有斐閣アルマ

第3版へのはしがき

　『新版　わかりやすいマーケティング戦略』が2008年に登場して以来すでに14年が経過した。その間に，社会もマーケティング戦略も，大きな変化を経験してきた。その変化に対応するために，第3版ではかなり大がかりな改訂を行なっている。

　もちろん，コンセプトを説明するための事例を時代とともに変えていく必要があるというのも改訂をする1つの理由ではあるが，今回の改訂はもう少し内容的に重要な改訂である。主要な改訂ポイントは，(1)考察対象にプラットフォーマーを加え，その戦略策定にもマーケティング戦略のフレームワークが活用できることを示したこと，(2)オーストラリアのマーケティング学者バイロン・シャープの議論とオーソドクシー（正統派）のフレームワークの統合を目指したことである。

　(1)　考察対象：プラットフォーマー

　インターネットの時代に対応したマーケティング戦略の内容を充実させ，とくに第5章「インターネット時代のマーケティング戦略」を新設した。この章では，インターネットがインフラとして定着してきたことによるビジネスの変化を説明し，フェイスブックやアマゾンなどのプラットフォーマーと呼ばれるビジネスの構造の解説を加えている。新しいビジネスのかたちが登場してきても，マーケティング戦略の基本が応用可能であることを理解してもらえるように記述したつもりである。

(2)　理論的フレームワーク：バイロン・シャープ

2000 年に出版された初版と 2008 年の「新版」の最大の違いは「共生的チャレンジャー」というコンセプト（概念）の導入であった。既存のマーケティング戦略の枠組では，成熟期になってもチャレンジャーが攻撃的に市場シェアを取りに行くことを是としていたのを改め，成熟期には適度な競争環境のもとで利潤を確保するという方向性での戦略構築がありうるということを示唆するためであった。

今回の改訂で理論的に最も重要な変更は，オーストラリアのマーケティング学者バイロン・シャープが生み出してきた知識をうまく取り込むことであった。バイロン・シャープは独自の実証研究を積み重ねて既存のマーケティング戦略のオーソドクシー（正統派）を痛烈に批判している。彼の理論的な示唆と実証研究の知見には固定観念をくつがえす破壊力と十分な説得力がある。しかし同時に，合理的な戦略思考を展開する上では正統派のマーケティング戦略論の価値が失われることはない。今回の改訂では，オーソドクシーのフレームワークを維持しつつ，バイロン・シャープの議論をそこに統合する作業を行なっている。

典型的には，ターゲット・セグメントの設定に関する議論を読んでもらえると，この点が分かるはずである。バイロン・シャープによれば顧客層は常に入れ替わっており，特定のターゲット・セグメントがいつも同じ人間から構成されているわけではない。ある会社の市場シェアが昨年 30 ％で，今年も 30 ％だったとしても，同じ人が購入しているのではない。昨年から今年にかけて，新たにターゲット・セグメントに入ってきた人が購入した金額が増え，逆に，他社のターゲット・セグメントへ今年移動して出て

いった人が昨年購入していた金額が減る。この増減が相殺されて市場シェアが30％のまま維持されているのである。

これをもってバイロン・シャープは具体的なターゲット・セグメントの絞り込みには批判的な立場をとっている。しかし，マーケティング戦略をじっくり思考しようという人にとっては，やはり具体的な顧客のイメージ（ペルソナ）を思い浮かべ，その顧客に適合的なマーケティング戦略を構築する必要がある。「いろいろな顧客がありうる」というだけでは，マーケティング戦略を緻密に考え抜くことは難しい。具体的な顧客イメージを1種類しか思い浮かべないのはたしかに単純すぎるだろうが，何も具体像を想定しないのでは思考が浮遊してしまう。両者の意見を綜合するなら，具体的な顧客イメージを複数設定して，何通りかの思考実験を繰り返すのが適切だという結論になるはずである。本書では，このような両者の綜合を行なっている。これが今回の改訂の重要な意味である。

もちろんこれら2つの改訂は，現在の変化の速さや研究の進展から考えるとまだ不十分かもしれない。しかし入門書のレベルを維持し，できるかぎり長くなりすぎないようにと苦慮した結果が現状の第3版だとご理解いただきたい。またその他にも，社会の変化に対応してジェンダーにも配慮した書き方に変更している。筆者の配慮が不足して，まだ改善するべき点は残されているかもしれない。この点についても読者からのご批判を待つことにしたい。

本書の初版以来，有斐閣の藤田裕子さんには丁寧な編集作業で多大なるサポートをいただいている。本書をより読みやすくする

ための表現や構成，写真・図版に関する提案を彼女から数多くいただいている。藤田さんを含めて，本書を作り上げる丁寧な本づくりの作業に携わっていただいた有斐閣のスタッフの皆様に心から感謝したい。

2023 年 3 月 15 日

著　　者

新版へのはしがき

『わかりやすいマーケティング戦略』が出版されてから，ほぼ8年が経過した。その間に多くの方にお読みいただけたことは著者にとって大変好運であった。しかし8年の歳月が経過する間に，初版の内容には2つの理由から改訂するべき点が見られるようになってきた。

1つめの理由は，具体例を示して概念を説明する部分に，時代とはそぐわないものが出現してきたことである。もともと重要なのは「具体例」ではなく，「考え方」の方であるから，それほど大きく変える必要もないように思われる部分もあるが，たとえば，中田英寿選手が去り，森本貴幸選手の活躍が始まりそうな時に「中田英寿選手の活躍しているイタリアのサッカー・リーグ」などという書き方は奇異に見えるのも確かであろう。また市場シェアや会社名など，いろいろ時代とともに変わってきている。これらもできるかぎり最新のものにアップデートした。ただし，「ユーミンのセグメンテーション」のように，読者がその歌や歌手を知らなくても，若干の推測を行なうことで了解可能なものについては，「考え方」を理解するのに適切な事例であるかぎり，書き方を少し修正しても，その事例そのものは残すようにしている。

2つめの理由は，この10年ほどの間に起こってきた経営戦略論の変化故に，「考え方」そのものについても，若干の追加・変更を行なう必要が出てきたということである。すでに1990年代後半から，成熟した寡占業界における競争のやり方について，ゲーム論的な経営戦略論の知見が普及し始めていた。しかし残念な

がら 2000 年に本書の初版を出版する際には，その知見と市場地位別の競争戦略との接合がうまくできていなかった。今回は，この点を反省して，衰退期の戦略定石と成熟期の市場地位別の戦略定石を見直すことにした。とりわけ成熟期においては「チャレンジャー」が攻撃的にチャレンジするのではなく，協調的・共生的に行動するという方針もあり得ることをこの新版では協調している。

　これらの変更はあるものの，すでに初版で組み立てた基本構造はそのまま維持されている。また本書の基本方針，すなわち書きすぎないこと，論理的にすっきりさせることについても，できるかぎり守ることを心がけた。ゆっくりと丁寧にお読みいただければ，専門の異なる初学者の方にも読みやすくなっていると思われる。本書がきっかけとなって，異なる専門の方々がビジネスの世界でコミュニケーションを取りやすくなり，筋の通った対話を通じた意思決定のできる組織が増えればと願ってやまない。

　　　2008 年 1 月 26 日

　　　　　　　　　　　　　　　　　　　　　　　　著　　　者

　本書は市場に軸足を置いた経営戦略の入門書である。入門書として書くと決めたからには，できるかぎり分かりやすくするように心がけたつもりである。分かりやすくするために，著者は2つのことに注意を払った。

　1つめは，書きすぎないことである。あまり多くの細かい点や例外的な話を盛り込んでいくと，論理の大筋を追うのが初学者にとって難しくなってしまう。重要なことは「市場に軸足を置いた経営戦略」について大まかで太い骨格をつかんでもらうことにある。もちろん細かい点が重要でないとは著者も思っていない。しかしそういうことを初学者に最初から伝える必要はない。後で勉強すれば良いのだ。本書を読んで基本骨格が身に付けば，その後に「世の中はもうちょっと複雑だ」ということを追加的に理解していくのはそれほど難しいことではないはずである。

　2つめは，さまざまなコトバの意味と具体例ができるだけすぐに出てくるように書いたということである。「なにか難しいコトバが出てきたな」と思っても，ひるまないでほしい。コトバの説明と具体例によって，読み進むうちに自然と理解が進むはずである。分からないコトバや難しい文が出てくると，そこで止まってしまうのが初学者の学習向上を阻害しているひとつの要因である。分からないことは，次の文を読んだり，次のページに進むことで自然に解消していくはずである。だから躊躇せずに次々に読み進んでほしい。また具体例を示す際にも，本書ではできるだけ多くの読者にとってなじみ深い商品を事例として選ぶようにしている。

こうすることで本書の中に出てくるコトバが単に頭の中だけのものではなく，より具体的な現実世界と密接に結びつくものだという実感をもってもらうことができるはずである。

　しかし，分かりやすくすることを重視しているからといって，論理の筋道に関しては骨のあるものにしているつもりである。「宣伝が上手かったから売れた」とか「たまたま時流にのったから成功した」といったような，世間で一般に流通している「お手軽な議論」は，単純であるが故に分かりやすいけれども，わざわざ本を読んで学ぶ必要などないものであろう。また，本書は，単に目新しいカタカナ・コトバやアルファベットを憶えてもらうための本ではないということも強調しておきたい。いやしくも大学水準の入門書なのだから，目新しいコトバの羅列でもなく，当たり前の議論の繰り返しでもなく，まじめに読めば「お手軽な議論」では見えてこないものが見えるようになる，というのでなければならないだろう。商学部や経営学部などの大学生ばかりでなく，他の文科系の学部を卒業した人々や理科系で育った社会人にも読み応えのある入門書にするには，分かりやすくマーケティング戦略の基本論理を説明していながら，同時に社会科学の思考法とか論理の組み方の香りを嗅いでもらえるようになっていなければならないだろう。本書はそのような入門書を目指しているのである。

　著者は本書を書く前に，普通の人が読みそうもない研究書を2冊書き上げている。1冊は600ページもの大部であり，もう1冊は哲学書みたいに難解な研究書である。本書はもちろん難易度に関して前2冊よりもずっと簡単であるけれども，社会科学の香りのようなものを前2書と同様に本書からも嗅ぎ取ってもらえるよ

うに努力が払われている。願わくば，難解なアルバムを創り出してきた合間に，聞きやすくて，しかもジャズの香りが十分に堪能できる「バラッド」を吹き込んだジョン・コルトレーンにあやかれんように。

謝　辞

本書は，1991 年に作成された日立製作所の社内テキスト用原稿をベースにして，事例を大幅に差し替え，いくつかの章に関して基本的な論理を組み替えて出来上がっている。それ故，同社の営業教育推進部を中心とした多くの方々のお世話になっている。営業教育推進部でテキストと研修体系づくりに邁進していらした古西昌平さん，児林直留さん，田中稔さん，石田俊美さん，菅沼恵慈さんには，テキストづくりばかりでなく，営業の現場に関するお話や社内における組織的な仕事の進め方に関するお話など，多くのことを学ばせていただいた。また，テキストづくりの最終フェーズでの討議に参加してくださった今村陽一さん，松田栄作さん，市場尚志さん，田中良一さん，塚文隆さんからも貴重なご意見をいただいている。

　当初社内テキストであった原稿を改訂して一般に利用可能なテキストにしたい，という希望を著者がもったのは，近年，国立大学において大学院大学化が進展し，高度専門職業人教育が本格化していく状況に直面してきたからである。ますます増え続けている社会人大学院生向けの講義を担当して，かつて学んだ経営戦略論をもう一度振り返って整理したい実務家や，もともと商学・経営学系の学部教育を受けているわけではない実務家が，独学で基本論理を整理し，身につけることができるようなテキストがあれ

ば，と著者は考えるようになった。彼らに基本論理の部分は独学で済ませてもらい，教室ではより進んだ議論をしたい。そうすることで，戦略審美眼をもった人材を日本国内に多数育成し，供給していきたい。そのような著者の希望を快く受け容れてくださった日立製作所と，そのプロセスでご尽力くださった同社の石井志津夫さんと根井雅一さんに心から感謝していることをここに記しておきたい。

　なお，本書の作成にあたって，一橋大学商学部助手の中本裕子さんと岡安史恵さんにはさまざまなサポートをしていただいている。また有斐閣書籍編集第2部の伊東晋さんと藤田裕子さんは，遅々として仕事の進まない著者にやんわりとプレッシャーをかけてくださり，本書出版の背後にある多様な手続きを手際よく処理してくださった。お2人を含めて，丁寧な本づくりの作業を進めてくださった有斐閣のスタッフの方々に感謝したい。

　　　2000年2月3日

著　　者

著者紹介

➡ **沼上　幹**（ぬまがみ・つよし）

1960 年　生まれる
1983 年　一橋大学社会学部卒業
1985 年　一橋大学大学院商学研究科修士課程修了
1988 年　一橋大学大学院商学研究科博士後期課程単位取得退学
同　年　成城大学経済学部専任講師
1991 年　一橋大学商学部産業経営研究所専任講師，同研究所助教授を
　　　　経て
1997 年　一橋大学商学部助教授
2000 年　一橋大学大学院商学研究科教授，博士（商学）
2018 年　一橋大学大学院経営管理研究科教授
2023 年　早稲田大学ビジネス・ファイナンス研究センター研究院教授

主要著作

『事業創造のダイナミクス』（共著）白桃書房，1989 年。
『創造するミドル：生き方とキャリアを考えつづけるために』（共編）
　有斐閣，1994 年。
『液晶ディスプレイの技術革新史：行為連鎖システムとしての技術』
　白桃書房，1999 年。（組織学会高宮賞，エコノミスト賞，日経・
　経済図書文化賞受賞）
『行為の経営学：経営学における意図せざる結果の探究』白桃書房，
　2000 年。
『組織戦略の考え方：企業経営の健全性のために』ちくま新書，
　2003 年。
『組織デザイン』日経文庫，2004 年。
『組織の〈重さ〉：日本的企業組織の再点検』（共著）日本経済新聞出
　版社，2007 年。
『経営戦略の思考法：時間展開・相互作用・ダイナミクス』日本経
　済新聞出版社，2009 年。
『ゼロからの経営戦略』ミネルヴァ書房，2016 年。
『小倉昌男：成長と進化を続けた論理的ストラテジスト』PHP 研究
　所，2018 年。（企業家研究フォーラム賞受賞）

著者が語る 本書の特徴

　戦略論を専門にしている著者がマーケティング戦略の本を書いたのだから，マーケティングが専門の人が書いた類書と本書がいくつかの点で異なっていて当然であろう。著者が自分で認識している本書の特徴として，はしがきに書いたもの以外に以下の3点ほどをあげておきたい。

（1）チャレンジャー企業とリーダー企業の間の競争について，時間展開をにらんだ妥当な定石を用意している。従来のチャレンジャー＝差別化，リーダー＝同質化という定石では，ほとんどの場合チャレンジャーは勝てない。チャレンジャーがリーダーに勝つには，プラスアルファが必要である。そのプラフアルファを明示的に示してある。

（2）業界の構造分析に関しては，論理の流れと個々の項目の解説という2つの面で，邦文文献の中では最も分かりやすく仕上げたと自負している。（もともとがかなり厄介な手法だけに，多くの教科書ではずいぶん省略されており，そのことによってかえって分かりにくくなっているように思われる。）

（3）PPMの特徴をより明確化するために，独立採算のシナリオや単純な調整のシナリオなど，PPM以外のやり方でキャッシュ・フローのマネジメントを行なったらどうなるのかを対比して書いてある。こうすることでPPMの特徴をより明確に読みとることができるはずである。

目 次 Contents

第**4**章　**市場地位別のマーケティング戦略**　　136
いかに他社と競争するか

第7章　全社戦略　　290
PPM の考え方

序 章 イントロダクション

大きく，未来を，論理的に考える

1. 考えることの大切さ「悪貨は良貨を駆逐する」という《グレシャムの法則》を記憶している人は多いだろう。しかし，《計画のグレシャムの法則》を知っている人はそれほど多くはあるまい。ノーベル経済学賞を受賞したハーバート・サイモンが，先の法則にならって付けた名称である。これは「ルーチンな仕事はノン・ルーチン（創造的）な仕事を駆逐する」という人間の性向を指したものである。つまり，処理の仕方が明らかで，しかも仕事の成果がすぐに分かるようなルーチンな仕事と，何をどうやって取り組んだらよいのかが分からず仕事の成果も簡単に測定できない創造的な仕事という2種類の仕事を目の前にすると，人間はルーチンな仕事を優先して，創造的な仕事を後回しにしてしまう，ということである。ルーチンな仕事というのは顧客からの注文処理のような日常業務を，また，創造的な仕事

I

というのは将来構想や長期戦略を思い浮かべれば分かりやすいだろう。

　ハーバート・サイモンは，時間的なプレッシャーの有無とは関係なく《計画のグレシャムの法則》は成立すると言っているが，仕事が忙しくなってくると，この傾向がさらに強まると感じている人は多いのではないだろうか。毎日毎日忙しくてたまらんという人は，本来ならば1年後あるいは5年後まで見すえて仕事の全体像を考えておくべきなのに，そういった長期的な課題を常に後回しにして，結局何も考えなくなる。「貧乏暇なし」だから「貧すれば鈍する」のである。

　自分の身の回りを見渡しても，この《計画のグレシャムの法則》にはまり込んでいる人は多いのではないだろうか。迫りくる納期や顧客のクレーム処理，伝票整理など，日々こなさなければならない仕事は腐るほどある。こういった状況では，「つべこべいうな，考えるよりまず行動することだ，まずお客さんのところに行ってこい」という意見が通りやすい。しかし，考えることが行動することよりも本当に重要なのは，まさにこういう状況下であることが多い。雑事が山のようにたまっているにせよ，人が足りないにせよ，根本的に仕事のやり方を見直したり，自分たちがいったい何をやっているのかを問い直す必要があるのは，こういう時であるはずだ。

2. 戦略的に思考する

　このテキストが目指しているのは，単にマーケティング戦略をお勉強するためのガイドではなく，《計画のグレシャムの法則》に陥りがちな人に，重要なことを考える道具立てを提供することである。すでに顧客

志向という言葉が身体にこびりついてしまった人に，自分の身の回りの状況に関して戦略的に考え，議論し，実行することの重要さを理解してもらうことを目指しているのである。とくに，市場・顧客を出発点として戦略的な思考のトレーニングをすることがこの本の目的だといってもいいだろう。思考法のトレーニングだから，この本の中に出てくる人の名前や会社の名前などは憶える必要はない。重要なのは，この本に出てくるコンセプト（概念）を自分で使えるようになり，そのコンセプトを使って身の回りの状況を分析できるようになることである。

「市場に関して戦略的に思考する」というのはいったいどういうことなのか。そもそも「戦略」とは何だろうか。いろいろ難しい定義があるけれども，ここでは，自分が将来達成したいと思っている「あるべき姿」を描き，その「あるべき姿」を達成するために自分のもっている経営資源（能力）と自分が適応するべき経営環境（まわりの状況）とを関係づけた地図と計画（シナリオ）のようなものだと考えてほしい。経営資源というのは一般にヒト・モノ・カネ・情報であり，経営環境とは顧客や競争相手，不景気・好景気などのマクロな経済状態などをいう。

3. 戦略とは

ここであげた定義からすれば，戦略というのは企業以外にもあることが分かるだろう。ギリシャ語で将軍という意味のストラテゴス（strategos）から派生した「戦略」（ストラテジー，strategy）は，もともと軍事用語である。

たとえば，今から30年以上前に行なわれた湾岸戦争の例で考えてみよう。湾岸戦争というのは，1990年8月にイラク軍がク

ウェートに侵攻したことを契機として1991年1月に米軍を主力とする多国籍軍とイラク軍の間で行なわれた戦争である。このとき，多国籍軍側からすれば，「あるべき姿」はイラク軍のクウェートからの即時全面撤退を，できるだけ少ないコストで短期間に行なわせることである。環境は，1月から2月の砂漠地帯の地形と気候，イラクの兵力と前線への物資供給能力，湾岸諸国の外交政策などである。資源は，兵力，経済力，資金負担を他国に要請できる政治力などであろう。これらの要因を関連づけて，いつ何処に，どのような軍事力を配置し移動させていくか，そのためにどのような物資補給の仕組みを創るか，というのが戦略だと考えていただきたい。

　もちろん個人にも「戦略」はある。入社試験の面接や子育て，買物などさまざまな局面で人間は「戦略的」に行動することができる。そうすることが望ましいことだとは思わないが，恋愛だって戦略的に行なうことは可能である。この場合には，相手の好みと性格，同じように相手に好意を寄せているライバル，相手が頻繁に相談をする両親や友人などが環境である。資源は，自分の肉体的・精神的魅力と資金力と暇などであろう。どのような状態を「あるべき姿」として思い描くかは，人によって違うだろうから，どのようなステップで「あるべき姿」に近づいていくかは，ここでは敢えて触れないでおこう。

4. 3つのスタンス

　「戦略」とはこのように非常に広い範囲に応用のきく考え方である。しかし，この本で扱うのは《市場に関して，市場を中心に据えて，戦略的に思考すること》である。その具体的な内容については，以下の各

章での議論にゆずるとして，ここでは「戦略的」に思考するために必要な3つのスタンスについて注意を促しておきたい。

　まず第1に，戦略的に思考するためには大きく考えることが必要である。自分の目の前の仕事ばかり考えるのではなく，さまざまな他者との関係の中で自分の役割をしっかり位置付けておくことが大切である。これは，自分のやっていることを，あたかも観客として外側から眺めるようなスタンスである。たとえば，自分の仕事と顧客のニーズを結びつけて考えたり，他社の動向との比較で自分のやっていることを見つめ直したり，自分の会社の他の部門の仕事と自分の仕事の関連を考えてみたり，といったことが戦略的に思考する上でまず初めに必要なスタンスである。

　第2に，未来を考えようとすること。明日までに片付けなければならない仕事が大量にあるときに未来のことなど考える余裕はない。しかも未来など見えるものではない，しょせん未来は不確実である。そう考える人もいるだろう。たしかにそのとおりだ。しかし，1日のうち30分でもいいから，無理してでも未来を考えるクセを身に付けることには意味がある。見えないとは言っても，全然見えないわけではなく，本気になって見ようと思えば見えるものもある。何が起こりそうか，かなり確実に分かっている場合もあれば，起こりそうなことが2〜3のものに絞り込める場合もある。もちろん，何が生じるのか全く想定できない場合もある。大切なことは，どこまでが本当に予見できて，どこからは本当に予見できないことかをはっきりさせておくことだろう。1年後，5年後，10年後に，いったい自分の仕事はどうなっているのだろうか。こういったことを常に少しでも考えている必要がある。こういうクセをもつことで，時間を通じた変化を徐々に理解

し，予見できることが多くなったり，予期していない事態に柔軟に対処できるようになるのである。

　第3に，論理的に考えることが重要だ。論理などくだらんという人には，「論理がくだらん」ということを，どうやって他人に説得するのか，という問いを投げかけなければならない。組織で仕事をし，長期にわたって成果を蓄積していくには論理的に考えるクセが是非とも必要である。人を説得する方法は，理詰めでいくか共感を呼ぶか，どちらかしかない。しかも毎日の苦労の積み重ねが長い年月の間に意味のある蓄積になるためには，きちんとした論理に基づいて行動していかなければならない。人間は，これまで経験上うまくいってきたことが，どのような状況下でもうまくいくと単純に信じ込んでしまう傾向がある。このような信念に基づいて行動していると，知らぬ間に世の中が変化して，実はこれまでの経験則が成り立たなくなってしまっても過去のやり方に固執してしまう。経験的にうまくいっているとしても，そのやり方がなぜうまくいくのかを論理で説明できるようにしておけば，不意に訪れる世の中の変化にも柔軟に対応できるはずである。

　論理的に考える場合にカギとなるのは「フィット」という言葉である。自社の製品が成功したのは，ターゲット市場のニーズに「フィット」していたからだとか，製品ライフサイクルの段階に「フィット」していたからだ，などなど，具体的な内容は後々理解するとして，何かと何かが「フィット」しているかしていないか，という考え方が重要だということに注意を促しておこう。

　大きく，未来を，論理的に考えること。これが戦略家（ストラテジスト）の基本である。この基本スタンスを念頭に置いてこの本を読み進んでほしい。

マーケティング戦略

第 *I* 部

第Ⅰ部は，ひとつの製品あるいは類似の製品群のマーケティング戦略について解説を加えていく。それ故，読者には，自分が特定の製品や製品群のマーケティングを担当する立場に立っているという想定をしておいてもらいたい。特定の顧客たちを念頭に置いて，何らかの製品を開発・生産・販売することで利益を手に入れようとする場合に，どのようなことを考えなければならないのかが，この第Ⅰ部で大まかに示される。

　もちろん現実の企業人はもっと複雑なことを考えている場合が多いのだが，本書の目的は何よりもまず市場を中心とした戦略的思考法の基本中の基本を読者に伝えることにあるので，できるかぎり思考法の大枠に議論を絞っておく。論理の基本骨格だけ示し，小骨を付けたり肉付けしたりといった作業は，読者自ら，他の書物を読み，実践を重ねることで行なっていってほしい。

　ここでいう論理の基本骨格はきわめて単純である。図Ⅰを見ていただきたい。マーケティング戦略を立てる上で最も基本になるのは，自社が提供する製品・サービスがお客さんのニーズにフィットしている，ということである。顧客の欲しいものを提供することが基本だというのは，当たり前すぎるくらい簡単な論理であろう。この簡単な論理を，実際のマーケティング戦略を考える上で役立つ程度に具体的なレベルで，少しずつ細かいところまで展開していくのが，本書の第Ⅰ部である。

　まず次の第1章では，企業が市場に対して働きかける道具のセットを紹介する。①製品，②流通チャネル，③プロモーション，④価格という4点セットをマーケティング・ミ

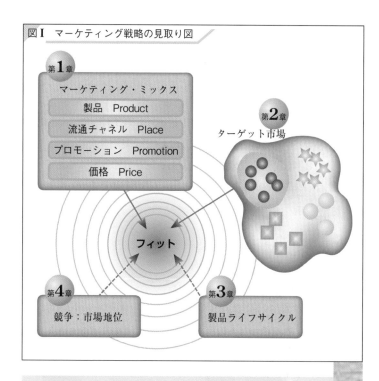

図Ⅰ　マーケティング戦略の見取り図

第**1**章

マーケティング・ミックス

製品　Product

流通チャネル　Place

プロモーション　Promotion

価格　Price

第**2**章
ターゲット市場

フィット

第**4**章
競争：市場地位

第**3**章
製品ライフサイクル

ックスという。この4点セットを紹介した上で，続く第2章では，市場の中のどの部分を自分たちの主たる顧客として想定するのかを考える。企業がねらいをつけている「主たる顧客」，すなわちターゲット市場の選定方法について議論するのが第2章のテーマである。第1章と第2章を読み進むうちに，読者はマーケティング・ミックスとターゲット市場のニーズとが「フィット」しているというのがどういうことか，だいたい見当が付いてくるに違いない。この見当が付いた段階で，第3章と第4章では両者の「フィット」の関係に重大な影響を与える環境要因を紹介し，それぞれの条件次

第でどのような戦略の定石があり得るのかを考えていく。さらに第5章では，インターネットの進化によるマーケティング戦略の変化を，ロングテール，フリーミアム，プラットフォームといったカギ概念とともに解説していく。

　本書は，読者の皆さんに定石通りに手を打ってほしいと思っているわけではない。しかし，この定石を考えていくプロセスが戦略的思考法を学ぶ上で重要だと筆者は考えている。より具体的な状況を頭に浮かべて打ち手を論理的に考えること，しかもその際に「フィット」を多面的に作り上げていくこと，そのような戦略思考の基本を理解する上で定石を考えていくプロセスは重要な示唆を提供するのである。これが第I部の基本的な骨格である。

　この骨格の説明そのものよりも，むしろ本書の先を読み進んだ方が，おそらく多くの読者にとっては分かりやすいと思う。本を読むときの基本戦略は，分からない部分が出てきても，そこで止まらずに，分からなくてもそのまま読み続ける，ということである。先まで読み進むと，「さっきは分からなかったけれど，なるほど，そういうことだったのか」と理解できることが多い．それ故，もう先に進んだ方がよいだろう。

第1章 マーケティング・ミックス

4つのP

　マーケティング戦略の基本は，ある程度似たようなニーズをもつターゲット市場を見つけ出し，そのターゲット市場のニーズにフィットするように，製品の特徴と流通経路，広告，価格などの手段をうまく組み合わせていくことである。

　ターゲット市場に働きかけるための手段の組み合わせをマーケティング・ミックスという。マーケティング・ミックスの中身の分類はさまざまな形で行なわれてきているが，これを4つのPにまとめておくと憶えやすく，自分でものを考える時にも混乱しないので便利である。

　もともとE. J. マッカーシーという人が4P's（「よんピー」とか，「フォーピーズ」などと呼ばれる）という分類法を言い出したのだが，もちろん人の名前を憶える必要はない。しかし，4つのPがそれぞれ，①プロダクト（Product：製品）と②プレイス（Place：

流通経路），③プロモーション（Promotion：販売促進），④プライス（Price：価格）のことだということは，頭に叩き込んでほしい。ひとつずつ説明をしていこう。

1 プロダクト

●製　品

製品（商品）については，伝統的には，最寄り品・買い回り品・専門品などに分けられてきた。乾電池のようになくなったらすぐに近くで購入するものを最寄り品と言い，洋服のようにショッピングを楽しんだりするものを買い回り品，買う時に知識豊かな店員からアドバイスを必要とするようなものを専門品と呼ぶ。この3つは商圏の広さが違うと言われている。最寄り品・買い回り品・専門品の順番で，後者になるほど消費者が遠くから買いに来てくれるので，商圏が広くなるのである。

しかし，戦略論で考えるプロダクト（製品）は，これとは少し異なる切り口で考察を始めることになる。そもそも，「自分はいったい何を売っているのか」ということを問うのが初めの一歩である。製品（商品）あるいはサービスというのは分かりやすそうで実は難しい。自分たちが売ろうとしている製品から，顧客はどのような本質的サービスを受け取っているのか，ということを問うことが重要である。なお，製品というと供給者側の目線なので，商品というべきだという人もいるが，本書は「製品」と「商品」と「プロダクト」を同じ意味で用い，文脈に応じて使い分ける。すべて同じ意味なので，気にせずに読み進めてほしい。

製品について考えなければならないポイントは大きく分けると

2つある。ひとつは個々の製品をどのように顧客ニーズにフィットさせるかというポイントであり，もうひとつは複数の製品をどのように組み合わせて顧客ニーズ全体に適応していくかというポイントである。ここでは，まず個々の製品について考えることから議論を始めることにしよう。

　ひとつの製品は，①その製品が提供している本質的なサービスと，②その製品に付随している補助的なサービスとの組み合わせとして捉えておく必要がある。その上で，顧客のニーズにフィットした製品を作り上げるという場合には，この本質サービスと補助的なサービスの両面で自分たちの提供しようとしているものがいったい何であるのかを明確にしておかなければならない。

1. 本質サービス

顧客は，製品の物理的な特徴そのものを購入しているわけではない。その製品が顧客に満足をもたらす理由は，その製品が顧客に特定のサービスを提供しているからである。たとえばクルマを考えてみよう．顧客は金属やガラス，プラスティックなどの塊として自動車を捉えているのではない．移動するというサービスを顧客がそのクルマから引き出すことができるから，あるいはそのクルマを所有していることで自分が金持ちだとかクルマ選びの趣味が良いなどということを示すことができるから，顧客はその自動車を購入するのである。だからマーケティング戦略を立てる際にまず初めに気をつけることは，製品を物理的な特徴で捉えずに，その製品から顧客がどのような満足を引き出しているのかを考えることである。その際，モノそのものに注目するのではなく，「製品とは，そこからさまざまな満足を引き出すことのできるサービスの束なの

だ」と考える必要がある。

たとえばマーケティングの世界で使い古された例として口紅がある。口紅を付ける人は口紅の物理的・化学的な特性を購入しているのではない。その人たちは美しくなろうという夢を買っているのだ，というのである。だとすれば，口紅を作っている化粧品会社は，他の化粧品会社ばかりでなく，フィットネス・クラブやエステ・サロンとも競争していると考えなくてはならないだろう。教養を身につけることで美しくなれるのだとすれば，本屋さんやカルチャー・スクールも競争相手である。

口紅の例で分かるように，顧客が本当に購入している本質的なサービス（本質サービス）が何かを見つけ出すのに，本当の競争相手が誰かを考えるというのもひとつの有効な手である。たとえば，ビールと高級アイスクリームが競争しているという人もいる。どちらも1日中頑張って仕事した人が，疲れて家に帰ってきて，自分自身にご褒美を上げたいと思ったときに購入して消費するものだというのである。

こういった本質サービスの議論は重要なのだが，この種の議論を進めていくと，時々単なる〈ことば遊び〉になってしまう危険性もある。だから，製品の物理的な特徴もまた戦略上重要な場合があることを指摘しておく必要もあるだろう。

たとえば技術開発の結果として，パック入り豆腐の賞味期限が格段に長くなったと考えてみてもらいたい。最近の製品は製造日から180日も常温保存できる。長持ちする豆腐という物理的な特徴は，消費者にとっても保管できる期間を長くするという補助的なメリットをもたらすが，豆腐という製品の本質サービスそのものが大きく変わったとは考えにくい。

しかし，賞味期限が格段に長いという物理的な特徴をもつ豆腐は戦略的には大きな変化をもたらす。なぜなら，賞味期限の近づいた通常の豆腐はセール価格で販売されることになるからである。生産された時から数日間しか賞味期限のない通常の豆腐と，3カ月間も食べられるパック入り豆腐とでは，消費者にとっての本質サービス自体はそれほど変わらないかもしれないが，売れ行きに合わせた生産量の調整や価格の安定，冷蔵品ではなく常温品として輸送できる物流上のメリットなど，マーケティング戦略に大きな変化をもたらす。

　多くの人が「製品」というとあまりにも物理的な特徴に注意を注ぎすぎてしまうが故に本質サービスを考えることの重要性が強調されるが，同時に物理的特徴の変化がマーケティング戦略に及ぼす影響についても見失わないようにバランスをとることが重要である。

2. 補助的サービス

　製品が提供しているのは本質サービスだけではない。製品にはそれぞれブランドが付いているし，何らかのパッケージに入っているだろうし，おまけがついていることもあれば，無料で家まで配送してくれることもある。これらをすべて補助的サービスと呼ぶことにしよう。購入後にも保証やメンテナンス・サービスなどのさまざまな補助的なサービスが提供される。これらの補助的サービスの質によって勝敗が決することもある。

　アップル製品やソニーの製品などを購入したことがあれば，そのパッケージを開けるときのワクワク感，高級感に感動した人もいるに違いない。あるいは，最近のソニー製品のパッケージなど，

プラスチックを使わずに再生可能な紙で作られているのを見て，同社の環境への配慮姿勢をメッセージとして受け取る人もいるのではないだろうか。パッケージは，商品の本質サービスを表現して伝えるとともに，企業イメージを形成する重要な手段にもなりうるのである。

　近年のネット上のサービスについて考える場合であれば，サウンド（音）もある種の「パッケージ」のようなものとしてデザインするべき重要な要素である。たとえば，Netflix で映画を見ようと思うと，最初の場面で「ダッダーン」という同社のイメージ・サウンドが流れる。このメロディが喚起するイメージが，同社のサービスが生み出す楽しい視聴経験と結びついて，Netflix のブランドを創り上げているのである。

⑴　ブランド

　ブランドは重要である。ブランドというと，日本人はブランドものに弱いとか，流行に敏感な若い女性たちを思い浮かべる人も多いかもしれない。しかし「ブランドなんかアホらしい」などとバカにしてはいけない。人間にたとえて言えば，本質サービスはハート（心）で，ブランドは顔・名前である。顧客はこの顔・名前を見て，製品を識別し，その本質サービスを推測し，信用して購入する。だからできるだけ本質サービスをきちんと表現できるようなブランドを設定する必要がある。

　たとえば牛丼で有名な吉野家は，「築地家」という別ブランドの店舗を作って，まったく同じ味の牛丼をより安価に提供する実験を行なったことがある。実験店は吉野家の店舗を改装しただけだから立地も同じである。しかし，同じ味の牛丼を同じ立地で安価に提供したにもかかわらず，売上げは低下した。逆に，もう一

度，「築地家」を「吉野家」に戻すと，価格は上がったのに，入客数は3割アップになったという。立地も味も，まったく「同じ」と思われる製品でも，ブランド次第で異なる製品として受け取られ，著しく異なる反応を受けるのである。これほど重要なものであるから，近年では，ブランドが継続的な利潤をもたらす資産だと捉え，ブランド資産（ブランド・エクイティ）と呼んでとくに重視する考え方が増えてきている。

これまでブランドのなかった商品にまでブランドが付けられる例も見られる。その典型例は農産物であろう。たとえば青森産のリンゴとか，無農薬の野菜といったカテゴリーしかなかった農産物が，特定農家の個人名や写真を付けて売られるようになっている場合もある。今後，流通段階のすべてを追跡できるよう情報システムが発達してくると，特定農家ブランドがますます発達していくかもしれない。

また，昔はブランドが表に出てこなかった部品の世界でも，ブランドが強調される場面も目立ってきた。典型例は「インテル，入ってる」("intel inside") であろう。それまで完成品としてのパソコン自体にはブランドがあったものの，その中身に使われている部品がブランドを主張することはなかった。1991年にIBM社のパソコン広告で初めて登場した "intel inside" はその後急速に普及していった。現在でも，「intel CORE™ i7」などの表示がされ，パソコンそのもののブランドと同等またはそれ以上に強い存在感を示している。

ブランドは，お客様とのお約束の印だと指摘する人もいる。顧客は，ある製品を購入して，そこからサービスを引き出し，独特の経験をする。これをユーザー・エクスペリエンス（顧客体験）

という（UX と略されることもある）。毎回同じ品質水準のユーザー・エクスペリエンスを提供してくれる，という期待に常に応え続けていく「お約束」がブランドだというのである。吉野家の牛丼は，いつ，どの店舗で食べても，「吉野家」というブランドが同じユーザー・エクスペリエンスを約束してくれている。だから多少金額が高くても，吉野家の牛丼を顧客は選択するのである。

(2) お ま け

おまけというとグリコのキャラメルが伝統的に有名だ。最近ではアソビグリコと呼ばれるシリーズものの木製おもちゃが時期ごとに企画され，10 種類のおまけを集めて楽しめるように工夫されている。この他にもポケット・モンスターのシールが付いてくる丸美屋のふりかけとか，呪術廻戦のカードが付いてくるお菓子（ウエハース）なども販売されている。呪術廻戦カード付きウエハースは発売元がバンダイだから，カードが製品で，ウエハースがおまけかもしれない。おもちゃのメーカーからすると，コンビニのお菓子の棚に製品を置けるので，優れた市場開拓の施策だと考えることもできる。その他にも，さまざまな商品におまけが付いてくる。アップル社のパソコン（マック）を買うと，ワープロ・ソフトや表計算ソフト，ブラウザ，メール・アプリ，簡単なゲーム・ソフトまで付いてきたりする。

故障したときに自分で修理することができない製品や修理費用が非常に高い製品の場合には，保証書やメンテナンス・サービスが付いているか否かが顧客の購入判断の重要な基準となるだろう。パソコンのプリンタやカメラのような製品では通常 1 年程度の保証期間が付けられている。また優良な住宅の場合には基礎と屋根に関しては 10 年保証が付けられている。プロダクトを考える場

合には，ここまで広く考えておかないといけない。

　本質サービスと補助的なサービスの両方に関して考えるべき最も重要な点は，①本質サービスが顧客のニーズにフィットしているか否か，また，②本質サービス自体をより魅力的にするように，あるいは本質サービスに新しい魅力を追加するように補助的なサービスが作られているか，という点である。つまり，いちばん大事な本質サービスを本当に魅力的に表現するためのパッケージが提供されているか，配送やメンテナンス・サービス提供が本質サービスをうまくサポートしているか，その補助的サービスを追加することで顧客が他社製品よりもわが社の製品を魅力的だと感じるようになるか，といったことに注意する必要がある，ということである。

3. プロダクト・ミックス

　個々の製品について，その本質サービスと補助的サービスを考えたら，次に複数の製品を組み合わせて多様な顧客ニーズに応えることを考えてみよう。

　たとえば株式会社ロッテのチューイング・ガムを考えてみることにしよう。同社のガムは虫歯予防効果を訴求しているキシリトール・ガムのシリーズをはじめとして，口臭予防のためのガムや爽快感を楽しめるガム，眠気予防ガム，記憶力維持や体脂肪低下など独特の機能を訴求しているガム，風船ガムなど，多様な製品から構成されている。市場全体の売上高の約6割を占めている同社のガムは，決して単一種類のガムから構成されているわけではないのである。このように，ひとつの会社が取り扱う製品の組み合わせ全体をプロダクト・ミックスという。

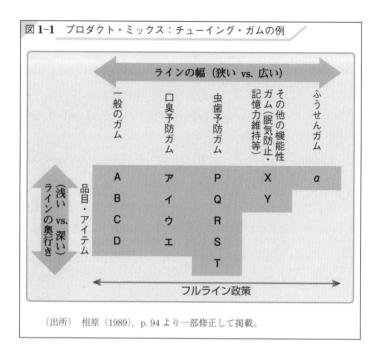

図 1-1　プロダクト・ミックス：チューイング・ガムの例

ラインの幅（狭い vs. 広い）

	一般のガム	口臭予防ガム	虫歯予防ガム	その他の機能性ガム（眠気防止・記憶力維持等）	ふうせんガム
品目・アイテム	A	ア	P	X	α
	B	イ	Q	Y	
	C	ウ	R		
	D	エ	S		
			T		

（浅い vs. 深い）ラインの奥行き

フルライン政策

（出所）相原（1989），p. 94 より一部修正して掲載。

　図 1-1 にプロダクト・ミックスの例が示されている。図の横に並んでいるガムのカテゴリー（一般のガム，口臭予防ガム，虫歯予防ガム，その他の機能性ガム，風船ガム）はそれぞれ，ライン（製品系列）と呼ばれ，その数をラインの幅という。多数のラインから構成されていれば，幅の広いライン，逆に少数のラインから構成されていれば狭いラインという。とくに，あらゆるカテゴリーをそろえている場合にはフルラインという。

　また図の縦軸側を見てほしい。それぞれのラインの中にもさまざまなアイテム（品目）が含まれていることがある。たとえばロッテのガムの場合，キシリトール・ガムに異なる味のタイプが数多く提供されている。最も一般的なのは緑色の〈ライムミント〉

であるが，それ以外にも青色の〈フレッシュミント〉やピンク色の〈ピーチ〉，紫色の〈グレープ〉などなど，多様である。3個パックや5個パックのものはスーパーでもよくみかけるであろうし，ボトル入りパッケージのものも販売されている。このような同じラインの中で取りそろえられたアイテムの数をラインの奥行きと言い，アイテムの多い少ないを「深い・浅い」と表現する。通常，自社が重視している製品のカテゴリーでは深いラインを形成する。ロッテの場合も，キシリトール・ガムのアイテム数が一番多い。ロッテの場合，製品系列はフルラインで構成され，とくにキシリトール・ガムのラインが深い，と表現することができるであろう。

　マーケティング戦略を策定する際には，このプロダクト・ミックスをどのように設計するかということを考える必要がある。たとえば，①幅広い市場ニーズに対して広い製品ラインで対応するべきなのか，それとも，②狭いラインだが価格を段違いに安くすることで対応するべきなのか，あるいはまた，③特定のラインについては奥行きを深くして重点的に市場攻略するべきなのか，これらのことをしっかり考えておくのである。

　プロダクト・ミックス全体に対する目くばりはいろいろな意味で重要である。たとえば，このような目くばりを欠いてしまうと，自分の会社の製品同士が顧客ニーズを奪い合い，製品数が増えても売上げが増えない場合がある。これをカニバリゼーション（共食い）と言い，しばしばカニバリと略される。

　また，自社の製品をすでに持っている顧客に，より高級な製品へと買い換えてもらうという戦略もある。たとえば自動車の場合には，一度自社の顧客として取り込んだら，家族構成や年収の変

化に合わせて，自社内の製品ラインで買い換えていってもらう，という戦略を考えるケースがある。このとき，低価格のラインで自社製品の顧客になった人が徐々に高級なクルマに買い替えていく，という流れを創るためには，最初に購入してもらう〈お買い得なクルマ〉は自社に対するイメージ向上のために優れた品質を備えている必要がある反面，自社の上級車種に較べると適度に見劣りのするものでなければならない。トヨタを例に考えれば，ヤリスは良いクルマだと思ってもらう必要があるが，プリウスの方がもっと良いクルマでなければならず，そのプリウスもアルファードよりは見劣りしていなければならない。この例から分かるように，高級感と価格が適度に違う製品ラインを設計する必要があるという意味でも，プロダクト・ミックス全体への目くばりが常に必要なのである。

2 プレイス

●流通チャネル

流通チャネルは，メーカーから最終ユーザーに製品が渡るまでの場所（あるいは経路）のことである。それゆえ，これをプレイスと称する。プレイスに関する意思決定は，大きく2つに分けることができる。ひとつは商取引の流れとしてどのような経路をたどるのかという問題であり，もうひとつはモノの輸送・保管に関してどのような経路をたどらせるのかという問題である。前者を商流と呼び，後者を物流とかロジスティクスと呼ぶ。

通常の製品は，メーカー─→卸 売業者→小売業者→消費者という経路をたどる。なかには，一次卸，二次卸など，多数の卸売

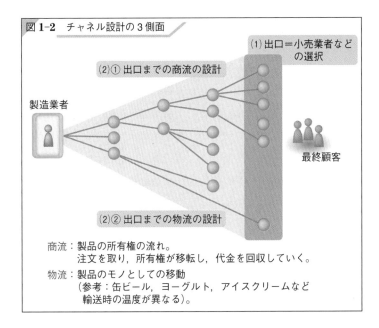

図1-2　チャネル設計の3側面

(1) 出口＝小売業者などの選択

(2)① 出口までの商流の設計

製造業者

最終顧客

(2)② 出口までの物流の設計

商流：製品の所有権の流れ。
　　　注文を取り，所有権が移転し，代金を回収していく。
物流：製品のモノとしての移動
　　　（参考：缶ビール，ヨーグルト，アイスクリームなど
　　　輸送時の温度が異なる）。

業者を通って最終ユーザーにたどり着く製品もある。最近では，メーカーがインターネット通販業者を介して消費者に販売しているケースや，メーカーの自社サイトで販売して直接最終ユーザーに届けられる製品もあるだろう。

　図1-2 に見られるように，プレイスに関して決めなければならないことは，大きく分けると2つ，細かく分けると3つだと考えておけばよい。

(1)　最終的な製品の「出口」
(2)　その「出口」に至るまでの経路
　①　商流：商売の流れ
　②　物流：モノの物理的な流れ
それぞれ簡単に見ておくことにしよう。

まず第 1 に決めなければならないことは，最終的にどのくらいの数の，どのようなタイプの「出口」を通じて消費者の手に製品を届けるか，ということである。ここで「出口」とは，最終的に消費者が直接製品を受け取る流通チャネルのいちばん消費者寄りの所，すなわち小売店などのことだと考えてほしい。**表 1-1** には，小売業の種類が示されている。スーパーや百貨店，専門店，コンビニエンス・ストア，ドラッグストア，100 円ショップなどの有店舗のものもあれば，自動販売機や通信販売，ネット通販などの無店舗のものもある。

表には記していないが，有店舗販売として，イオンモールや御殿場プレミアム・アウトレットのように，多様な店舗が集まっているモールという店舗集積もある。

また，最近では，ＳＰＡ^{エスピーエー}という言葉も頻繁に耳にするであろう。SPA というのは，製造小売業と訳されることが多い。単にメーカーから仕入れて小売店として販売しているお店ではなく，自社の店舗で取り扱う商品を自分たちで企画して，直接製造したり，製造プロセスの管理をしたりしながら販売している企業のことを指す。当初は，GAP の創設者ドナルド・フィッシャーが 1986 年に自社の目指す方向を "Specialty store retailer of Private label Apparel" だと表現したところから，SPA という言葉が流通するようになった。フィッシャーの言葉は「小売店の独自ブランド衣類を販売する専門店」という意味であり，最後の A がアパレル（衣類）だから，SPA という言葉は当初ユニクロのようなファッション系の企業を想定したものだったのであろう。しかし，近年では自分の店舗で販売する商品を自分たちで企画したり，製造したり

表 1-1　小売業の種類

有店舗小売業	無店舗小売業

有店舗小売業

1. 総合スーパー（GMS: General Merchandise Store）（イオン，イトーヨーカドー）：食品だけでなく，衣類等も揃えている
2. 食品スーパー（紀伊国屋，成城石井，マルエツ，ヤオコーなど）：食肉・鮮魚の調理部門を備えている
3. コンビニエンス・ストア（セブンイレブン，ファミリーマート，ローソンなど）：「CVS」と略すことがある
4. ドラッグストア（ツルハ，マツモトキヨシ，スギ薬局，サンドラッグなど）
5. ホームセンター（カインズ，ホームピックなど）
6. ディスカウントストア
   ①総合ディスカウント（ドンキホーテなど）
   ②専門ディスカウント（ヤマダ電機，トイザらすなど）
   ③ウェアハウス・クラブ（コストコ）
7. 百貨店（高島屋，三越伊勢丹，Ｊフロントリテイリング）
8. 専門店（SUIT SELECT, SUIT COMPANY など）
9. 一般小売店（酒店, 書店, 青果店など）
10. コープ（生協，農協）
11. 100円ショップ（ダイソーなど）
12. その他　中古品店　等々
13. SPA（GAP, ユニクロ, ニトリなど）

無店舗小売業

1. 自動販売機
2. 通信販売
   ①カタログ販売（千趣会，フェリシモなど）
   ②ネット販売（アマゾンコム，楽天など）
   ③テレビショッピング（ジャパネットたかたなど）
3. 訪問販売

・顧客のタイプ
・リーチできる人数
・高級感
・店頭での接客等のコスト
などが異なることを考慮に入れて，何をどこで売ると適切かと考えながら表を見てみること

（出所）小林隆一『流通の基本　第5版』日経文庫，2016，53頁を参考にしながら，修正を加えて作成。

している企業は皆 SPA と言われるようになった。たとえば，家具のニトリが SPA と呼ばれるのはその典型であろう。

これ以外にも，カテゴリー・キラーと呼ばれる小売店もある。これは表 1-1 の分類でいえば，専門店に分類される。ただし，特定の商品カテゴリーに特化して，その領域では極めて幅広い商品を揃え，低価格で提供する大型の専門店である。たとえば「トイザらス」などがその典型であろう。

個々の具体的な小売りの業態については，この表に掲載されている店舗形態以外のものはないと考えてはいけない。常に新しいタイプのものが出現する可能性がある。たとえば，セブン–イレブンの 1 号店が東京都江東区にオープンしたのは 1974 年 5 月であり，楽天市場の開設は 1997 年 5 月，アマゾンの日本版サイト開設は 2000 年 11 月である。2020 年度の時点で，小売業の売上げに占めるコンビニの占める割合は 10.6 %，ネット通販の比率は 8.08 %である。これほど多くの売上げをこの数十年の間に登場した新業態が担うようになっており，しかもネット通販は今後もさらに成長を続けていくはずである。小売業の業態はさまざまなものが現われ，入れ替わっていく。この入れ替わりに合わせて，新しい市場が生まれ，新しい製品の成長する機会が現われる。それに合わせて 4 つの P を再構築する必要があるから，マーケティング戦略を考える人は，この変化を常に視野に収めていなければならない。

(1) 消費者と「出口」のフィット

さて，プレイスを考える最初のポイント，すなわち「出口」の部分についてまずチェックするべきことは，消費者と「出口」とがフィットしているか否かということである。ターゲットとする

顧客の行動パターンと製品の特徴を考えれば，どのような小売業者を通じて消費者に製品を届けるべきかについて，常識的な答えまでは簡単に出せるはずだ。たとえば，中学生から若いビジネス・パーソンまでを対象とした大盛りカップ焼きそばであれば，全国のコンビニやスーパーに広く届けるのが定石であり，都心のデパートに並べることはないだろう。逆に，高級なバッグをスーパーやコンビニに置くのはバッグの高級イメージにとってマイナスであろうし，そもそも顧客が，本物かどうかを疑ってしまうだろう。

　ここで注意しておかなければならないのは，自社の製品にフィットした「出口」を見つけたとしても，その小売業の店主に製品を置いてもらうのには一苦労する，という点である。小売店は店舗の面積が限られている。店内の棚も限られていて，無限に多数の製品を並べられるわけではない。製品を並べてもらう空間のことをシェルフ・スペースという（シェルフは商品を置く棚のこと）。どれほど良い製品を開発しても，末端の小売店におけるシェルフ・スペースを獲得できなければ消費者に商品を届けることは難しい。だから，シェルフ・スペースを獲得できるか否かということをチャネルの設計時にじっくり考えておかなければならない。

　どうすればシェルフ・スペースを獲得できるのだろうか。小売店の立場に立てば，①頻繁に売れるもの，②1個当たりの利幅の大きいものがよいはずである。あるいはまた，おもちゃを買うと電池を同時に買っていくように，③それを売ることで他の製品の「ついで買い」を誘うようなものも魅力的であろう。小売店が喜んで売ってくれるように，小売店の協力姿勢を引き出すインセンティブ（誘因）を考えておく必要がある。

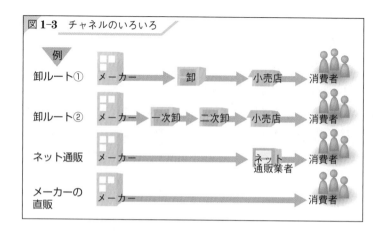

図1-3　チャネルのいろいろ

例

卸ルート①　メーカー　→　卸　→　小売店　→　消費者

卸ルート②　メーカー　→　一次卸　→　二次卸　→　小売店　→　消費者

ネット通販　メーカー　→　ネット通販業者　→　消費者

メーカーの直販　メーカー　→　消費者

(2)　商流の決定

　プレイスを設計する上で決めなければならない第2のポイントは，その最終的な小売業者に達するまでに商売上どのような道筋をたどらせるか，ということである。図1-3で言えば，製造業者から小売業者に至るまでにどのような経路で製品の所有権が受け渡されていくのかということを決めるのである。

　メーカーから一次卸が購入して，それを二次卸に転売して，さらに小売店が仕入れて，消費者が買う，というような売買の流れが旧来の典型例であった。しかし近年では，アマゾンがメーカーから購入して，それを消費者が買う，という流れや，メーカーの直売サイトから直接消費者が購入する，というような流れもある。これをどのように設計するかが商流の決定である。

　最終的な「出口」である小売店も製品を取り扱うことで利益が出て，積極的に売ろうとしてくれることが重要であったのと同様に，卸売業者（問屋）もその製品を売ることで十分に利益を得られなければ，その製品を売ろうとはしない。ターゲット・セグメ

ントとの最終的なフィットを最重要課題としつつも，卸と小売り
という流通チャネルの協力の得られるマーケティング戦略を策定
しなければならない。

(3) 物流と商流

商流を考えると同時に，物流についても考える必要がある。こ
れがプレイスを考える際の3つめのポイントである。近年の小売
業における競争では物流が決定的に重要な役割を果たしてきた。
たとえば，かつて家電製品はメーカーの工場から系列店（パナソ
ニック・ショップのような町の電気店）へ送られていた。すべての
メーカーがそれぞれ独自の系列店に自社製品を配送していたから，
物流だけで大きなコストがかかっていた。ここにヤマダ電機のよ
うな量販店が登場すると，物流の仕組みが変わってくる。たとえ
ば，各メーカーはヤマダ電機の物流センターに納品し，この物流
センターで複数のメーカーの製品を組み合わせて，トラックに混
載し，各地のヤマダ電機の店舗に配送する。これだけでも大きな
物流改革になり，コスト・ダウンになる。独自の効率的な物流シ
ステムを構築できるか否かで，家電量販店の価格競争力が変わっ
てくるのである。

物流と商流は常に一致するとは限らないという点にも注意して
おく必要がある。この点は，自分自身のアマゾンでの購入経験を
思い浮かべると理解しやすい。たとえば，アマゾンで iPhone の
ケースを購入する場面を想定してみよう。

画面をよく見ると，販売元と出荷元が記されているのに気づく
はずである。アマゾンが仕入れたケースをアマゾンが販売してい
れば，販売元と出荷元は同じアマゾンのはずである．しかし，実
際にはこれ以外にも，**図1-4**に見られるように，販売元も出荷元

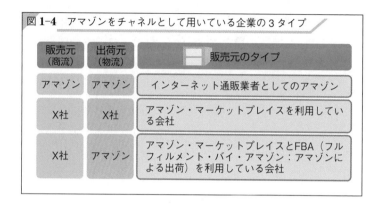

図1-4 アマゾンをチャネルとして用いている企業の3タイプ

販売元 (商流)	出荷元 (物流)	販売元のタイプ
アマゾン	アマゾン	インターネット通販業者としてのアマゾン
X社	X社	アマゾン・マーケットプレイスを利用している会社
X社	アマゾン	アマゾン・マーケットプレイスとFBA（フルフィルメント・バイ・アマゾン：アマゾンによる出荷）を利用している会社

もアマゾンではない商品や，販売元は別の会社だが出荷元はアマゾンと書かれているものも売られている。販売元も出荷元もアマゾンではない商品は，アマゾンというウェブ上の市場(いちば)に各社が出品しているものである。市場なので，アマゾン・マーケットプレイス（Amazon Marketplace）という。アマゾンがサイトの場所を貸してくれて，代金徴収を手伝ってくれている。自分のホームページで売っていてもいいのだが，アマゾンに「出店」しておいた方がお客が見つけてくれやすいので，アマゾンという市場に「出店」しているだけである。

　販売元は別会社なのに，出荷元がアマゾンと記されているものは，フルフィルメント・バイ・アマゾン（FBA：Fulfillment by Amazon，直訳すると「アマゾンによる出荷」）と呼ばれている。FBAの場合，販売元に所有権がある商品をアマゾンの倉庫にあらかじめ置いておいて，そのまま物流システムはアマゾンのものを活用して消費者の手元に届ける。モノの流れとしては，アマゾンの直売品と同様の流れであるが，販売者がアマゾンに売ったのではないから，所有権の移転はない。つまり，アマゾンの直売品

と FBA とは，物流としては同じ流れだが，所有権の移転（商流）という点では異なるのである。

このように，出口と商流は物流とは密接に関係しつつ，互いに独立に決められる部分もあるから，プレイスの意思決定は複雑である。最終的な出口部分をどこにするのか，またそこに商品を届けるまでに，所有権をどのように移転させ，物理的にモノをどのように届けるのか，という3つの側面を主たる顧客を念頭に置いて考え抜かなければならない。

(4) 流通経路

一般論を言えば，最終的に商品を届ける範囲が広がれば広がるほど，流通経路も長くなる。この理由は簡単である。**図 1-5** を見ていただきたい。メーカーも卸売業者も，単独で相手にできる卸先の店数が 100 店だと仮定しておこう。最終的に 100 の小売店に製品を流す場合にはメーカーが直接小売店と取引すればよいが，1 万店になったとすれば一次卸が 100 店必要になり，100 万の小売店に商品の現物を流そうという場合には，一次卸を 100 店と二次卸を 1 万（100×100）店利用する必要が出てくる。これが物理的な店舗（リアル店舗）を必要とする場合の基本である。

しかし，インターネット通販の場合は，この基本が変わる。最終的な小売店に商品をリアルに展示しておく必要がないから，リアル店舗のヒエラルキー（階層制）を考慮する必要はない。多数の人がアマゾンで調べてワンクリックで購入を決めるというケースでは，アマゾンの情報処理システムが顧客と商品をマッチングして，顧客がクリック（購入）してくれれば，その後は宅配便が商品を顧客に直接届けてくれる。この場合，アマゾンのサイトが多数の顧客に対応できるので，卸と小売りのヒエラルキーはなく

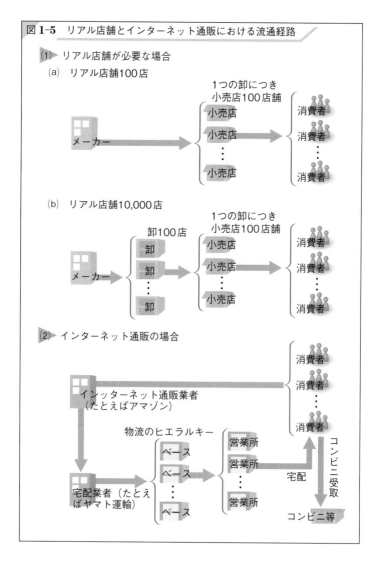

図 1-5　リアル店舗とインターネット通販における流通経路

(1)▶ リアル店舗が必要な場合

(a)　リアル店舗100店

メーカー → 小売店／小売店／…／小売店（1つの卸につき小売店100店舗）→ 消費者／消費者／…／消費者

(b)　リアル店舗10,000店

メーカー → 卸／卸／…／卸（卸100店）→ 小売店／小売店／…／小売店（1つの卸につき小売店100店舗）→ 消費者／消費者／…／消費者

(2)▶ インターネット通販の場合

インターネット通販業者（たとえばアマゾン）→ 消費者／消費者／…／消費者

宅配業者（たとえばヤマト運輸）→ 物流のヒエラルキー：ベース／ベース／…／ベース → 営業所／営業所／…／営業所 → 宅配 → コンビニ受取／コンビニ等

なる。

　ただし，実際にモノを届ける物流にはヒエラルキーは残る。ヤ

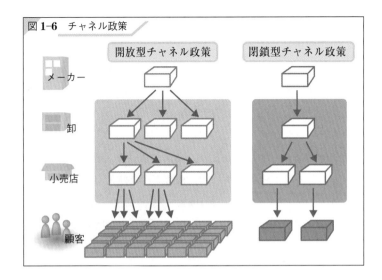

図 1-6　チャネル政策

開放型チャネル政策　　閉鎖型チャネル政策

メーカー

卸

小売店

顧客

マト運輸の宅急便の場合には，各地に巨大なベースと呼ばれる配送の拠点が75カ所あり，より狭い受け持ち範囲を担当する約3,500カ所の営業所と荷物の受け渡しをしている．さらにその営業所はコンビニなど約25万店の取扱店と荷物のやり取りをしている（2023年時点）。図1-5に示されているヒエラルキーは，実際にモノが存在する場合には，少なくとも物流システムについては必要になる構造なのである。

2. 2つのチャネル政策　　商流に関連する2つの意思決定，すなわち最終的な店舗の選択とそこに至る商流の選択との両方に関連して，2つのタイプのチャネル政策があると言われている。ひとつは閉鎖型チャネル政策であり，もうひとつは開放型チャネル政策である。

　図1-6に見られるように，閉鎖型チャネル政策は，中間の流通

業者を特定化して比較的狭い範囲の小売店に製品を流す政策である。この政策は，価格の維持やブランド・イメージの維持には適しているが，急速に大量の製品を販売するのには適していない。また，特定の限られたチャネルを使用するため，たとえば一般小売店からコンビニへと主たるチャネルが変わるといった，特定チャネルの陳腐化には，対応が難しい。

　逆に開放型チャネル政策とは，中間の流通業者を特定化せず，幅広く製品を流す政策であり，大量販売には効果があるが，価格やブランド・イメージの維持は困難になる。たとえば安価なインスタント・ラーメンを販売するには多数の小売店に品物を並べる必要があるから，開放型チャネル政策が採用されるであろうが，末端の小売店でインスタント・ラーメンが定価の何割引で売られるかをメーカーはコントロールできない。場合によってはスーパー・マーケットの特売で客寄せのために特価で売られることもあるであろう。また，高級ブランド品で開放型チャネル政策をとると，偽物が流通してしまうこともある。質の劣る偽ブランドのせいで本物のブランドまで評判を落としてしまっては困る。だから自社製品のブランド・イメージを維持するには閉鎖型チャネル政策をとることが必要になるのである。実際，高級ブランド・バッグの典型であるルイ・ヴィトン（LVMH社）は，直営店もしくは契約を結んだ特別な店舗以外では販売していない．同社は，偽物に対する「ゼロ容認」（まったく許容しない）政策をとっており，偽物に対して厳しい対応をとってきている．同社の閉鎖型のチャネル政策はルイ・ヴィトンの伝統と知的所有権を守るためにも重要な政策なのである。

3. 流通チャネルの変化： SCM

チャネル政策の最も基本的な選択肢は開放型 vs. 閉鎖型であるが，近年の流通に関する変化は非常に急速であり，この変化にどのように対応していくかは戦略的にきわめて重要である．とくに，近年の情報通信技術（Information and Communication Technology: ICT）の発達は，流通チャネルに大きな変化をもたらしてきた．その典型はサプライ・チェーン・マネジメント（SCM）であろう．

私たちは普段は気づかずにいるのだが，欲しいものがあるときにコンビニやスーパー，インターネット通販で買おうとすると，多くの場合にはスムーズにそのタイミングで購入できる．これは考えてみると大変ありがたいことである．時折，スーパーの棚に商品が1つもない欠品状態になっていることもあるが，大抵は購入できる．しかし，たとえば，もし消費者がコカコーラを飲みたいと思って，コンビニに行き，コンビニの店長があなたの希望を聞いてからコカコーラの発注をしていたら，納品には何日もかかってしまう．アルミ缶の原材料であるボーキサイトの掘削まで遡ったら，何カ月もかかるというべきだろう．

消費者が実際に購入する何日も前に商品を作り始めなければならないなら，多くの作り置きをしておけばよい，と思うかもしれない．しかし，不用意に作り置きをしたら，大量の在庫が山のように積まれてしまい，企業は利益を出せなくなる．だから，いつ何がどのくらい売れるのか，ということを事前に予測して，その予測情報を小売店から卸，完成品メーカー，原材料メーカーといった商品の生産から販売に携わるすべての企業に共有していく仕組みが必要になる．この小売店から原材料メーカーまで，商

品の供給に必要な活動を担う企業の連鎖をサプライ・チェーンという。

　どの商品も毎日同じ個数だけ売れていくのなら，サプライ・チェーンの情報共有はほとんど問題にならない。しかし，需要量は毎日変化し続けている。今，店頭で何個売れたかという情報に基づいて，需要予測を時々刻々と変えていく必要がある．日々変化する需要情報に基づいて将来の需要量を予測し，その情報をサプライ・チェーン全体で共有して，過剰な在庫をできるだけ避けながら，しかも可能な限り欠品も起こさないようにする仕組みをサプライ・チェーン・マネジメント（SCM）という．これからの時代のマーケティング戦略を考える上で，流通チャネルばかりでなく，より上流の部材メーカーまで含めたサプライ・チェーン全体を情報技術によって調整していくことが，ますます重要になっていくであろう。

3 プロモーション
●顧客との情報のやりとり

　プロモーション（promotion）とは，企業が特定の製品に関する情報，あるいは自社に関する情報を顧客に伝える活動だと考えればよい。企業が顧客に情報を伝達する手段は基本的には次の4つである。

(1)　広告・宣伝

(2)　販売員活動

(3)　広報活動

(4)　販売促進

それぞれ簡単に解説を加えていくことにしよう。

1. 広告・宣伝 まず第1に広告である。テレビのコマーシャルや新聞・雑誌，インターネットのホームページに掲載される広告がこれである。広告では，好感度の高いタレントを使って商品そのものに対する好感度を高めるという効果が狙われることもある。消費者の好きなタレントが登場し，そのタレントがその商品を良いと伝えているのであれば，消費者もその商品を良いものだと思う傾向が自然に出てくる。しかし単に好感度の高いタレントを使えば良いというだけではなく，製品のコンセプトと矛盾しないように広告を制作することに注意を払わなければならない。

たとえば疲労回復・栄養補給を訴求する大正製薬のドリンク剤のリポビタンDの広告では，登場するタレントは時とともに変わるが，一流のスポーツ選手や筋肉質の俳優などが登場し，常に前向きにチャレンジを続け，体力の限りを尽くして頑張っている様子が描かれる。バスケットボールの八村塁選手やラグビー日本代表選手が力強くプレーしている姿やトレーニングに励む様子が映像で流れるなど，まさに，リポビタンDという製品のコンセプトとイメージが一致する内容の広告が作られている。

また広告媒体は，ターゲットとする顧客の特徴にフィットするように選ぶ必要がある。オーディオ・マニア向けの製品はオーディオの専門雑誌に広告を掲載するのが効果的であろうし，子供向けの商品は，子供の好む漫画雑誌やアニメ番組のコマーシャルで広告・宣伝を行なうのが適切であろう。ただし，子供向けの雑誌やアニメ番組は実は大人も見ているから，そこに大人をターゲッ

トにした商品の広告を出すということもありえないわけではない。誰がどのメディアを視聴しているのか，どの雑誌を読んでいるのかを常にデータで確認しておかないと，間違った判断をしてしまう可能性があるから注意しておく必要がある。

広告のメリットは，明らかに広い範囲に伝達可能だということである。だが逆に，広告は企業から消費者への一方通行の情報伝達になってしまうというデメリットもある。デジタル・テレビの時代には視聴者がチャンネル操作で投票できるなど，双方向のやりとりがある程度可能にはなっているが，たとえば，テレビや新聞の広告相手に「なぜ？」などと質問しても，即座にスムーズに答えが返ってくることは望めない。また，テレビ広告は15秒とか30秒程度の時間しかとれないし，新聞・雑誌の広告でも伝えることの可能な情報量には限りがある。よほど長文の広告を新聞・雑誌に載せない限り，製品の細かい説明は無理であり，顧客が本当に疑問に思っていることにケースバイケースで対応することもできない。テレビ広告などは，そのブランドが存在していることを広く知らせたり，記憶をリフレッシュするための手段であって，説得のための手段ではないのである。

2. 販売員活動

広告が広い範囲に一方的に情報を伝達するのに対して，2番めのプロモーション手段である販売員活動は狭い範囲にしか情報を伝えることができないが，顧客との相互作用を行なうことができるというメリットがある。広告は顧客の質問にリアルタイムで回答するのが難しいが，販売員であれば顧客の真意をくみ取って懇切丁寧に疑問を解消していくことが可能である。販売員は製品を広く知らせること

はできないが，顧客に納得してもらうことはできるのである．顧客との間で濃密なコミュニケーションを行なうことが販売員の活動だから，販売員たちは単にモノを売っているのではなく，企業と顧客との情報のやりとりを担っているのだと考えなければならない。自分が顧客の立場に立てば，「〇〇のセールス・スタッフ（販売員）は親切で商品知識が豊富だ」とか，逆に「あの会社の営業の人（販売員）は不親切で何も知らない」といった事実だけで，その会社全体のイメージを決めてしまうことが多いのはよく分かることであろう。企業全体から見れば，販売員はその行動によって企業と製品のイメージ・情報を顧客に伝え，顧客のニーズと自社製品の問題点を企業に持ち帰って整理するという双方向コミュニケーションの重要な機能を果たしているのである。

3. 広報活動

第3に広報活動がある。広報とは，おカネを払わないでテレビや新聞，雑誌などの媒体に自社の記事や製品の紹介を掲載してもらうことである。もちろんおカネを払わないのだから，何でもかんでも記事として紹介してもらえるわけではない。新製品として非常にユニークであったり，珍しい企業の特徴であったりすれば，マスコミの側としてもニュースとして報道する価値がある。そういったニュース・バリューのある事実をマスコミに伝えて，記事として紹介してもらうのが広報である。たとえば，赤ワインには動脈硬化予防効果があり，白ワインには大腸菌などを殺菌する効果があることがメーカーや大学の研究室によって明らかにされた。これらの効果の発見は，ワイン・メーカーが自社でおカネを出さなくても新聞などを通じて報道してもらえる。

広報のメリットは「安上がり」であることばかりではない。自分自身で「この商品は良いですよ」とか「ウチの会社は良い会社ですよ」と主張するのではなく，第三者であるマスコミがそのように伝えてくれるということが，きわめて重要である。セールス・スタッフやテレビ・コマーシャルが自分の会社の製品を悪く言うわけはない。「良い製品だ」と言うのは当たり前である。だが，第三者のマスコミが言ってくれれば，一気に信憑性が高まる。これは自分のことを考えれば，すぐに納得がいくはずだ。「俺っていいヤツなんだ」などと自分で言っても，誰も相手にしてくれないが，「あいつはいいヤツだ」と第三者が言ってくれれば多くの人から本当に良い人間だと思ってもらえる。もちろんその第三者が周りの人間から信頼されているという条件が必要である。マスコミに紹介される新製品の場合も，信頼されているテレビ局や新聞，雑誌などに紹介してもらえることが重要である。

　クチコミによる製品情報の伝達は企業と顧客の間のコミュニケーションではなく，顧客間のコミュニケーションではあるが，広報と類似の機能をもっている。つまり企業が直接おカネを支払っているのではないため非常に安上がりであると同時に，そのクチコミ情報は受け取る側に高い信憑性をもっていると判断されやすいのである。

　通常のクチコミは友人関係など，実際に関係のある人同士のコミュニケーションによって商品やサービスの評判が伝えられることで，売れ行きを左右する効果がある。近年はインターネット通販サイトでの製品評価の書き込みや，個人のブログ上の書き込みなどが，eWOM（Electronic Word-Of-Mouth）と呼ばれ，顧客の購買を左右する影響力をもつものとして注目されるようになってい

る。インターネット通販サイトの製品評価レビューなどは，リアルには人的なつながりがない人の意見で，情報として参考にしている人は多いであろう。

　ただし，インターネット上の情報の効果は「友達」としてつながりがあるとさらに大きくなると言われている。フェイスブックのような SNS（ソーシャル・ネットワーキング・サービス）では，多くの友達をもつ人が最近購入した商品の画像をアップすると，そこに多数の友達たちが「いいね」を押す。こうして友達がその広告に「いいね」を押している場合，そうでない広告よりも 60％も記憶に残り，購買確率が 4 倍になるという（ケラー＆フェイ，2016）。

　もちろん逆に自社製品にとっての悪い情報であれば，企業側がそのクチコミを抑えようとしても，なかなか思いどおりにいかない，というやっかいな面もある。皆が信じたがるデマが蔓延すると，真実とは遠いストーリーが真実であるかのように受け入れられ，製品寿命が尽きてしまう場合もある。たとえば加工食品などで，実際には発がん性物質など入っていなくても，あたかも発がん性物質が入っているかのようなクチコミが流れて，皆がそれを信じれば，その食品の販売は難しくなる。インターネットの時代には，ネット上のクチコミが急速に進むため，コントロールがますます難しくなっている。科学的な根拠をもって説明しても，難しい説明にますます多くの疑問が投げかけられ，「炎上」という事態に陥ることもある。いったん炎上したサイトなどは，冷静な議論の場へ変わるまでに時間がかかり，企業側のコントロールが不可能な場面は多々出現する。クチコミのもつマイナス面も十分に視野に入れて，できるだり事前に対処できる体制を用意してお

く必要があるのである。

4. 販売促進

4番めは狭い意味での販売促進である。販促(はんそく)と省略されて使われる場合が多い。英語にするとこれもプロモーションになってしまうので，混同しないように「狭い意味での販売促進」とか販促と呼んでおこう。販促には，試供品（サンプル）の提供や景品付きのセール，クイズやアンケートによる景品プレゼント，携帯ストラップやボールペンなどの記念品贈呈，各種イベントなどなど多様なものが含まれる。商品の知名度が低いのでとにかく名前を憶えてもらいたいという場合や，シェアが低いのでとにかく一度使ってもらおうという場合に販促が大規模に行なわれることが多い。

たとえば，ペットボトル入りのお茶などを購入するとLINEのスタンプをダウンロードできるシールが貼ってある，というのは販促の典型である。なかなか試してもらえないけれども，一度試してもらえさえすれば，その品質に満足してリピーターになってもらえる，というような製品の場合，この種の販売促進は有効であろう。

5. インターネットを使ったプロモーション

最近活発に活用されているインターネットを使ったプロモーションは，広くコミュニケーションできるという意味でテレビ広告に近いようにも思われるが，しかし，テレビ広告のような一方通行的な側面とは別に，販売員活動のような双方向的な要素や，お金を払わずに拡散してくれるクチコミ等の広報的な要素が強い場合もある。このような多様なインターネット上のプロモー

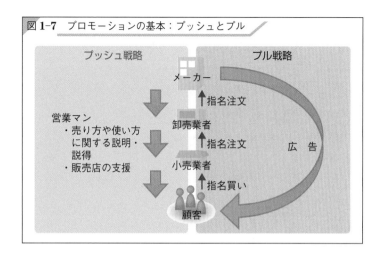

図1-7 プロモーションの基本：プッシュとプル

プッシュ戦略　　　　　　　　　プル戦略

メーカー

↑指名注文

営業マン
・売り方や使い方
　に関する説明・
　説得
・販売店の支援

卸売業者

↑指名注文

広　告

小売業者

↑指名買い

顧客

ションを区別するために，通常の広告やウェブ広告のように企業がお金を支払ってプロモーションをするものをペイド・メディア（お金を払った）と呼び，自社サイトなどでプロモーションする場合をオウンド・メディア（自社所有の），SNS などで消費者が取り上げて発信する場合をアーンド・メディア（獲得された）と 3 種類に分けて呼ぶのが一般的である。

　たとえばタカラトミーのリカちゃん人形は，YouTube にも登場し，Twitter や Instagram も発信している。これは自社で展開しているブランド作りのための発信であるからオウンド・メディアである。リカちゃんの Twitter のフォロワー数は 13 万 5,000人，Instagram のフォロワー数は 90 万人を超える。かつて少女のおもちゃだったリカちゃんも，現在は大人の OL まで含めた広い顧客層を対象としており，疲れ切った OL の姿での投稿等，顧客からの共感を呼ぶ内容が投稿されているという。もちろん，新しいファッションを身にまとって登場するので，リカちゃん用の洋服の宣伝にもなっている。テレビのような一方的な広告ではな

いから，「いいね」が押されたり，コメントが付されたり，場合によっては炎上したりする。ここで得た情報から，消費者が自分のSNS上でリカちゃんについて書いてくれればアーンド・メディアとなる。インターネットのサービスを使ったコミュニケーションはまだ発展途上である。インターネットは，今後のマーケティング戦略にとって多くの新しい工夫が生まれてくる宝庫になるであろう。

6. プッシュとプル

①広告，②販売員活動，③広報，④販促，という4つを全体としてとらえる広い意味でのプロモーションに注目すると，2つの対照的な政策あるいは戦略があると言われている。ひとつはプッシュ戦略であり，もうひとつはプル戦略である。図1-7に両者の違いが示されている。プッシュ戦略とはメーカーの販売員が一次卸や二次卸に対して効能や使い方の説明をしたり，説得を行なったり，応援を行なったり，販売促進費などを使ってさまざまな資金援助をして，自社製品を顧客の側に押（プッシュ）していく戦略である。

プル戦略とは，大規模な広告を行なってまず最終消費者にブランドを認知させ，消費者が小売店に行って指名買いをするようにしむける方法である。指名買いに来られた小売店は二次卸に対して指名注文し，二次卸は一次卸に，一次卸はメーカーに指名注文する。こうしてメーカーの製品は末端の消費者の側から引っ張られる（プル）ようにして動いていくのである。

プッシュ戦略は販売員を活用するので，販売員1人当たりで対応できる流通業者（卸売業者と小売業者）の数に限界があるが，説得的なコミュニケーションを展開しやすい。これに対して，プ

ル戦略は広いオーディエンス（視聴者）に情報を伝えるので，広告費は一見高く見えても視聴者1人当たりにすると低いコストで情報を伝えることができる。

　なお，プッシュ戦略とプル戦略は同時に使えることを忘れてはならない。コンビニの店頭に新しいペットボトル入り飲料を置いてもらうようにコンビニ・チェーンの本部と交渉すると同時に，大量の広告を打つことで，コンビニの店頭まで顧客を連れてくるという連携プレーが行なわれる。また自動車会社は，販売員が新車の特徴を説明するプッシュ戦略で販売を押し上げようとすると同時に，テレビや新聞などで大々的な広告を打って新車の需要を喚起しようとする。両方使えば，もちろんコストはかかるかもしれないが，その両方の相乗効果でさらに販売を促進することが可能な場合もある。

4 プライス

●価　格

| 1. 価格決定の要因 |

価格について決めなければならないのは，①定価（希望小売価格），②割引率，③支払い期間やローンの条件などである。これらを決める際に目くばりしておくべき要因は基本的には3つである。

　(1)　その製品のコスト
　(2)　顧客にとっての価値
　(3)　競争相手が設定している価格

　コストよりも安い価格を付けることは普通はできない。しかし一概にコストといっても，今現在のコストを指すとは限らない。

製品の単位当たりのコストは，その生産量が多ければ多いほど低くなるし，発売直後よりも 1〜2 年作り続けた後の方が習熟していて安くなる。だから，コストに基づいて価格を設定するとしても，そのコストが何カ月後の，どのくらいの生産数量の時のコストかを考えておかなければならないだろう。現時点ではコストより低い価格でも，それによって需要が急激に増加し，その結果，コストが下がって半年後から一気に利益が出る，ということがありうるということである。

　商品が売れるのは，もちろん，その商品を購入する人が，その価格よりも高い価値があると思っているからである。交換は常に，互いに有利だと思うから発生するので，売りたい人は売ることで利益が出るのと同様に，買いたい人は買うことで支払った価格よりも高い価値を手に入れるのである。ある商品を顧客が購入する場合に支払っても良いと思う最高の価格を**支払意思額**という。支払意思額の英語は willingness to pay なので **WTP** と略されることがある。WTP は，ある製品に対して顧客が感じている価値を金額で表現したものである。もし他に選択肢（競合品や代替品）がないなら，顧客はこの WTP に等しい額までお金を支払うことになる。

　しかし，世の中には競争があり，競合品や代替品がある。これは企業にとってはありがたくないことだろうが，顧客にとってはありがたいことである。たとえば，ある顧客の WTP が 100 円のときに，商品を提供している企業が 1 社しかいなければ，その顧客は 100 円を支払う必要があるかもしれない。しかし，他の会社が同等品を 60 円で売っていれば，そちらを購入すれば良い。これでは 100 円で売っていた会社は売上げがなくなってしまう

から，60円まで価格を下げることになる。WTP が 100 円の顧客は，まるで 40 円分を得したような気分になる。競争によって価格が 60 円まで低下すれば，今まで 100 円で購入していた顧客以外に，WTP が 100 円未満から 60 円以上の顧客までが新たに製品を購入するようになる。複数の企業が市場で競争してくれているおかげで，WTP の高い人は得した気分になり，WTP がそれほど高くない人まで商品を購入して楽しむことができるのである。

「競争相手と顧客の財布を考えたら，低価格戦略が良いに決まっている，とりわけ不景気の時には安さ以外にウリはない」と考えるのは早計である。不景気の時でも売上げを伸ばしている高級なブランドもあるからである。また，高品質の高級品はそれなりに高い価格を設定しなければ，顧客はその製品の「高級感」を認識できないという可能性もある。マーケティング・ミックスの他の要素と同じように，価格もまた製品の本質サービスをいかにうまく表現し，サポートするかという視点から設定される必要がある。

たとえば同じオーディオ製品でも，パナソニックの 5〜6 万円のミニコンポと，同社の高級ブランド Technics が提供している 170 万円を超えるアンプとでは，まったく異なる本質サービスを売っていて，その本質サービスが異なるが故に価格も異なるのだと考えるべきであろう。

2. 低価格にしても良いケース

顧客にとっては同一商品なら価格が安い方がありがたいとしても，企業の側から見れば価格を低くしても良いケースは限定的である。具体的に言うなら，①他企業がその低価格に追随で

きないか，②価格を低くすることで市場が拡大して業界全体の市場規模が大きくなるか，少なくともどちらか一方が成立しているときであれば，価格を下げることには意義がある。そうでなければ，価格を引き下げた分だけ自社も他社も利潤が減少してしまう。

少し考えてみれば，これらの条件は当然のことである。いま，ある製品が十分に普及していて，値下げをしてもほとんど売上数量が増えない場合を想定してみよう。このとき，自社が販売単価を下げて，ライバル企業も即座に追随して値下げをすれば，どちらの会社も売上数量を増やすことはできない。売上高（金額）＝売上数量×販売単価だから，数量が増えずに価格が下がれば明らかに売上高は低下してしまう。しかし，このときに，ライバル企業が追随できないのだとすれば，ライバル企業の需要を奪うことができるので，自社の市場シェアが増える。市場シェアとは，市場全体の売上高に占める自社の売上高の比率のことである。市場全体の年間売上高が 100 億円のときに自社が 30 億円を売り上げていれば，市場シェアは 30 ％である。

ライバル企業が値下げに追随せず，自社の市場シェアが大きく増えれば，値下げ分を吸収して十分に大きな販売数量アップが可能かもしれない。こう考えれば，上にあげた条件の 1 つめ，「①競争相手が追随しない」ということの意味が明確になるであろう。相手が値下げに追随してこなければ，自社の市場シェアが増えて，利益を上げられる可能性があるからである。

この「低価格に他企業が追随できない」という条件は，実際にはどういう場合に成立するのだろうか。たとえば，他企業よりも自社の方が優れた生産技術をもっている場合や，他企業がブランド・イメージの低下を恐れて価格を下げられない場合などは，

「低価格に他企業が追随できない」という条件が成立するだろう。

　もう一方の「②価格を低くすることで市場が拡大して業界全体の市場規模が大きくなる」という条件についても考えておこう。いま上であげた例では値下げしても需要が増えないという想定をして説明をしてきた。しかし，値下げして需要が増えるなら，ライバル企業が値下げに追随して両者の市場シェアが変わらなかったとしても，利益が増える可能性はある。たとえば，新しい製品が発売されたが高価格のために一部のお金持ちやマニアだけが買っているという場合などでは，低価格化によって一気に市場が大きくなることがある。それほど大量に需要が増えるのなら，販売価格の低下を補って余りあるほどの数量増によって増益する可能性がある。それ故，②値下げによって大幅に市場規模が大きくなること，という条件が必要なのである。

3. 需要の価格弾力性　この説明で重要なのは，価格を下げたときに，どれだけ需要が増えるか，という点である。これらの状況を反映する指標として，需要の価格弾力性と呼ばれるものがある。これは，価格が1％変化したときに，需要量が何％変化するかという比率 $\left(\dfrac{需要量の変化率（％）}{価格の変化率（％）}\right)$ である。たとえば，価格が1％下がると需要量が2％上がるなら，価格弾力性は2である。普通の商品の場合，価格が下がる（−）と需要量が上がり（＋），価格が上がる（＋）と需要量が下がる（−）ので，そのまま計算すると通常の商品の場合にはマイナスの値になる。これが少々面倒なのでプラスの数字に戻して表現するのが普通である。このケースでは，「マイナス2」とは言わずに，単に「2」と言うのである。

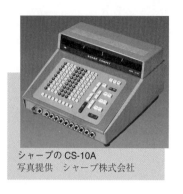

シャープの CS-10A
写真提供　シャープ株式会社

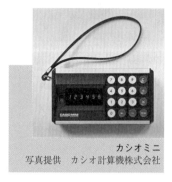

カシオミニ
写真提供　カシオ計算機株式会社

　すでに商品が普及しきっているような成熟した業界では，値引きをしても需要を拡大することは難しい。つまり需要の価格弾力性は低い。この状況下で他社が値下げに追随してくれば，単に業界全体の売上高を低くするだけの競争になることも珍しくない。逆に，製品が新しく，「値段が高いから，なかなか手が出ない」と思っている人が多い場合は，価格弾力性は高くなる。

　たとえば，古典的な例では電卓をあげることができる。今日ではスマホのアプリで無料提供される電卓も，発売当初は非常に高価な商品であり，現在に比べれば販売数量も限定的であった。1964 年にシャープが電卓を発売したときの価格は 1 台 53 万5,000 円である。この価格は，物価の変動を勘案すると，2020 年時点の約 177 万円に相当する。電卓は，「電子式卓上計算機」の略であり，トランジスタを使って小型化して机の上にのるようになったのだが，それでも現在の電卓にくらべればはるかに大きく，重く，高価であった。177 万円はクルマ 1 台の値段である。そのように高価な電子機器だったから，1970 年代の初めまでは 1 課に 1 台しか購入できなかった。しかし，1972 年にカシオ計算機

がカシオミニという決定的な新商品を発売する。当時の価格で1万2800円，現在の価格に直すと2万7000円程度に引き下げたのである。カシオミニの登場後に展開されたカシオとシャープの激しい競争によって電卓価格は急速に低下し，電卓は1家に1台，さらには1人1台にまで普及していった。低価格化によって，市場が大きく拡大し，それに合わせてカシオとシャープも企業として成長したのであった。

しかし，繰り返しになるが，業界の皆が同レベルの生産技術をもっていて，しかも市場規模が大きくなるアテもないのに自ら値下げに踏み切るのは自殺行為である，という点にはくれぐれも注意しなければならない。成熟した産業では，価格を下げて他社からシェアを奪うよりも，むしろ新たな魅力を製品に盛り込んで価格を少しでも高くしていくことをまず目指すべきであろう。

5 マーケティング・ミックスの構築
●4P の内部のフィット

1. ヨード卵「光」のケース

4つのPは，顧客のニーズにフィットするように体系的に構築する必要がある。4つのP全体が体系的にフィットしていないと，短期的には成功することがあったとしても，長期的に成功を持続することは難しい。たとえば，実際は低品質の製品であるのに，あたかも高品質の製品であるかのようなプロモーションを行なって高価格を設定したとして，高品質を望んでいる消費者を短期的にはだますことができても，長期的には成功しないだろう。低価格の「お値打ち品」を求めている消費者に対して，低価

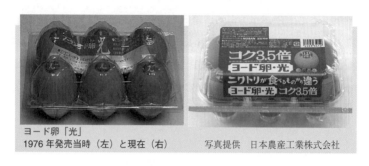

ヨード卵「光」
1976 年発売当時（左）と現在（右）　　　　　写真提供　日本農産工業株式会社

格で大量に販売しなければならない製品を閉鎖型チャネルで販売すれば，十分な売上げを確保できないだろう。逆に，ブランド・イメージの大切な高価格品に開放型チャネル政策を採用して一時的に莫大な利潤を獲得したとしても，いつかブランド・イメージの崩壊と値崩れが起こるであろう。4つのPを組み立てる時のカギは，まず顧客のニーズと製品の本質サービスをフィットさせること，次に製品の本質サービスと顧客ニーズのフィットを強化するように補助的サービスや流通チャネル，価格を体系的に作り上げていくことである。

　具体的な例で考えてみよう。ヨード卵「光」という鶏卵を食べたことのある人も多いであろう。食べたことのない人でも，「光」というシールの貼られた茶色のタマゴが6つ入っているパックをスーパーで見かけたことがあるはずだ。このタマゴは日本農産工業という家畜用配合飼料などを製造している会社が開発し販売しているものである。いまではこの種の特殊なタマゴのトップブランドであり，同社が三菱商事の完全子会社となる 2009 年 3 月期には，年間 158 億円もの売上げをあげていた。

　ワカメなどに含まれるヨードをニワトリに食べさせると，そのニワトリが産んだタマゴにヨードが含まれるようになる。このタ

マゴを毎日食べていると，不足しがちなヨードが摂取でき，しかも1回ニワトリという生体を通じて摂取・濾過されているので，人間がより安全で有効にヨードをとることができ，高血圧の解消など健康を増進するのに良い，というのがメーカーの主張である。つまり単なる食品というよりも，食品とクスリの中間のようなプロダクト（健康食品）である。そのようなプロダクトのターゲット顧客は，若干経済的な余裕をもった健康意識の高いご家庭ということになるであろう。

　このヨード卵「光」を1976年に売り出す際に，日本農産工業はまず価格を定価1個50円（6個入りパックで300円）に設定した。タマゴ1個に50円という価格はかなり高い。このヨード卵「光」が発売されてから高級卵の市場が拡大し，今では6個入り600円（1個100円）という卵を見かけることもあるが，現在でも1個30円程度の普通のタマゴと較べると発売時点の50円というのは圧倒的に高価格であった。

　しかも，「光」は固定価格であるという点がきわめて特徴的である。ふつうのタマゴは相場に応じて価格が変動する。しかしヨード卵「光」は，そのプロダクトの特徴がクスリという面をもっているので，毎日価格が変動するのはおかしい。毎日毎日食べ続けて健康を増進するクスリのようなもの，というプロダクトを表現するためには，高めの固定価格というプライスが実にフィットしているのである。

　当初，スーパーはこの固定価格というのを受け容れてくれなかった。スーパーは特売の目玉にする場合など，店頭での価格を変える自由度が欲しかったからである。しかし日本農産工業でヨード卵「光」のプロジェクトを推進していた担当者は固定価格に固

執した。それがプロダクトを適切に表現していたからである。そのため当初はスーパーにまで広く商品を流すという開放型チャネル政策をとらず，むしろ商店街の青果店などを1軒ずつ説得してヨード卵「光」を店頭に置いてもらうことにした。すなわち，プレイスについては閉鎖型流通チャネル政策を選択し，その後徐々に広げていくという手を選び，プロモーションについては青果店などを1軒ずつ説得していく説明重視のプッシュ戦略を選択したのである。

　また，派手なテレビ・コマーシャルなどをほとんど行なわず，むしろ大学の医学部などでヨード卵「光」の健康促進効果を研究してもらうようにした。その結果，大学の医学部から年に1件ずつくらい研究成果の発表があり，その成果発表に注目したマスコミが新聞報道などを行なってくれた。その意味では，この製品に関しては説明重視のプッシュ戦略と広報重視のプル戦略が混在していた。

　この例でも，プロダクトとプライス，プレイス，プロモーションといったマーケティング・ミックスが全体にフィットしていて，しかもそれが健康意識の高い家庭に対して全体として明確なイメージを伝達できていることが分かるであろう。ついでながら，当初から派手なテレビ・コマーシャルを行なわなかった理由には，ヨード卵「光」がそう簡単には増産・減産できない製品だという点も関係している。ヨードを含んだ飼料を食べ続けてきたニワトリというのは，そう簡単に増やせるものではない。また，逆に売れなくなったからといってニワトリを処理していくのも難しい。それ故，一気に売れ始めてしまうようなマーケティング戦略を採用せず，徐々に増産していけるようなマーケティング戦略を採用

したのである。その意味では，マーケティング戦略は単に顧客の
ニーズとフィットしているばかりでなく，生産部門の特徴ともフ
ィットしていなければならないのである。

**2. ユースキンのマーケ
ティング戦略**　ユースキン製薬株式会社の主力商品「ユ
ースキン」はオレンジ色のフタが印象的
なハンドクリームである。肌荒れに効く
ビタミン B6 と B2 を配合し，抗炎症作用をもつカンフルが加え
られている。ビタミン B2 がオレンジ色をしているので，クリー
ムには黄色い色がついており，カンフルが独特の匂いを生む個性
的な製品である。ブランド名には，容易に想像がつくように，
「あなた（You）のお肌（Skin）のために」という想いが込められ
ている。

　ユースキンはべたつかず，保湿効果の実感が高いため，長年愛
用しているファンが多い。2021 年 7 月時点で同社の年間出荷個
数は 400 万個，同社の売上高は 42 億円を超える。ユースキンに
加えて，「ユースキンあせも」や「ユースキン hana」（香りを選べ
るハンドクリーム）など製品系列を拡張しながら，ユースキン製
薬株式会社は一歩ずつ成長を重ねてきている。実際，2016 年に
は売上高が約 34 億円であったから，その後の 5 年間での平均成
長率は 4.4 ％である。この間の日本経済がほぼゼロ成長であった
ことを考えれば，同社の着実な成長ぶりが分かるだろう。

　近年の成長ぶりも素晴らしいが，それ以上に驚きなのは，ユー
スキンが長年成長を継続してきたことである。最初の商品は
1957 年 3 月に発売されているから，本書執筆時点の 2022 年まで
にすでに 65 年が経過しており，ハンドクリームという商品カテ

ユースキン　1957年発売当時（左）と現在（右）
写真提供　ユースキン製薬株式会社

ゴリーの中でもロングライフ商品である。

　ユースキンが開発されるきっかけは，手荒れに悩む女性が創業者・野渡良清の経営する薬局を訪ねてきたことであった。1955年のことである。野渡はワセリンを勧めたが，ワセリンはべたつき，それほど効果がないと女性は言う。手荒れに悩む女性になんとか優れたハンドクリームを創ることはできないだろうか。こう考えた野渡は，かねてから付き合いのあった乳化技術を専門とする研究者に依頼してユースキンを開発したのである。現在も販売されているユースキンはそのときの製品の改良・進化バージョンである。

　小さな薬品メーカーの開発したハンドクリームは簡単には売れなかった。当時，大手医薬品メーカーは，広告を活用したプル型の戦略と医薬品卸に働きかけるプッシュ型の戦略とを活用して，白いハンドクリームを販売していた。これに対して資金に余裕のないユースキン製薬は，大規模な広告を活用できない。しかも近隣の薬局に販売してもらおうとしても，「あなたのところは競争相手でもあり，黄色くてカンフルの匂いがするハンドクリームは

売れない」と言われ，協力を拒まれる。

　しかし，自分の薬局でユースキンを販売していた野渡は，使ってもらえば必ず消費者が高評価してくれることを自分の経験で知っていた。10 人にサンプルを配付するという販促を行なえば，そのうち 2〜3 人は，「あの黄色いハンドクリームを下さい」と言って薬局に戻ってきたのである。しかも，ユースキンというブランド名を憶えていなくても，「黄色」という独特の製品特徴は，かえって個性として際立ち，プラスに働いた。

　自らの経験で製品に絶対的な自信があった野渡は，薬局の店主たちによる当初の冷ややかな反応で諦めたりはしなかった。自分が薬局を経営している川崎の近隣は，薬局としてのライバルの商品だから，積極的に取り扱ってくれるところは少ない。だから，川崎から少し離れて鶴見や横浜に営業活動に出かけ，薬局の店主たちに製品の特徴を説明し，サンプルを置いていく，というプッシュ型の戦略を採用した。サンプルの効果は絶大であった。どの薬局でもサンプルを使った顧客がその後，「黄色いハンドクリームください」と言って戻ってくるのを経験することになる。薬局の店主が自分でこの経験をすれば，その後は積極的に売ってくれるようになっていった。小売店の積極的な協力が得られるようになったのである。

　鶴見や横浜で一定の売上げを達成した後で，さらなる成長を求めて，手の肌荒れに敏感な地域へと販売活動を広げていった。肌荒れは，低温と乾燥の両方が見られる地域で顕著であるから，その両方が強い地域，典型的には群馬県などで，サンプル配布の販促を行なった。案の定，その地域で働く女性たちにユースキンは良く売れていくようになった。

その後もユースキン製薬は，サンプル配布によるプッシュ型の
プロモーションを活用していく。現社長の野渡和義（良清の長男）
がハウスメーカーを退社してユースキン製薬の営業に加わって2
年後の1975年から，全国の薬局に直接サンプルを配付する営業
活動を始めた。5年間かけて，日本全国の薬局を訪問し，サンプ
ルを置いていくプッシュ型のプロモーションを展開した。当時，
日本全国の薬局は4万2700軒ほどであった。この4万店を超え
る薬局のほとんどを訪問していく。全国各地でサンプルが配付さ
れ，それがまた「黄色いハンドクリーム」の指名買いを誘発して
いく。その後，専門のデザイナーを使ってオレンジ色のボトルキ
ャップをもつパッケージに変更し，サンプルを試用した顧客ベー
スが全国で着実に成長し，売上げが急速に増加していった。

　プッシュ型のプロモーションだけでなく，広報やクチコミも非
常に重要な役割を果たす。たとえば，尿素系のハンドクリームが
注目されていた1985年に，各種のハンドクリームが『暮しの手
帖』で比較評価され，ユースキンの保湿力が他の製品と比較して
際立って高いと実験結果で示された。『暮らしの手帖』での比較
評価は資金提供された広告ではなく，どのメーカーからも資金を
受け取らない純粋な実験である。それがもたらす広報の効果は非
常に高かった。

　さらに肌荒れで悩む女性の間でのクチコミも多い。母から娘へ
のクチコミはその典型である。俵万智のベストセラー『サラダ記
念日』（142頁）には次のような短歌が掲載されている。なお，
1973年から2020年までは「ユースキンA」という名称が使われ
ていたが，2020年からは「ユースキン」に改められている。

熱心に母が勧めし「ユースキンA」という名のハンドクリーム

　ユースキン製薬は，顧客とのコミュニーションにも多大なる努力を払ってきた。発売当初から手荒れが劇的に改善された消費者から感謝の手紙が寄せられると，創業者は1通ずつすべてに返事を書いていた。その後は，消費者アンケート用の返信用はがきが同封され，同社の顧客ベースがデータとして蓄積されてきた。その愛用者たちを集めた格言選考会を行い，すでに2万人を超える顧客と直接やり取りをしてきている。格言選考会20周年を記念して作成された冊子（22，23頁）には，たとえば次のような格言が収められている。

　子育ては　子から教わる　親育て
　あきらめの　あの字を捨てて　きらめいて

　ユースキンは，べたつかずに保湿効果が高いというプロダクトの性能面での特徴や，黄色い色と個性的な匂い，オレンジ色のボトルキャップというパッケージの個性など，ブランドとして成功するための要素を多分に持ち合わせている。しかし，それ以外にも独自のプロモーションによってユースキンのブランドは支えられてきた。今でも年間20万個のサンプルが配布され，また，顧客との直接的なコミュニケーションの場も設定している。製品そのものの魅力と，クチコミを含めた多様なプロモーションの促進という一貫した戦略が，ユースキンのブランドを構築してきたのである。

第2章 ターゲット市場の選定

セグメンテーション

1 セグメンテーションの定義

●市場を分解して理解する

1. セグメントとセグメンテーション

マーケティング戦略を考える上でまず初めに理解しておく必要があるのは，市場が同質的ではない，ということである。人間には1人ひとりその人の個性があり，好みがある。だから，顧客のニーズは皆同じではない。買い手が企業の場合でも，それぞれの企業にはやはりそれぞれの企業の個性があり，他の企業とは違う事情がある。しかし，顧客が皆1人ひとり違ったニーズをもち，企業がそれぞれ別のニーズをもっているからといって，それぞれのニーズに合わせてひとつずつ違った製品を作ってい

ては高価になりすぎてしまう。特注品を買える人は相当なお金持ちだけである。

　幸いなことに，消費者や企業はそれぞれ個性があるけれども，何らかの特徴に注目してみると似ているところを見つけ出すことができる。消費者についていえば，家族の人数が5人以上の人と4人以下の人という2分類をしただけでも，ある程度共通の特徴を見いだすことができる。たとえば，より広いマンションや3列シート車を購入する確率が高いのは家族の人数が多い人であろう。もちろん，近所の子供たちをサッカー・チームや野球チームに連れていくことを考えて，3人家族でも大きなクルマを購入する人もいる。市場を部分に分けてみても，完璧にニーズを分けることはできず，必ず重複部分が多々残ることになる。しかし，それでも市場を分割することで，より顧客になる確率の高そうな消費者のかたまりを見つけ出すことは不可能ではない。

　あるいは，特定の年代に注目して団塊の世代（1947年〜49年生まれ）だとか，団塊ジュニア（1971年〜75年生まれ），Z世代（1990年代半ば〜2010年代初頭生まれ）などに分類することもできるだろう。団塊の世代が皆同じような人間ばかりであるわけではないし，団塊ジュニアやZ世代だって1人ひとり皆個性がある。しかし，たとえばZ世代は生まれた時から周囲にデジタル機器が溢れていて，それらを自由に使いこなすITリテラシー（情報技術を使う基礎知識を備えていること）の高い人が多いなど，個々人の個性を超えた共通の特徴をもっていると言われる。もちろん団塊の世代や団塊ジュニアでもITリテラシーの高い人は存在するが，Z世代は初めからデジタル機器を使ってきた「デジタル・ネイティブ」が多いこともたしかであろう。

相手が企業でも同じことが言える。新潟県燕市には金属加工業者が多く，それらの金属加工業者は類似の機械や材料を購入したいと思っている可能性が高い。地域が違っていたとしても，業種が同じであれば共通点を見つけることは難しくないはずである。たとえば食品加工業に携わる企業は衛生意識が高いなど共通の特徴を見いだすことができるように思われる。

　このように，市場を構成する人々（あるいは企業）を，何らかの共通点に着目して，同じようなニーズをもつ市場部分（セグメント）に分類すること，すなわち「マーケティング・ミックスに対して類似の反応を示すような同質的な市場部分に分解すること」をセグメンテーション（市場細分化）という。ここで分解された市場のそれぞれを市場セグメントと呼び，自分たちが主として狙（ねら）っている市場セグメントをターゲット・セグメントあるいはターゲット市場という。ちなみにセグメントとは部分のことである。かつて中学時代に数学の時間に出てきた「線分」もライン・セグメントである。

2. ターゲット・セグメントと波及効果

　市場をある程度同質的なセグメントに分けると，そのセグメントに対して，より効率的かつ効果的に働きかけることができるようになる。教科書的には，できるだけ，同一セグメント内は同質的で，セグメント間では異質な反応をするようなセグメンテーションを行なうことが重要である，と言われる。セグメント内が同質で，セグメント間が異質であれば，その分だけ効率的かつ効果的なマーケティングを行なうことができるからである。たとえば，広告媒体はより多くの視聴者・読者に到達できるほど単

価が高くなるから，無駄に情報を流すより，狙っている顧客のみにピンポイントで情報を流せるなら，たしかに効率的である。

　しかし，現実にはセグメントはしばしば重複している。実際のところ，子供向け番組を大人も視聴していることは多い。幼児用番組を子供と一緒に親が見ているということばかりでなく，たとえばアニメの『呪術廻戦』などは，何歳の人をターゲットにしているのか分からないほど幅広い支持層がいる。だから，同一セグメント内では同質的で，セグメント間では異質な反応をするようなセグメンテーションは容易ではない。しかし特定のセグメントを想定して，その典型的な顧客像を思い描くようにしないと，具体的なマーケティング・ミックスを考えぬく作業が難しくなってしまう。だから，マーケティング・ミックスをデザインするためには，まずセグメンテーションを行なって，ターゲットとするセグメントをいったん明確化しておくことが必要である，と考えておく方が良いだろう。その上で，そのターゲット・セグメント以外にも多数の顧客が波及効果として購入してくれることになるという点を忘れないようにして，意外なセグメントが購入してくれることを阻害しないように注意する。このようなスタンスで思考を進めるのが実態としては適切だと思われる。

2　セグメンテーションの基準

●さまざまな軸

　有効なマーケティング戦略を考える上で，市場の特徴をつかむことは欠かせない第一歩である。そのためには，さまざまな角度から市場全体をセグメンテーションしてみて，どのようなセグメ

ントに分けると有効な手を打てるかと考える作業を繰り返す必要がある。日々，多様な角度から市場を部分に分解してみるという作業は，実は市場を読む視点，あるいは社会の変化や社会の仕組みを洞察する優れた視点を養う訓練でもある。優れたマーケター（マーケティング担当者）は通常優れた社会の観察者であり，鋭い洞察力をもっている。鋭い観察力と洞察力を養うには，日頃から社会について思いをめぐらせ，人間の本質を問い，できるだけ難解な書物を多数読破するだけでなく，週刊誌やネット情報も読みあさる必要がある。

　こういった日頃の鍛練については読者のみなさんにお任せするとして，ここでは一般に使われているセグメンテーションの基準を紹介しておこう。これらの基準のことを難しい言葉で次元といったりする場合があるが，ビジネス・パーソンたちは日常的に「軸」という言葉で呼ぶことが多いようだ。X軸とY軸という2本の軸で平面を4分割するように，たとえば，年収という軸で，①500万円以上と未満に分け，年齢という軸で，②成年か未成年かで分ければ，日本に住んでいる住人を4分類することができる，と考えればよい。本書でも，以後，軸という言葉を使うことにしよう。

　表2-1には消費財市場で一般に使われるセグメンテーションの軸が示されている。ここでは地理的な軸と人口統計的な軸，心理的な軸，行動面の軸の4つに大まかに分けられている。本当は自分の頭で考えて，自分独自のオリジナルな軸を創り出すことが重要だが，ここでは自分で軸を創造する前に，まず一般に使われているこれらの軸によって市場を細分化してみる練習を積んでおくことを目指そう。まず，それぞれの軸について説明を加えていく

表2-1 消費財市場の主要セグメンテーションの軸

軸	典型的な区分
地理的軸	
地　　　　域	関東，関西，北海道，九州 …
都 市 規 模	5000人未満，2万人未満，5万人未満，10万人未満，50万人未満，100万人未満，400万人未満，それ以上
人 口 密 度	都会，郊外，地方
気　　　　候	太平洋側，日本海側，など
人口統計的軸	
年　　　　齢	6歳未満，6〜12歳，13〜15歳，16〜18歳，19〜22歳，23〜28歳 …
家 族 数	1人，2人，3〜4人，5人以上
家族ライフサイクル	若年独身，若年既婚子供なし，若年既婚最年少子供6歳未満，若年既婚最年少子供6歳以上，高年既婚子供あり，高年既婚18歳以下の子供なし，高年独身，その他
所　　　　得	年収300万円未満，300万〜500万，500万〜800万，800万〜1000万，1000万〜2000万，それ以上
職　　　　業	専門職，技術職，管理職，公務員，（企業，不動産）所有者，事務職，営業マン，職人，工員，運転手，農民，定年退職者，学生，主婦，無職
学　　　　歴	中学卒または以下，高校卒，大学卒，大学院修士課程修了，大学院博士課程修了
社 会 階 層	下級階級の下位，下級階級の上位，中流階級の下位，中流階級の上位，上流階級の下位，上流階級の上位
心理的軸	
ライフスタイル	伝統的タイプ，快楽主義者
性　　　　格	社交的，権威主義的，野心的，外(内)向的，協調的，誠実，神経症的，知性的など
行動面の軸	
購 買 機 会	定期的機会，特別機会
追 求 便 益	経済性，便宜性，威信
使 用 者 状 態	非使用者，旧使用者，潜在的使用者，初回使用者，定期的使用者
使 用 頻 度	少量使用者，中程度使用者，大量使用者
ロイヤリティ	無，中間，強，絶対
購 買 準 備 段 階	無知，知っている，知識あり，興味あり，欲望あり，購買意欲あり
マーケティング要因感受性	品質，価格，サービス，広告，セールス・プロモーション

（出所）　Kotler［1980］，邦訳，119頁より一部修正して掲載。

ことにする。

地域ごとに市場の反応の仕方が異なるのは比較的明白であろう。東京と大阪，北海道と九州では，顧客の好みがたしかに異なる。たとえば関西のかけうどんのつゆは薄い色をしているが，東京では真っ黒である。関東には納豆が大好きな人が多いが，関西には少ない。関東で納豆好きに売れる製品は，納豆独特のにおいも粘りけも，かなり強いかもしれないが，関西ではにおいが弱くてあまりネバネバしていない納豆が売れたりする。こってりしたとんこつスープのラーメンは福岡で，多種多様なサッポロラーメンは札幌で楽しむことができる。味覚に関する違いばかりではない。総務省の全国消費実態調査（2014年）によれば，ルームエアコンは和歌山県（97.2%）の普及率が一番高く，その他，四国や近畿地方の普及率が高い。逆に，北海道（25.7%）や青森（51.6%）は普及率が低い。気候によって冷暖房の手段についてはニーズが大きく異なるのであろう。

　地理的な軸は，地域にとどまらない。関西と関東がいかに違った場所であっても，たとえば人口10万人以上の街を取り出してくれば互いに類似した特徴がある。また，下町と山の手，新興住宅地といった違いは，どこの地域のどの街にも必ずと言っていいほど存在する。そこに集まる人々は，類似の価値観を事前にもっていたり，あるいは生活の中で類似の価値観を形成していったりする可能性がある。人口の多い少ないや立地の特徴などに注目することで，ずいぶん色々なものが見えてくるということは決して少なくない。

人口統計的（デモグラフィック）な軸といういうのは聞き慣れない言葉だ。これは年齢や家族構成，所得水準など，国勢調査（こくせいちょうさ）で質問される項目だと理解しておけば大きな間違いはない。その意味では国勢調査的な軸とでも言えばいいのだろうが，慣例なので我慢してほしい。

年齢は明らかに消費者ニーズを左右する重要な軸である。年齢によって健康状態や年収，家族状況など多様な側面がある程度足並みを揃えて変化していくので，それらを合わせてライフスタイルが変わっていくと考えれば良いだろう。だから，ライフスタイルの変わり目に注目して，どの年齢でセグメントを分けるかを考えるのが一般的である。たとえば，大学入学，就職，転職，結婚，第一子出産，自宅購入，子供の幼稚園入学，中学受験，大学受験，定年退職などの節目ごとに，われわれのライフスタイルは大きく変わる。人によって，これらの年齢は異なるから，年齢をセグメンテーションの軸として使う際には，そのコミュニティにおける節目の平均年齢などを使って分けることになる。

ただし，国が変われば，あるいは時代が変われば，これらの節目もまた変わることに注意しなくてはならない。日本では満6歳で小学校に上がるが，イギリスでは5歳である。日本では大学は4年間通うが，イギリスでは3年間である。国によって制度が異なるので，海外の市場を理解しようとするときは気をつけておかないとならない。

その他，所得水準や家族数などによって，消費行動が変わることは明らかだろう。年収8,000万円の独身者と年収500万円の5人家族とでは，お金の使い方はずいぶん異なるに違いない。職業や社内での地位によっても，消費行動が異なるのも分かりやすい

はずだ。

心理的な軸と行動面の軸はやや区別がし
にくいが，前者が人間の本質的なタイプ
を示し，後者はそのタイプが表に行動と
して現れたものだと考えてほしい。心理的な軸は分析する人のも
のの見方次第で，さまざまなものが作られる。外向的な人と内向
的な人，協調性の高い人と低い人，保守的な人と革新的な人，細
かいことが気になって仕方ない人と大雑把な人，コツコツ頑張る
人と楽な方に流れる人，自分で活路を見いだせると思っている人
と何でも神頼みの人など，さまざまな軸がありうる。

行動面の軸には，使用頻度に応じてヘビー・ユーザーからライ
ト・ユーザー，ノン・ユーザーに分類したり，定期的に購入する
人と衝動買いで買う人，その製品が存在することをすでに知って
いる人とまだ知らない人，などの区別がある。

セグメンテーションというのは，なにも消費財に限って行なわ
れることではない。この本の中に出てくる他のあらゆるコンセプ
トと同じように，セグメンテーションもまた産業財にも適用可能
な，しかも適用すると便利な考え方である。産業財というのは部
品や材料や製造設備など，企業が買うモノやサービスのことであ
る。

表2-2には産業財市場のセグメンテーションを行なう場合に
一般に使われている軸が示されている。買い手企業がメーカーか
銀行か，あるいは公益事業かなどの違いによって購買行動が変わ
ってくるのは明らかである。国立大学や市役所などの公的な組織
では，たとえば300万円程度の物品の購入にまで入札を行なわ

表 2-2　産業財市場のセグメンテーションの軸

組織のタイプ	メーカー，病院，政府，公企業，農家，など
人　口　統　計	企業規模 　　— 従業員数 　　— 売上高 日本標準産業分類 保有工場数
地　　　理	立地 　　— 関東，関西，中部，九州，東北，北海道，など 　　— 大都市近郊，地方
製 品 の 種 類	部品メーカー，製造設備メーカー，原材料メーカー
購買状況のタイプ	本社一括発注，事業部ごとの発注 調達部門の独自決定権限が強い，あるいは他の部門の影響を受けやすい
調達先忠実度	一度供給業者を決めたら変えない，あるいは購入機会ごとに変更
互　　恵　　性	互いに相手の製品を購入している，あるいは一方的に買うだけ

（出所）　McCarthy and Perreault［1988］, p. 75 より一部修正して掲載。

なければならない場合がある。企業であれば，この程度の金額なら課長か部長が自分でスピーディに決められるであろう。

　また企業の規模や所在地，業種によっても変わるであろう。あるいは，同じ小売業でも会社によって商品の仕入方法が異なるので，そこに注目して市場を分割する方法もある。たとえば，コンビニは，本社のバイヤーがどの商品を購入するかを決定して，各店舗は本社が示すリストの中から自分の店に並べる商品を選ぶのが基本である。これに対してスーパーの中には，地域密着型の品揃えを目指しているところがあり，地域ごとの特性に合わせて独自に調達できる自由度がある程度与えられている会社もある。メーカー側からすると，コンビニのタイプに対しては本社へアプローチし，地域密着型スーパーに対しては個店へのアプローチも併

用する必要がある。購入の仕方によってセグメンテーション（細分化）することで，販売員活動のやり方が変わるのである。

　産業財の市場をセグメンテーションする際に最も注目するべきポイントのひとつは，顧客企業の採用している戦略である。たとえば，顧客のメーカーに対して部品を販売している供給業者の立場で考えてみてほしい。顧客側のメーカーが高級品を製造販売しており，その製品の性能の高さで優位性を得ようと競争している場合と，低価格品を販売しているメーカーで，性能はほどほどで価格が圧倒的に安いことをアピールしている場合という2つのケースを較べれば，部品の供給業者への要求が大きく異なることは容易に想像がつくはずである。高級品を作っているメーカーは，一般に値段よりも品質を重視した購買行動をとるであろうし，逆に低価格品を作っているメーカーは，自分が部品を調達する時に価格に対して敏感に反応するであろう。

　また部品の供給業者と相互に学習を重ねて長期にわたる性能向上を目指している企業と，短期の性能／価格比で取引先を決める企業とでも，購買行動は大きく異なる。供給業者と一緒に学習を積み重ねて製品品質を向上させていくというタイプの会社は，なかなか納入業者を変更しないであろうが，逆に，長期にわたる部品の品質向上を重視していない企業は，毎回，最安値の入札をしてくる部品メーカーを選ぶであろう。産業財のマーケティングでは顧客側の企業がどのような戦略を採用しているのかを考えてみると良い気づきが得られるはずである。

　なお，消費財と産業財という分類の仕方について，近年ではBtoC と BtoB（B2C, B2B とも書く）という呼び方が増えている。B はビジネス（企業），C はカスタマー（顧客）である。企業（ビ

ジネス）から消費者に売る場合を BtoC，企業から企業に売る場合を BtoB と呼ぶ。最近では，メルカリのような一般消費者どうしで売り手と買い手をつないで商品を売買するようなプラットフォームを CtoC と呼ぶケースや，企業の商品をアマゾンが媒介して消費者に販売する場合を BtoBtoC と呼ぶこともある。

3 軸の組み合わせ

●オリジナルな軸

1. 2つの注意点

上のような軸が一般に使用されるものだが，ここで2つ注意をしておきたい。ひとつは，一般に使用されている軸を使用しているかぎり，他社のマーケターも同じセグメンテーションの方法に気づいているだろう，ということである。他社になかなか追いつかれないような独自性の高いマーケティング戦略を考えるためには，他社のマーケターが気づかないようなユニークかつオリジナルな軸を自分で創造しなければならない。企業間の血みどろの闘い，つまり激しい値引き競争が延々と行なわれる慢性赤字業界（レッド・オーシャンと呼ばれる）が生み出されてしまう原因のひとつは，他社の後追い・モノマネが多いばかりでなく，そもそも皆が気づいてしまうような一般的な軸によるセグメンテーションを多くの企業が行なっていて，その類似のセグメンテーションに基づいて類似の製品を開発してしまっていることでもあろう。レッド・オーシャンから逃れるためには，ビジネス・パーソンになお一層の創造性が必要とされるのである。新しい軸で差別化ができる新市場を見つけられれば，そこでは十分な利益を獲得できるようになる。その

ような市場はブルー・オーシャンと呼ばれる。この創造性を養うことは，残念ながらこの本の領域を超えているので読者諸兄の日ごろの努力に期待するしかない。

　もうひとつの注意点は，セグメンテーションは通常ひとつの軸だけで行なうものではない，ということである。いくつかの軸を組み合わせてセグメンテーションを行ない，その上でどのセグメントをターゲットにするのかが見えてくるのである。通常は，どの地域（Where）にいる，誰（for Whom）の，どのようなニーズ（to meet What）を満たすのかを決めて初めて特定のターゲットを定義したことになる。例を示しておこう。

> **2. 日清食品「これ絶対うまいやつ♪」のケース**

日清食品が2020年9月に発売した袋入りインスタント・ラーメンの新ブランド「これ絶対うまいやつ♪」は，コロナ禍のさなかの「巣ごもり需要」というトレンドにも支えられて，発売後半年で計画の2.8倍の売上げを達成した。この商品の開発では，1人か2人の子供をもつ30代の若年ファミリー層がターゲットに設定された。

　「1人か2人の子供をもつ30代の若年ファミリー層で，ロードサイドのラーメン・チェーンによく行く人たち」というターゲットは，本書で説明してきた言葉を使えば，人口統計的な軸と行動的な軸の2つを組み合わせて市場をセグメンテーションすることで明らかになる。人口統計的な軸としては，子供の数と両親の年齢に注目している。ターゲットとしたのは，子供1人もしくは2人の家族で，両親も30代という比較的若い層である。行動的な軸としては，ロードサイドのラーメン・チェーンに行く人であ

る。

　なお，このターゲットを絞り込む際に，日清食品はこのセグメントの顧客がSNS（ソーシャル・ネットワーク・サービス）を使っているという想定をしている。SNSで発信する機会も多く，その影響も受ける可能性の高い人を日清食品のマーケターは狙ったのである。

　このターゲットに対して，「これ絶対うまいやつ♪」は次のようなマーケティング・ミックスを提供している。

・プロダクト（商品）

　①　袋入りめん：カップめんに押されて近年は売上げが伸びていないが，袋入りめんは具材を調理して入れるアレンジの余地が大きい。コロナ禍の巣ごもり需要増の時期には自宅で調理する機会が多いので袋入りめんのアレンジの自由度がニーズに適合しやすい。

　②　濃くてうまい味：ロードサイドのラーメン・チェーン店の味に近づけて，背脂醬油，豚骨醬油，濃厚味噌の3アイテムを用意した。ロードサイドのラーメン・チェーンに行くターゲット層は濃くてうまみのある味を好むから，そのニーズにフィットするように味を作り込んでいるのである。

　③　3食入り：通常の袋入りインスタント・ラーメンはスーパーでは5つで1パックになっている。しかし，子供1人ないし2人の家庭で5つパックは適合しにくい。子供が1人で1人前を食べるか，2人で1人前を食べるとして，両親が1人前ずつで，合計3人前が1回の消費機会にフィットしている。

・プライス（価格）

　　　3 食パックで 308 円。Amazon の実売で 225 円程度（1
　　食当たり 75 円）。すでに多数の定番が定着している「袋入
　　りインスタント・ラーメン」の市場で次の定番を狙うため
　　に，高価すぎない価格設定になっている。

・プレイス（流通チャネル）

　　　薄利多売だから大量に売る必要があり，開放型チャネル
　　政策が必要になる。スーパーでもドラッグストアでも，ア
　　マゾンでも，多くの場所で購入できる。

・プロモーション（顧客とのコミュニケーション）

　　　SNS を使用している人をターゲットにしているので，
　　SNS で情報をアップしてくれる人たちがネット上の口コ
　　ミ（eWOM）で広げてくれることをねらっている。だから，
　　SNS でよく使われる「これ絶対うまいやつ♪」を商品名
　　として活用しているのである。

　30 代の若い両親のもとに 1 人か 2 人の子供がいる家庭をター
ゲット・セグメントとして設定した「これ絶対うまいやつ♪」は，
しかし，実際には 50 代以上の既存の袋入りインスタント・ラー
メン支持層にも受け入れられた。企業がセグメントを分けても，
ターゲット・セグメントのみにしか売れないということはない。
そもそもインスタント・ラーメンの広告を出すときに，ターゲッ
ト層しか見ることがないようにするなどということはできない。
スーパーの棚に置いてあれば，ターゲット層以外の目にも必ず止
まる。その意味では，ターゲット層に向けて開発された商品はそ
れ以外の層にも受け入れられる可能性があり，そのことを排除す
る必要はない。しかも，人間は時とともに変わり，その時の状況

次第でも変わる。だから，特定のターゲットを念頭に置いて新商品を開発しても，当初の想定とは異なるタイプの顧客にも売れることは多々あり得る。実際，絞り込んだターゲット・セグメント以外にも売れるという波及効果が現れたときに，大きなヒット商品が生まれるのである。

ただし，初めから「いろいろな人に売れるだろう」という姿勢は適切ではない。自社が顧客に提供する独特の製品価値（これを価値提案，バリュー・プロポジションという）を明確に顧客に伝えるためには，4つのPの整合的な関係を創り出して一貫したメッセージを発していかなくてはならない。だから，新しく商品を開発し，マーケティング戦略を策定しようと考えたときには，定石通り，①コアとなる特定のターゲット層を念頭に置いて，②その人たちがどのような商品を欲し（プロダクト），②いくらくらいなら買ってくれるのか（プライス），③どの媒体に触れて商品を知ることになるのか（プロモーション），④どこで購入するのか（プレイス），ということを一貫性をもって考え抜いておかなければならない。そのためには，漠然と「いろいろな人に売れる」というところから出発するのではなく，ターゲット・セグメントを明確にして，そのセグメントの視点から4つのPを考え抜く必要がある。ここでのポイントは，こうやって特定のセグメントを念頭に置いて考え抜いた結果として，そのセグメント以外にも広く受け入れられる波及効果が得られる可能性を常に視野に入れておく必要がある，ということである。

4 ターゲットを絞る
●セグメンテーションと4つのPとのフィット

| 1. セグメンテーション のチェック・ポイント |

セグメンテーションはただ市場を分解すればよいというものではない。セグメンテーションを行なう場合には少なくとも次の4点をチェックする必要がある，と一般には言われている。

(1) セグメント内の同質性

(2) セグメント間の異質性

(3) 操作性

(4) セグメントの規模

初めの2つはすでに触れたように，現実的には簡単ではない。狙っているセグメントは，その内部が同質的で，他のセグメントとは異質に定義できているように見えても，実際にはセグメント間にはニーズの重複があり，境界はあいまいである。しかし，広告費などを考えると，まず初めに狙いを定めるセグメントについては，内部同質・外部異質を心がけることには意味がある。セグメント内の同質性が高く，セグメント間の同質性が高ければ，より少ない費用で効果的・効率的に広告のメッセージを伝えることが可能になるからである。

たとえば，オーディオ・マニアに広告で働きかけようと考えるのであれば，新聞などの媒体を使わずに，オーディオ専門誌に広告を掲載すればよい。多くのオーディオ・マニアが同じ雑誌を買うという行動の同質性を示してくれれば，広告掲載料の高い新聞（『読売新聞』や『日本経済新聞』など）や一般週刊誌（『週刊新潮』

や『サンデー毎日』）などに広告を掲載する必要はない。より専門性の高い，出版部数の限られた専門誌（『HiVi（ハイヴィ）』など）に広告を掲載すればよい。広告料は雑誌の発行部数に応じて上がっていくので，できるだけ発行部数の少ない雑誌で十分に情報を伝えられる方が企業にとって安上がりである。ただし，くり返すが，一般的な商品の場合にはセグメントをきれいに峻別することは難しい。多くの場合はセグメント間が異質にはならず，重複部分が残ることが多い。だから，内部同質・外部異質という基準はひとつの目安として考慮する必要はあるが，潔癖主義的に固執するべきものではない，という点に注意しておくとよいだろう。

　セグメンテーションの満たすべき3つめの基準，すなわち操作性とは，そのセグメントの市場規模が予想できるかどうか，また，そのセグメンテーションを行なうことでマーケティング・ミックスの作り方に対して具体的な示唆が得られるか否かということである。先にあげた「これ絶対うまいやつ♪」の場合，「ロードサイドのラーメン・チェーン店に行く若年ファミリー層」というターゲット設定で，日本に何世帯あるかが計算できる。しかも，そのうちの，たとえば15％が月に1回食べてくれるという想定などをしていくと，需要量も推測できる。さらに，3食パックや濃い味，SNSを使うなど，マーケティング・ミックスに具体的な示唆を提供してくれる点も，操作性の高いセグメンテーションであると言えるだろう。

　セグメンテーションはしたけれども，ターゲット市場の市場規模が小さいのでは商売にならない。細分化していく作業は市場全体よりは小さな部分を見つける作業ではあるが，それでも十分な大きさの市場でなければならない。分解していって，結局，ごく

一部のマニアックな消費者だけが残ったということにならないように チェックせよ，というのが，(4)のセグメントの規模という 注意点である。

2. 3つのアプローチ

いったん市場を細分化したら，次にやる べきことは，その複数のセグメントのう ちのどれをターゲットに設定するかを決めることである。図2-1 に描かれているように，ターゲット設定の仕方には基本的に3つ のやり方がある。

1つめは，単一ターゲット・アプローチである。単一の市場セ グメントのみを対象にして，その市場セグメントにフィットした マーケティング・ミックスを構築するのである。このアプローチ は狭く絞り込まれたターゲット市場内で圧倒的な強さを確立する 小規模企業に見られるのが典型的である。このような企業をニッ チャーと呼ぶ。

2つめは，複数ターゲット・アプローチである。これは，細分 化した市場のうち，対象とするべきセグメントを複数選び出して， それぞれにフィットした別々のマーケティング・ミックスを構築 するやり方である。こうやってすべてのセグメントをカバーする 場合をとくにフル・カバレッジと呼ぶ。全部カバーしているとい う意味である。このすべてのセグメントにそれぞれ異なるマーケ ティング・ミックスを提供しているので，製品ラインはフルライ ンになる。これは業界ナンバーワンのリーダー企業にしばしば見 られるアプローチである。

最後に，結合ターゲット・アプローチがある。このやり方は， いったん細分化を行なった後で，その中のいくつかのセグメント

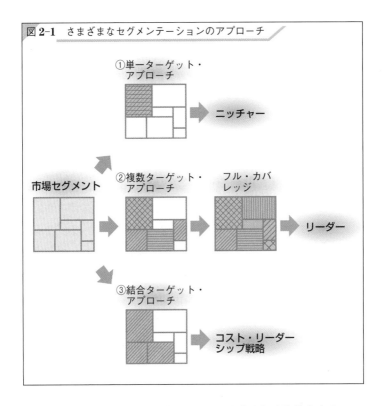

図2-1　さまざまなセグメンテーションのアプローチ

①単一ターゲット・アプローチ → ニッチャー

市場セグメント

②複数ターゲット・アプローチ　フル・カバレッジ → リーダー

③結合ターゲット・アプローチ → コスト・リーダーシップ戦略

に同時に受け入れられるような，いわば「最大公約数的」なマーケティング・ミックスを構築するものである。ここで注意しておいて欲しいのは，結合ターゲット・アプローチをとることと，セグメンテーションを行なわないこととは同じではない，という点である。

　まず第1に，結合ターゲット・アプローチは必ずしも市場全体を相手にしているとは限らない。たとえば，市場全体にある5つのセグメントのうち2つのセグメント，あるいは3つのセグメントを結合する，というのも結合ターゲット・アプローチである。

初めから市場全体にとって最大公約数的な製品を企画しようとすると個性も魅力もないものになってしまうかもしれないが，2つや3つのセグメントを対象とする限りは個性的な製品を作ることは可能である。その結果として，すべてのセグメントに受け入れられるようになるということも起こりうるが，製品を企画する段階では具体的な顧客イメージをいったん固定して考える方が議論がしやすいはずである。もちろん「具体的な顧客イメージ」を固定すると言っても，1種類だけに絞るのではなく，複数のタイプについて議論しておく必要があるが，漠然とした「顧客一般」という言葉だけでは，4つのPを具体的に考えていくのは難しい。

　また，結合するターゲットを増やしていくと，徐々に個性が薄れていく（「とんがった商品」ではなくなっていく）が，同時に，大量生産できるようになるからコストも下がっていく。結合ターゲット・アプローチを採用して成功するためには，ある程度は個性を犠牲にしても，それを超えて圧倒的にコストが下がる数量を見極めて，どこまでセグメントを結合するかを考える必要がある。結合ターゲット・アプローチは，徹底したコスト・ダウンを主眼に置いて標準品を大量に販売する戦略をとる企業に見られるのが典型的である。このような戦略をコスト・リーダーシップ戦略という。

　第2に，たとえ市場全体を対象としたとしても，いったん細分化を行なった企業と行なったことのない企業とでは，市場に関する理解の深みが格段に違う。セグメンテーションとは，市場を分析して理解することである。だから，正確なセグメンテーションを行なった後に，それでもなおすべてのセグメントをターゲットにするべきだという答えが出たのならば，その上で作られるマー

ケティング・ミックスは十分成功する見込みの高いものになるで
あろう。

3. ターゲット・セグメ
ントと4つのPの
フィット　マーケティング戦略の基本はターゲット・セグメントにフィットするような4つのP（マーケティング・ミックス）を作り上げることである。次章以下でこのフィットに影響を及ぼすさまざまな条件を述べていくが，あくまでも基本はターゲット・セグメントと4つのPのフィットにある。この基本的なフィットを達成するためには，図2-2 に見られるような順序で考えてみるのもひとつの方法だろう。

(1) セグメンテーション：まず，売ろうと思っている製品の大まかなカテゴリーを念頭に置いて，セグメンテーションを行なう。

(2) ターゲット市場の設定：そのセグメンテーションに基づいて，どのセグメントをターゲットにするかを決める。

(3) マーケティング・ミックスの構築：ターゲット市場の典型的な顧客を具体的にイメージしながら，ターゲット市場のニーズにフィットした本質サービスを把握し，それを中心に据えてマーケティング・ミックスの他の要素を整合的に創り上げる。ここでいう「典型的な顧客」をイメージしながらマーケティング戦略を考えることを「ペルソナ・マーケティング」と呼ぶことがある。何度も強調するが，1つのセグメントを考える際に検討するべきペルソナは1種類ではない。市場の多様性を常に意識して，何種類もの「典型的な顧客」をイメージしておく必要がある。

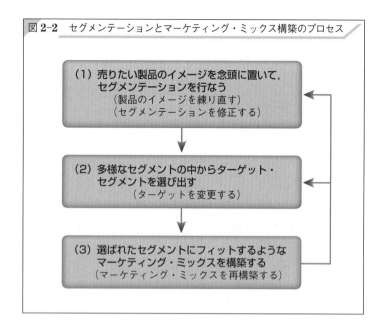

図 2-2　セグメンテーションとマーケティング・ミックス構築のプロセス

（1）売りたい製品のイメージを念頭に置いて，
　　　セグメンテーションを行なう
　　　（製品のイメージを練り直す）
　　　（セグメンテーションを修正する）

（2）多様なセグメントの中からターゲット・
　　　セグメントを選び出す
　　　（ターゲットを変更する）

（3）選ばれたセグメントにフィットするような
　　　マーケティング・ミックスを構築する
　　　（マーケティング・ミックスを再構築する）

　以上のような順序である。もちろん，このような順番どおりに
いかないのが世の常である。初めにプロダクトが決まっていて，
その上で売れそうな市場セグメントを探す場合もあるだろうし，
(1)から(3)まで行なった上で，もう一度セグメンテーションのや
り直しをして4つのPの微調整を行なう，という繰り返しをす
る必要があるかもしれない。大切なことは，優れたマーケティン
グ戦略を構築しようと思ったら，これぐらいは最低でも考える問
題領域がある，ということを認識することである。思考の順序に
固執する必要はない。

　なお，いったんセグメントへの細分化を行なった上で，セグメ
ント間の関係を考えておく必要もあることを一言注意しておこう。
市場を分割しても，もともと互いにつながりのある人々やニーズ

を分割したのだから，相互に何らかの関係があるのは当然である。

　たとえば，パソコンの市場を考えてみよう。パソコンを初めて買う人と，かなり熟練した使い手とは，2つの異なるセグメントに分けられる。しかし，両者の間には何らかの関係があるかもしれない。たとえば，パソコンを初めて買う人は周囲の友人の中でパソコンの使い方を熟知した人に意見を聞いて購入するかもしれない。その場合，本当に初心者向けに商品を開発するよりも，熟練した人が初心者に勧めるという観点から見た魅力を盛り込んでおく必要がある。また，誰でも初めの1台目を買うときは初心者であったとしても，その後の使い込み方次第では上級者に成長していく。そうであれば，初心者が自社のパソコンを購入した後で，その習熟に伴って自然に自社の上級機種へ移行してくれるような仕組みを考えておけば，比較的簡単に売上げを確保することができる。

　こういったセグメント間の関係，あるいは個人の変化（学習・成長・高齢化など）に伴うセグメント移動を考慮に入れておくと，優れたマーケティング戦略を構築できる可能性がある。

5　富士フイルムの「チェキ」のケース
●意図せざる事態に対応する戦略

1. ターゲット　富士フイルムが1998年の年末に発売したインスタント・カメラ「チェキ」は激しいアップダウンを経験してきた独特の商品である。パーティなど，その場で写した写真のプリントを皆で見ながら盛り上がることができるため，スマホ全盛の現在でも「チェキ」は優れたコミ

ュニケーション・ツールとして人気がある。しかし，「チェキ」は発売当初にヒット商品となった後に，一時売れ行きが低迷し，2007年にもう一度復活して急成長を遂げるという独特の歴史をたどってきた商品である。

　ここでは「チェキ」のたどってきた歴史を振り返って，同商品のマーケティング戦略を考えてみることにしよう。

　「チェキ」は，1998年に発売された直後に大ヒット商品となった。本書第3版の執筆時点（2022年）からほぼ四半世紀前の1998年の発売の頃は，インスタント・カメラといえば，ポラロイド社の製品が圧倒的に大きな市場シェアをもっていた。日本市場ではポラロイドが市場の7割をおさえ，富士フイルムの対抗商品「フォトラマ」は3割のシェアをもっていたにすぎなかった。なお，当時の「フォトラマ」というブランドは現在は存在しない。また，「チェキ」の正式名称は「インスタックス」である。海外では「チェキ」ではなく，この「インスタックス」で知られている。

　1998年当時，インスタント・カメラの市場は小さかった。従来の製品はみな一眼レフ・カメラくらいの大きさで，700グラムくらいの重さがあり，大きくてかさばるので持ち歩きに適していなかった。またフィルムも高価だった。店頭で売られる実売価格で10枚入りが1500円，1枚当たり150円もした。撮ったその場で見ることができ，現像に出さないですむとは言っても，写真フィルムから印画紙に現像した場合に1枚当たり70〜80円ですむのに比べれば，ずいぶん割高だったのである。

　富士フイルムはこうした現状を分析した後で，まず明確なターゲット市場を設定した。メイン・ターゲットは女子高生から25

歳くらいまでの女性に絞り込んだ。ちょうど世の中ではゲームセンターに設置された「プリント倶楽部」(通称「プリクラ」)というインスタント写真撮影・販売機が「画像コミュニケーション・ツール」として大ヒットし，世の若い女性たちがプリクラを大量に撮って友人たちと交換し合っていた。こうした画像の交換という行動面の特徴が目立つようになってきたのであるから，どこにでも持ち運びができる「画像コミュニケーション・ツール」のニーズが確実にある，と富士フイルムは考えたのである。つまり同社は，①日本国内(地理)，②15～25歳(人口統計)，③女性(人口統計)，④画像をコミュニケーション手段として多用する(行動)，といった軸を使ってセグメンテーションを行ない，ターゲット市場を選定したのである。

2. マーケティング・ミックス：4つのP

若い女性をターゲットにした「チェキ」は従来のインスタント・カメラとは大幅に異なるプロダクトであった。まず，重さは従来品の約半分(335グラム)に減らし，レンズを本体に収納すればかなり小型で持ち運びがしやすくなっていた。フィルムのサイズも名刺の大きさにした。これは従来の写真ではなくプリクラを意識した大きさである。しかも従来のインスタント・フィルムを消費者たちがわざわざ小さく切り取って定期入れなどに入れていたことも市場調査の結果で分かっていた。画質については従来のインスタント・カメラを上回るシャープネスが達成されている。もちろん当時のプリクラとは比較にならないほどシャープで発色がよい。ネーミングも女子高生に愛されるように考えられている。正式名称は「インスタックス・ミニ10」であるが，

愛称を「チェキ」とした。これは当時若い女性の間で流行していた「要チェック」という意味の「Check it」（チェック・イット）からとられたものである。

　プライスも，若い女性にフィットするように設定されている。本体価格は1万円，フィルムは10枚入りが700円である。本体は女子高生がお小遣いで買える価格であり，フィルムも1枚当たり70円と従来の写真1枚と同程度に抑えられ，しかもプリクラの1回300円と比較して割安感が出るようになっている。

　プロモーションも，若い女性に照準が合っている。生産が追いつかなくなったのでテレビ広告は控えたが，発売1カ月後に「チェキ100万円フォトラリー」というイベントを実施した。東京では渋谷，大阪では心斎橋に，15歳から25歳までの女性を集め，3人1組でクイズを解きながら街中を「チェキ」で撮影して回ってもらうというイベントである。参加者には赤いマントを羽織って「チェキ」を持ち歩いてもらい，クイズの答えとなる場所を撮影してきてもらうという企画である。彼女ら自身に「チェキ」の使い勝手を知ってもらってクチコミをひろめてもらうばかりでなく，それを周りで見ている歩行者たちに強い印象を与えるのがねらいであった。

　プレイスは当初，通常のカメラ店ルートであったが，後にスーパーやコンビニからもフィルムの指名注文が来て広がっていった。カメラ店についてはプッシュ戦略，その他はプル戦略がとられ，開放型チャネル政策へと転換していったと言える。

3. 複合ターゲットへ

　このように当初の明確なターゲット設定とそれにフィットするマーケティング・

ミックスが構築され、「チェキ」は大ヒット商品になったのであった。ただしヒット商品の常として、「チェキ」の場合も、やはり当初のターゲット・セグメント以外にもずいぶん波及効果があったようだ。

　購入者から集められたアンケート調査の結果によると、18歳以下が17%、18～27歳が31%であった。またその後の調査で、ユーザーの7割が女性であることも判明した。つまり、たしかにねらいどおり、若い女性というターゲットが「チェキ」を購入したことが確認されたのだが、男性も3割を占めており、実際、30歳以上の男性もかなり「チェキ」を買っていた。当初必ずしもメイン・ターゲットにしていなかった多数の消費者が「チェキ」を購入したのである。

　用途についても、当初の予想通り、名刺代わりに使うとか、飲み会やカラオケ・パーティで雰囲気を盛り上げるために使うといった「画像コミュニケーション・ツール」という使われ方もしているのだが、それ以外にも「チェキ」は意外な用途に用いられていることが分かった。たとえば「チェキ」で従業員の名札を作ったり、美容院などでお客様の髪型の写真を撮影して余白部分にメモを書き込むなどの写真メモとして利用したり、農作物の生育状況を撮影する人がいるなど、仕事用にも使われていた。またユニークな例として「チェキ」でオリジナルのトランプを作る人がいることも報告されている。

　「チェキ」は、意図の上では単一ターゲット・アプローチを採用していたのだが、結果的には、複数のセグメントに対して同一のマーケティング・ミックスを提供していたことになるから、結合ターゲット・アプローチをとっていたことになる。しかし富士

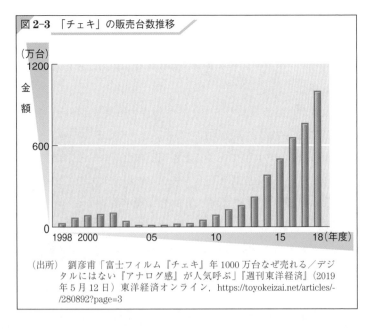

図2-3 「チェキ」の販売台数推移

（出所）　劉彦甫「富士フィルム『チェキ』年1000万台なぜ売れる／デジタルにはない『アナログ感』が人気呼ぶ」『週刊東洋経済』（2019年5月12日）東洋経済オンライン，https://toyokeizai.net/articles/-/280892?page=3

フイルムでは，その後，多様なセグメントにそれぞれ対応できるように，セグメントごとにプロダクトを企画し，複数ターゲット・アプローチへと転換してきた。

　しかし，好調な売れ行きは2002年の年産100万台をピークにいったん終わりを迎える。今ではコンパクト・デジカメはスマホに取って代わられているが，その当時はコンパクト・デジカメが成長していた。1999年にデジカメ全体で約508万台だった出荷台数（輸出も含む）が2006年までにコンパクト・デジカメだけで約7,317万台へと急速に伸びていた。年率40％を超える成長率であった。またカメラ付き携帯も普及してきたため，チェキは一時期販売が低迷し，2004〜06年の間は年間10万台程度の規模にまで縮小している。チェキの販売台数推移を描いた図2-3に見

1998年発売当時のインスタックス
ミニ 10

2021年発売のインスタックス ミニ
エヴォ

写真提供　富士フイルムホールディングス

　られるように，ピーク時の 10 分の 1 程度にまで販売台数が落ち
込んで，「チェキ」はかろうじて生産されていたという状況に追
い込まれていた。

　しかし，2007 年に韓国の恋愛ドラマで「チェキ」が使われる
と再び成長軌道に乗り始めた。本来であれば，iPhone が 2007 年
に発売になるのだから，この時点からさらに「チェキ」の販売数
量が低下してもおかしくないのだが，このドラマを契機に，デジ
タル・カメラやスマホにはない「チェキ」のプロダクトとしての
魅力が若い世代に受け入れられるようになった。子供の頃からデ
ジタルの世界に慣れ親しんだデジタル・ネイティブの Z 世代が，
デジタルとは別の魅力を「チェキ」に見いだしたのである。

　このチャンスをいかすべく，富士フイルムも独特のプロモーシ
ョンをスタートさせた。「一瞬一瞬を楽しむコミュニケーション・アイテム」としてアジアを中心にプロモーションを展開し，
チャネルも家電量販店や雑貨店にまで広げていった。スマホに慣
れ親しんだ Z 世代は，「チェキ」が創り出す独特のコミュニケー
ション経験に魅了され，コロナ禍前の 2018 年度には全世界で年

間 1,002 万台を売り上げるまでの事業に成長している。主たるターゲットは Z 世代としながらも，同社は複数ターゲット・アプローチを継続している。2021 年 12 月には，30 代の男性をターゲット顧客として想定した「インスタックスミニ エヴォ」というクラシックなデザインのカメラも発売され，好評を博している。当初計画の 2 倍を売り上げ，生産が追いつかないほどの需要がある状況だという。

　「チェキ」のケースから学ぶべきポイントは数多い。どのような戦略も，事前に予想できていない事態に直面する。未来をすべて「読み切る」ことができ，すべて「想定の範囲内」だと言い切れるマーケターは存在しない。「チェキ」の場合にも，当初に意図したセグメント以外に売れる波及効果が得られたり，デジカメが急速に普及したり，韓国の恋愛ドラマで使われたり，といった当初の予想にないことが多数出現した。しかし，富士フイルムのマーケターは，その都度，ターゲット・セグメントを明確に意識しながら，新しいチャンスに向けて顧客とのコミュニケーション（プロモーション）を丁寧に工夫して行ない，新しい成長軌道を作り出してきたのである。意図せざる事態が生じても，事後的にそれを活用するためには，やはりマーケティング戦略の枠組みに基づいた意識的な思考が役に立つのである。

第**3**章　プロダクト・ライフサイクル

4つの段階とマーケティング・ミックス

1　4つの段階

●導入・成長・成熟・衰退

　生命現象には一定の予測できるパターンをとって変化するものが多く見られる。たとえば人間の一生は，誕生から始まって，思春期→青春期→壮年期→熟年期→老年期→死，というライフサイクルを描く。人によっては40歳を過ぎてもまだ青年期だと思っている場合もあり，実際のところ人によって大いに差はあるのだが，重要なことは人間はいつかは年をとり，死んでしまう，ということであり，その年数がおおよそ見当がついている，ということである。人生100年の時代がやって来たとは言っても，不老不死の時代が来るわけではないから，いつの時代にも人生の長さ

91

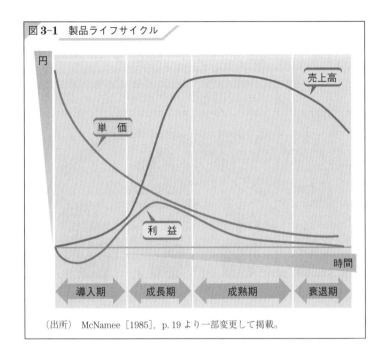

図3-1　製品ライフサイクル

（出所）　McNamee［1985］，p. 19 より一部変更して掲載。

についてはある程度の見通しがたっていると言えるだろう。だから，多くの人は一定の年齢を超えるとまじめに仕事をするようになり，貯金をして結婚に備えたり，老後に備えたりすることができるのである。

　生き物と同じように製品にも一生があって，やはり類似のライフサイクルをたどると考えるのは単純すぎると思われるかもしれない。たしかに完全な予測ができるわけではないが，それでも，急速な売上げの成長を経験している製品もやがては成熟してしまう，という程度のラフなパターンを描くことが多いということも事実である。たとえラフではあっても何らかのパターンを描く可能性が高いのであれば，企業は事前に準備をすることもできるし，

表3-1 製品ライフサイクルの段階別特徴

特　徴	導入期	成長期	成熟期	衰退期
売上高	低水準	急速上昇	緩慢な上昇 or 下降	下　降
利　益	僅少もしくはマイナス	最高水準	下　降	低水準 or ゼロ
顧　客	イノベーター／マニア	オピニオン・リーダー→早期大衆追随者（早期マス）	後期大衆追随者（後期マス）	遅期追随者
競　争	ほとんどなし	増　加	企業数多数	減　少

（出所）　Kotler [1980], 邦訳，240 頁より一部変更して掲載。

それぞれの段階に合わせたさまざまな施策を適切に打ち出すこともできる。

　製品（プロダクト）ライフサイクル（PLC）の理論は，図3-1と表3-1に見られるように，製品のたどる段階を通常次の4つに分けている。

　まず新製品が導入され，売上高も利益も少ない導入期から始まる。その後，急速に売上高と利益とが増大する成長期が訪れ，いつしか売上高の成長が止まる成熟期に入る。最後には売上高・利益ともに減少していく衰退期がやってくる。もちろんピッタリこのとおりの曲線を描く製品など皆無であると考えても間違いではない。現実の製品ライフサイクルは，この理論の示すような美しい形をしていないが，それでも成長期や成熟期にどのようなマーケティング戦略を構築すればよいのかを考える上では，製品ライフサイクルの理論は十分に意味のある議論を提供してくれる。それぞれの段階の特徴と，その段階ごとのマーケティング・ミックスの定石を次に見てみることにしよう。

なお，ここで描かれる製品ライフサイクルは，個々の具体的な
ブランドやアイテムではなく，広く製品カテゴリーを表している
のだと考えてほしい。たとえばiPhone14 Proのライフサイクル
を描いているのではなく，スマートフォンという製品カテゴリー
について曲線を描いているのである。

2　導　入　期

 ●ボトルネックの解消

1. 市場拡大のボトルネック

　導入期とは文字どおり新製品を市場に導
入し始めた頃のことである。新しいカテ
ゴリーの製品が発売されてから売上高が
成長し始める前までが導入期である。この段階ではまだ売上高は
少なく，利益もマイナスである場合が多く，利益が出たとしても
ほんのわずかである。競争相手もまだ出そろっておらず，少数の
企業だけがこの新しい製品を手がけているにすぎない。顧客の特
徴は，新しいものや珍しいものが好きで，自分の生活様式を変え
るのに積極的なイノベーター（革新者あるいはマニア）である。

　導入したてで市場が小さいのだから，この時期の戦略的な課題
は市場の拡大である。まだ競争相手も少なく，相互に激しいシェ
アの食い合いをするよりも，互いに市場全体の拡大をした方がよ
い。導入期には，切磋琢磨して競争しているように見えていても，
実際にはその競争によって市場が拡大していくという効果が重
要である。だからまだ競争相手と直接対決しているというより
も，皆で協力して市場全体を大きくしている時期だと捉えた方が
よい。それ故，競争相手に対処するというのは導入期では重要課

題ではない。繰り返すが，最も重要なポイントは市場の拡大であり，マーケティング戦略の定石も市場の拡大を最優先事項として構築するべきである。

導入期に製品の普及率が低いのは，普及を止めている障害あるいはボトルネック（隘路）があるからである。たとえば，その製品が存在するということをまだ顧客が認知していない場合には，製品の認知がボトルネックになって普及が止まっているのである。また，製品の存在自体は認知しているが，その製品の使い方が分かっていないとか，「実は健康に悪いのではないか」とか，「わざわざお金を出して買っても，それほど便利なものではないのではないか」などといった偏見があるために買い控えをしている可能性もある。この場合は，製品を理解してもらっていないことがボトルネックである。さらに，企業側にもさまざまな問題があるかもしれない。生産が立ち上がっておらず，需要を満たすだけの製品を生産できないとか，生産初期に不良品が多いとか，販売体制が整っていないために末端の小売店まで製品が効率的に流れていないなどの問題である。これは量産・販売体制がボトルネックになっている場合である。もちろん導入期には価格がボトルネックになっているケースも多い。製品が高価格であれば，顧客はなかなか購入に踏み切れないであろう。

普及を妨げているボトルネックを探す際に，アイドマ・モデル（AIDMA Model）と呼ばれる購買行動のモデルが役に立つかもしれない。消費者が「モノを買う」という行為に至るまでに，どのような段階を経ていなければならないかを，このモデルは整理してくれている。**図 3-2** に見られるように，Attention＝注意，Interest＝関心，Desire＝欲望，Memory＝記憶，Action＝行動（購買

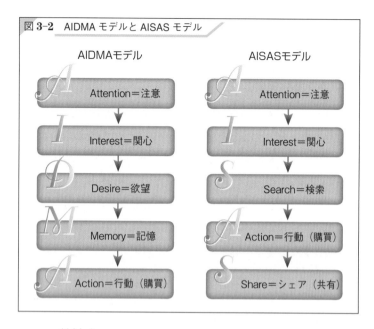

図3-2 AIDMA モデルと AISAS モデル

AIDMAモデル

Attention＝注意

Interest＝関心

Desire＝欲望

Memory＝記憶

Action＝行動（購買）

AISASモデル

Attention＝注意

Interest＝関心

Search＝検索

Action＝行動（購買）

Share＝シェア（共有）

行動）の頭文字をつなげてアイドマと読む。消費者はまず，その製品が存在するということを知っていなければ，そもそも購買することはないであろうし，知ってはいても関心をもっていなければやはり買わないであろう。その製品があることを知っていて，しかも関心をもっていても，必ずしも自分でお金を出して手に入れたいという欲望を抱かないこともあり得る。欲望をもった上で，それが記憶されていれば，どこかで実際に買うという行動に結びつく確率が高まる。

　導入期に製品がなかなか売れないということは，消費者がなかなか購買という行動を起こしてくれていないということだから，アイドマ・モデルの5ステップのどこかに問題があるかもしれない。そう考えてみるとボトルネックが見つかることがある。製品

が知られていないとか，関心をもってもらえていない，欲望が喚起されていない，欲望が長く記憶に残らない，最後の買うという行動がとりにくい，などなど，いろいろな可能性を整理して考えるには，このアイドマ・モデルは便利である。

インターネットでモノを買う時代には，電通が提唱するアイサス・モデル（AISAS Model）が役に立つ。Attention＝注意，Interest＝関心までは AIDMA と同じだが，インターネットの時代には，消費者は関心をもつとネットでサーチするから，次に Search＝検索が来て，その結果として購買行動＝Action が行われる。この個人の購買が他の人とシェア（Share）されると飛躍的に普及するから，最後にもうひとつの S が現れる。インターネットで自社製品の売上げを飛躍的に増加させるには，AISAS の中のどこで止まっているのかを考えると重要な示唆が得られる可能性がある。

2. 導入期の戦略定石 導入期のマーケティング戦略を立案するには，まず，このような普及を妨げているボトルネックを明らかにし，それを除去することを目指せばよい。普及を妨げている要因が何かによって具体的なマーケティング・ミックス（4つのP）のあり方も変わるが，この時期の定石というものはいちおう存在する（**表3-2**）。

導入期には製品自体が知られていなかったり，その本質サービスが何であるのかについて十分な理解が得られていないことが多い。これがボトルネックであるなら，プロダクトはできるだけその製品の本質サービスを顧客に理解しやすく，使いやすくするべきであろうし，製品の本質サービスをよりよく理解してもらい，

表3-2　導入期のマーケティング戦略の定石

特　徴	製品ライフサイクルの特徴		成長期	成熟期	衰退期
	導　入　期				
売上高	低　水　準				
利　益	僅少もしくはマイナス				
顧　客	イノベーター／マニア				
競　争	ほとんどなし				
戦　略	上澄み価格政策	浸透価格政策			
戦略の焦点	市場の拡大	市場の拡大			
戦略の強調点	製品認知	低価格化			
4P's					
プロダクト	本質サービス	本質サービス			
プレイス	閉　鎖　型	開　放　型			
プロモーション	プッシュ	プル			
プライス	高　水　準	低　水　準			

偏見を取り除くために，プロモーションは説明重視のプッシュ戦略を基本とするべきであろう。説明重視のプッシュを行なうとすれば，それほど広範な流通業者を使うことはできないので，プレイスについては閉鎖型チャネル政策を採用し，限られた数の流通業者に積極的に販売をしてもらうべく高いマージンを設定する。このようにマーケティングにかかるコストは高水準であり，しかも生産を始めたばかりだから製造コストも高いであろう。これを回収するためには価格も高めに設定しておくのが無難である。これが定石のひとつである。

　もちろん，他にも定石はある。価格が高いことが普及のボトルネックになっていて，しかも大量生産によってコストが大幅に下

がることが分かっているのであれば，思い切って現時点のコスト
よりも低い価格を設定し，一気に市場を立ち上げるのもひとつの
手である。このような価格政策を浸透価格政策という。早い時期
にトップの市場シェアを獲得し，大量生産でコストを下げ，それ
がさらなる低価格化を可能にし，市場シェアをさらに高める，と
いう好循環が期待できるときには有効な価格政策である。逆に，
初期のイノベーター（マニア）と呼ばれる顧客は，新しいものな
ら価格が高くても買う，というタイプの人が多いから，この顧客
層を相手に製品の開発費や初期のプロモーション費用など，さま
ざまな導入期のコストを回収してしまうという手も考えられる。
これを上澄み価格政策という。一番美味しい上澄みの部分を先に
取ってしまうのである。

　導入期の製品は，そもそも普及率が低くて一部の人しか買って
いないのだから，あまり一般の人には知られていない。だから例
を探すのが難しい。本書執筆時点で導入期にある製品を取り上げ
ても，数年後には普及せずに消えてしまっているかもしれない。
それ故，少し過去にさかのぼって，1999 年時点における食器洗
い乾燥機（食洗機）を導入期と成長期の中間に位置した製品とし
て取り上げることにしよう。

　いまでも食器洗い乾燥機の普及率は欧米に比べると日本の方が
低めであるが，1999 年時点では日本における普及率は格段に低
かった。ニーズがなかったわけではない。あるアンケート調査に
よると，顧客は床暖房や温水洗浄便座などよりも「欲しい」と思
っているのである。しかしそれにもかかわらず，アメリカでは
55 ％，ドイツでも 38 ％の普及率を達成しているのに対して，日
本ではわずか 6.3 ％しか普及していなかった。食洗機が日本でな

かなか普及しなかった理由（＝普及のボトルネック）のひとつは台所が狭い，という日本の住環境であろう。アメリカの半分，イギリスの3分の2ともいわれる日本の住宅床面積の狭さを考えると，炊飯ジャーやポット，電子レンジなどをキッチンに並べると，食洗機など置く場所がないのかもしれない。

　1999年6月にパナソニック株式会社（当時は松下電器産業）が発売した「NP-33S1」という卓上型食器洗い乾燥機は，こうした普及のボトルネックを打ち破るべく開発された製品である。この製品の最大の特徴は小さくて場所をとらないというところである。従来品よりも設置面積が20％小さくなり，流し台の脇に設置することが可能である。小さなわりには中が2段になっていて多くの食器を収納でき，しかもフタが中折れ式になっていて食器の出し入れに関しても省スペースに工夫が行き届いている。このパナソニックの卓上型食器洗い乾燥機は急速に売上げを伸ばし，食洗機を導入期から成長期へと移行させるきっかけとなった。食洗機はその後も成長を続け，システム・キッチンの普及と共にビルトイン型が増えたこともあり，2022年3月時点では世帯普及率が36.9％にまで向上している。

3. ネットワーク効果

なお，普及を妨げる障害について，もうひとつ注意しておくべきポイントがある。それは，普及していないことそれ自体が普及をますます難しくするような製品がある，という点である。これは，①アップルのiOS やグーグルの Android のようなスマートフォンの基本ソフトと，その基本ソフト上で動くアプリのように，スマホを使うときに補完関係にあるアプリを必要とする場合や，②電話のよう

に，その製品を持っている人が多数いることで，その製品の価値が高まるという場合に発生する。たとえば，iPhone の基本ソフトである iOS が普及していなければ，iOS 上で動くアプリを作る会社も数が少なく，iPhone ユーザーが使えるアプリの種類も増えないだろう。アプリの種類が少なければ，スマートフォンの使い勝手がよくならないから，スマホの魅力が高まらず，結果的に iPhone が売れなくなり，その OS（iOS）が普及しなくなる。スマホが売れないからアプリが増えない，アプリが増えないからスマホが売れない，という悪循環が発生する。逆に iPhone ユーザーが増えて，iOS が普及すれば，その上で動くアプリを制作して App Store（アップル社製品のアプリ販売サイト）で販売しようという人が増える。アプリが増えれば，また iPhone の魅力が高まる，という良循環も発生する。

　スマートフォンとその OS（基本ソフト）のように，その製品の価値が，その製品を使っている人の数によって左右される場合，「ネットワーク外部性がある」とか「ネットワーク効果がある」と言う。聞き慣れない言葉かもしれないが，これが普通の社会人にも普及しつつある言葉なので，我慢してほしい。皆がつながったネットワークになっていると，つながっている人びと皆が互いに製品の価値を創り出す効果がある，ということである。

　ネットワーク外部性がある場合，普及のボトルネックは，①補完財が充実していないか，②使用者が少ないことである。補完財が少ない場合は，自社自身が補完財の生産・供給に乗り出すか，補完財メーカーに未来のシナリオを示して補完財を豊富に供給してもらうとか，あるいは補助金を提供してでも補完財の充実に努めてもらう，というのが定石である。使用者を増やさなければな

らない場合には，まず初期段階の価格を非常に低く設定したり，場合によっては初期に重要な役割を果たす一部のユーザーに思い切った低価格で製品を販売するなどの手段が有効になるであろう。**表3-2**には示さなかったが，ネットワーク外部性が主たる原因で普及が遅れている場合には，初期の普及段階でのマーケティング戦略が非常に重要になる。なぜなら，初期の普及で勝ち始めると，自然に製品の価値が高まって，市場シェアを増やしていくことが可能である反面，そこで劣勢に立たされると，どうやっても逆転しにくい悪循環に陥るからである。

この点で興味深いのは，2022年時点で国によって導入期から成長初期に位置しているバッテリー駆動の電気自動車（EV）であろう。たとえばノルウェーでは新車販売の80％以上がEVになっているというが，日本では新車販売台数に占めるEVの比率はまだ1％程度である。他の国々では成長期に突入したEVも，日本では2022年時点では導入期と位置づけるのが妥当であろう。

日本におけるEVの普及を左右するひとつの要因は航続距離である。まだ多くのEVの航続距離が不足しており，近距離利用のユーザーには受け入れられているが，市場全体の要求水準には到達していない。この本質サービス部分のボトルネック解消が，普及にとって重要なポイントになる。もうひとつの重要なボトルネックは，充電インフラの整備である。充電インフラはEVの補完財である。高速道路のサービス・エリアなどにはEV用の充電ステーションが増えてきているが，ガソリンを入れる時間に較べれば充電に必要な時間は長く，それ故に，充電ステーションの数がさらに増加しないとEVの魅力が高まらない。EVを購入する人は，EVそのものが生み出す価値を求めているというよりも，EV

と充電インフラを合わせた全体が生み出す価値を求めているのである。しかし，この両方合わせた価値を高めていくのはなかなか難題である。EVが増えれば充電ステーションも増えるが，充電ステーションが増えないとEVが普及しにくい。良循環が回り始めるか，悪循環のまま普及が阻害されてしまうか。このネットワーク外部性の問題がどう克服されていくのかというシナリオが，まさに今，日本では求められているのである。

3 成　長　期

●ブランド選好の確立

1. ブランド選好の獲得

成長期は売上高が急速に増え，利益も急増する。顧客はイノベーターから，オピニオン・リーダー，さらに比較的新し物好きの大衆（マス）（早期大衆追随者＝早期マス）に移る。イノベーターやマニアというのは，社交的な人というよりも強い意志をもった独立性の高い人というイメージが強い。それ故，イノベーターは周りのふつうの人たちに影響をあまり及ぼさない。ちょっと風変わりで「特殊」な人だと思われているのである。これに対してオピニオン・リーダーは社交性があって周りの人間の購買行動に大きな影響力をもつ人たちである。なお，近年はオピニオン・リーダーと同じタイミングで新製品を採用する人たちのことを初期採用者アーリー・アダプターと呼ぶことが増えてきた。英語は "early adopter" なので，アーリー・アドプターといいたいところだが，実際の発音は「アダプター」に近いので，一般にアーリー・アダプターと呼ばれている。

まずイノベーターがリスクをとって新しい製品を採用する。そ

のイノベーターの製品使用経験を観察した上でオピニオン・リーダーが購買を決め，さらに自分の周りの人々から相談を受けたり，あるいは自主的に周りの人々にクチコミで情報を流して，その結果として早期マスが増大し，市場が急速に成長し始める，というのが一般的なパターンだと考えられている。だから，導入期から成長期に移行する上でオピニオン・リーダーが重要な役割を果たしていると考えられるのである。インターネットの世界では，ある人のブログに多くの人がアクセスし，そのブログの情報に基づいて購買を決定するという行動も見られる。このような影響のあるインターネット上の人物をインフルエンサーと呼ぶ。インフルエンサーはインターネット時代のオピニオン・リーダーであり，製品の急速な普及に大きな役割を果たすと考えられている。

　オピニオン・リーダーやインフルエンサーは，早期マスに対して影響力があるからこのような呼び名になっている。この人たちに勧めてもらえれば早期マスは買い始める，という自然な流れが想定されているのである。しかし，これらの初期段階の採用者（アーリー・アダプター）がもつ価値観が，一般的な消費者とは一致していない場合，アーリー・アダプターに普及しても早期マスへの普及が加速されることはない。アーリー・アダプターと早期マスの間にある隔たりをキャズム（chasm，大きな亀裂）と呼んで，普及の難所であると指摘する人もいる。製品のタイプごとに，アーリー・アダプターが早期マスへの影響力をもつかどうかをチェックしておく必要があるだろう。

　このキャズムをうまく超えて早期マスへの普及が始まると本格的な成長期が訪れる。成長期の特徴は，市場が成長しているので，競争相手もこのチャンスを捉えようとして続々と市場に参入して

くるという点にある。成長市場に多数の企業が参入してくるので，マーケティング戦略を構築する上で，この競争相手に対する対応の仕方が最重要ポイントになる。導入期には市場立ち上げの「仲間」だった他社が，成長期には新規顧客を奪い合うライバルになってくるのである。

　この段階における最重要課題は，主要な競争相手よりも速いスピードで成長することである。成長期であるから，ふつうは自社売上高も自然に成長するはずである。しかし，業界全体が年率50％で成長していても，その業界内には年率80％の成長を遂げているブランドもあれば，年率20％の成長しか遂げていないブランドもある。市場が成長していることと自社ブランドが成長することは別のことなのである。

　「自然」に成長しそうな成長期にわざわざ「競争相手よりも高い成長率」を強く意識する必要があるのは，この時期に市場シェアの大枠が決まってしまうからである。後でやってくる成熟期に自社ブランドがリーダーのポジションを得るのか，二番手や三番手になるのか，ということが，この成長期の努力で決まってくるのである。

　成長期には，新しく使い始める顧客も「自然」に増え，小売店でのシェルフ・スペースや生産設備も「自然」に増えていく。しかし，成熟期に入ると，新たに使い始める顧客数と使用を停止する顧客数とが釣り合い始め，なかなか売上高は伸びにくくなる。顧客は自分が購入する「定番」を決めてしまい，なかなかブランド・スイッチ（購入ブランドを変えること）してくれなくなる。すでに売れ筋の製品が決まってしまった後では，小売店も新しいシェルフ・スペースをなかなか空けてくれなくなる。業界全体が過

剰生産設備に陥ってしまうような生産設備への投資も難しい。このような事情があるから，成熟期に入ってからのシェア争いは実際には難しい。だから，成長期に他社よりも成長して，生産設備とシェルフ・スペースなどを他社よりも大きく獲得し，定番のブランドとして確立された状態を作っておくことが，後々の成熟期における競争のためには重要なのである。自然に市場が成長している成長期でも，あるいは成長期であるからこそ，ことさらに「競争相手よりも高い成長率」を執拗に追求しなければならないということを肝に銘じておいてほしい。

　成長期に競争相手よりも速いスピードで成長するためには，自社ブランドに対する選好（ブランド選好）を獲得することが不可欠である。これが成長期の最重要ポイントである。競争に対処することが最重要課題であるのだから，この時期には顧客が他社ブランドよりも自社ブランドを選好するようにしなければならない。成長期には競争業者も含めて各社とも本質サービスの部分ではある程度の水準を達成しているはずだから，本質サービスに加えて，補助的サービスの部分で差別化しながら独自色を打ち出し，顧客の心をつかみ，小売店のシェルフ・スペースを確保し，生産能力の拡充を進める，というのが基本なのである。

2. 成長期の戦略定石

成長期のマーケティング・ミックスを構築するには，ブランド選好を確立して市場の成長と同程度，もしくはそれ以上のスピードで成長するということを念頭に置いておけばよい。製品は本質サービスに加えて補助的サービスの充実をはからなければならない。この時期にはすでに本質サービスが何であり，どのようにしてそれを製品に作

表 3-3　成長期のマーケティング戦略の定石

特 徴	導入期	製品ライフサイクルの特徴 成 長 期	成熟期	衰退期
売 上 高		急速上昇		
利 益		最高水準		
顧 客		オピニオン・リーダー →早期マスへ		
競 争		増 加		
戦 略				
戦略の焦点		自社ブランドの浸透		
戦略の強調点		ブランド選好		
4P's				
プロダクト		補助サービス		
プレイス		開 放 型		
プロモーション		プ ル		
プライス		低 下		

り込めばよいのかを，自社も競争相手も理解している。だから本質サービスだけでは他社との差がつかない可能性が高いのである。他社との違いを創り，その違いによって自社ブランドに対する選好を確保しなければならないのだから，プラスアルファの部分（補助的サービスなど）に目くばりをする必要がある。

　また，この時期は製品の数量が大幅に伸びる時期であるから，チャネルを開いて開放型チャネル政策へと移行し，流通マージンを減らしていく，というのが定石であろう。プロモーションも，これに合わせて，プッシュ重視からマスコミ利用のプル重視へと転換する。数量が伸びてさまざまなコストが低下するので，価格も大衆的な価格へと値下げをする。これが一応の定石である。

成長期の具体的な製品は多数あげることができる。たとえば音楽配信サービスはずいぶん普及してきているが，いまだに高成長を継続している。2021 年には国内では対前年比 26 ％（世界では24.3 ％）の成長率であり，22 年も 1 月〜6 月までの実績で 16 ％の成長率を維持している。音楽配信の本質サービスは，まず何よりも楽曲の豊富さであろう。多数のアーティストを幅広くカバーしているほど，音楽ストリーミング・サービスのプラットフォームは消費者にとって魅力的である。逆に，多くの消費者が惹きつけられているプラットフォームには多くのアーティストが惹きつけられる。先に紹介したように，ネットワーク外部性があるサービスであり，消費者の増加とアーティストの増加という良循環が回る。だから，スポティファイを追いかけるアップル・ミュージックやアマゾン・ミュージックも，楽曲数では約 9,000 万曲と，ほぼ同程度になっているのだが，初めに多くの顧客を惹きつけたスウェーデンのスポティファイ・テクノロジー社が，無料でフルに聴けるサービスも選べることも手伝って，いまだに世界シェアの 3 割程度を占めてトップを走っている。

　多数の楽曲があるから，自分のお気に入りのアーティストの作品を検索して聴くことができるのはありがたい。しかし，楽曲が多すぎるから，新しいアーティストを探すのは面倒である。だから，多数の楽曲を消費者が楽しむためには，音楽消費のパターンから AI（人工知能）等を使って，好みの音楽を推測し，勝手に次の曲を流してくれるサービスが重要になる。CD 時代と較べて聴くことのできる曲数が膨大であるから，ストリーミング・サービスを楽しむには，AI によるおすすめや多様なプレイリストは不可欠だろう。そう考えると，これらの機能はストリーミングの補

助的サービスではなく，本質サービスだと位置づけるべきであろう。

　これらの本質サービス部分は各社とも高水準なものに仕上げてきており，現在の競争はそれ以外の補助的サービス部分で活発に行われている。たとえば，アップルはiPhoneやマックを入り口として顧客を獲得する方法で差別化しているだけではなく，空間オーディオを打ち出し，臨場感のある音楽再生や，Siri（アップルの音声認識アプリ）に話しかけることで曲を再生してくれる機能などを補助的サービスとして提供している。アマゾンも既存のアマゾン顧客を音楽ストリーミング・サービスに誘導する方法で新たな顧客を獲得しようとすると同時に，空間オーディオや通常の楽曲よりも情報量のはるかに多いハイレゾ音源など，音質の違いを強調して差別化している。これらは成長期における補助的サービスでの差別化の典型例であろう。

4 成 熟 期

●低成長期の特徴

1. ブランド・ロイヤルティ

成長期には高かった業界の成長率も徐々に緩やかになり成熟期を迎える。何％ぐらいが「高成長」といえるのかについては，業界によって意見が分かれるが，通常は10％ぐらいのところが高成長と緩慢な成長の分かれ目だとも言われる。毎年10％の成長を継続した場合，複利計算すると7年程度で市場規模が2倍になる。この市場成長に対応しようとすると，企業は設備投資や在庫を積み増す投資などに追われることになる。だから10％

を超えるような市場は高成長だと言われる。

　しかし何％から「低成長」と言えるのかというと，10％は高すぎる。7％でも10年程度で市場規模が2倍になるから，まだ「市場が成熟した」とは言いにくい。そう考えると，以下で想定するような「伸びない市場での競争」が見られるようになるのは，成長率が2〜3％程度を下回ってからだと考える方がよいだろう。2％の成長率であれば，市場規模が2倍になるのに35年もかかる。いや，35年も2％の成長が続くとは思えないから，おそらくその前に衰退期に入ってしまう可能性が高い。だから以下では2〜3％の成長率に低下したころからの業界を念頭に置いて読み進めていくと議論のイメージをつかみやすいだろう。

　成長率が低下するとともに，利益も徐々に少なくなり始める。成熟の初期にピークを迎えていた企業数も，成熟期の半ばから後期にかけて撤退するものも出てきて，徐々に少なくなっていく。顧客は，後期大衆追随者（後期マス）になる。つまり，「ふつうの人」なのだが，若干保守的で新しいものを取り入れるのに慎重な人たちである。

　この時期の最重要問題は，成長のないところで企業が互いにシェアを奪い合うところにある。成長がないということはゼロサムだということ，つまり誰かが売上高を高めれば，他の誰かが売上げを落としてしまうということである。成長期には互いに切磋琢磨することで市場全体が広がる可能性がまだ残されていた。新規に顧客が出現するからである。それ故，互いにブランド選好を目指して競争しているのだが，市場の成長が急速なので，相手の顧客を奪うよりも，むしろ次々に増えていく新しい顧客を自社ブランドに引きつけるのに追われ，本当の意味での「殴り合い」の闘

いにはなりにくい。ところが，成長が止まれば，自社の売上げを伸ばすのに相手の顧客を奪うしかない。競争相手の企業もそう考えている。ここで，競争戦略を各社がどのような考え方で組み立てるのかに応じて，基本的には2つの業界パターンが出現する。ひとつはあくまでも互いにシェアを獲得しようとして競争する業界パターンであり，もうひとつは互いに利益を確保するように激しい競争を回避していく業界パターンである。

　激しい競争を展開する場合，各社とも，自分の獲得した顧客は離れにくいように，相手の顧客はできるだけブランド・スイッチするように，という方向を基本的に目指すことになる。言い換えれば，自社製品に対するブランド・ロイヤルティを確立した上で，他社のシェアを奪うのである。ブランド・ロイヤルティとは，特定のブランドを顧客が繰り返し購入する忠実さのことである。ビールなら「キリン　一番搾り」しか飲まないとか，「アサヒ　スーパードライ」しか飲まない，というのはブランド・ロイヤルティが高いことを示している。これに対して「どん兵衛」も食べれば，「赤いきつね」も食べるというのはブランド・ロイヤルティが低いということである。

　互いに激しい競争を展開すると，価格が下がったり品質が向上したりして，買い手の側は得をするが，市場全体が拡大しないかぎり，作り手の側は利益が少なくなっていく，という場合も多い。市場シェアを獲得することが最終目的ではなく，利益を獲得することが最終目的なのだから，原価を下回るような価格で競争を仕掛けたり，コストのかかりすぎる機能を搭載した機種を安価で販売するのは得策ではない。このような状況を回避するべく，企業が互いに破滅的な競争を避け，製品差別化を通じて互いに棲み分

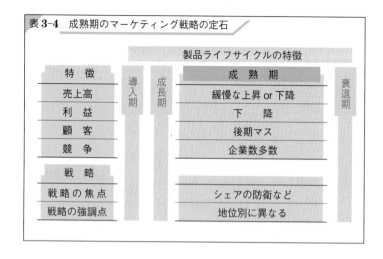

表3-4　成熟期のマーケティング戦略の定石

特　徴	導入期	成長期	製品ライフサイクルの特徴　成熟期	衰退期
売上高			緩慢な上昇 or 下降	
利　益			下　降	
顧　客			後期マス	
競　争			企業数多数	
戦　略				
戦略の焦点			シェアの防衛など	
戦略の強調点			地位別に異なる	

けていく，という業界が形成される場合もある。どちらの業界パターンが生成するのかは，特定企業1社が決められるものではなく，業界内の多くの企業がどのような戦略を組み立てるのかに依存する。

2. 成熟期の戦略定石

成熟期のマーケティング・ミックスの定石は，業界が激しい競争を展開するパターンになるのか否かという業界パターンの相違や，マーケティング・ミックスを構築する企業がトップ企業なのか二番手企業なのかなど，市場における地位によっても大幅に異なる。それ故，成熟期のマーケティング戦略については，次章の「市場地位別のマーケティング戦略」で詳しく説明することにする。身のまわりにある製品のほとんどは，この成熟期にある。シャンプーでも，ビール系飲料でも，歯磨き粉でも，すでに市場の成長率は高くない。限られた需要量をいかに奪い合うか，あるいは互いに棲み分けて

利益を確保するか，というタイプの異なる競争が展開される成熟期こそ，マーケターの知恵が試される重要な時期である。次章をしっかり読んで成熟期のマーケティング戦略の考え方を身につけてほしい。

5　衰　退　期

1. コモディティ化

衰退期は，業界全体の売上げが減少する時期である。通常は，利益が少なくなる時期でもある。すでに各社とも主要な製品機能をほとんど製品に盛り込み，どこのメーカーのモノを購入しても差がないというような状況になると，単に価格のみに基づいて商品が選択されるようになってしまう。

　価格のみに基づいて商品選択が行なわれ，壊れても修理せずに使い捨てにされるようなモノのことをコモディティと呼ぶ。本来は木綿糸や小麦など，量だけで価格が決まるような商品先物取引などに現れる「商品」をコモディティと呼んできたのだが，近年では，成熟しきった製品でも価格のみに基づいて購買の意思決定が行なわれるものが見られるようになり，「家電製品のコモディティ化が進んでいる」というような表現がされるようになっている。

　典型例は画素数が約200万のフルHD（ハイ・デフィニション）の液晶テレビなどであろう。2022年現在，画素数が約800万の4Kテレビや同3000万を超える8Kテレビであれば，まだ新しい技術を盛り込んで画像の美しさなどの基本性能で差別化する競争

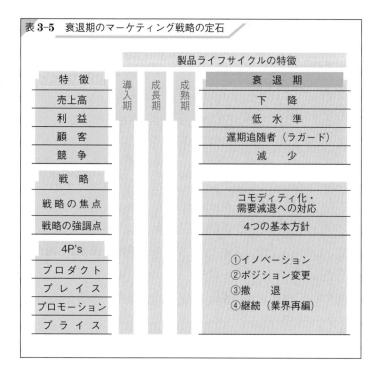

表3-5　衰退期のマーケティング戦略の定石

特　徴	導入期	成長期	成熟期	衰　退　期
				製品ライフサイクルの特徴
売上高				下　降
利　益				低水準
顧　客				遅期追随者（ラガード）
競　争				減　少
戦　略				
戦略の焦点				コモディティ化・ 需要減退への対応
戦略の強調点				4つの基本方針
4P's				
プロダクト				①イノベーション ②ポジション変更 ③撤　退 ④継続（業界再編）
プレイス				
プロモーション				
プライス				

が行われている。しかし，画素数が約 200 万のフル HD のテレビ
は動画性能や色再現などの基本機能で差がつかなくなっており，
40 インチの大きさのテレビでも 4 万円程度で販売されている。
成熟後期から衰退期には，すでに性能改善が行き着くところまで
行き着いているので，製品がコモディティ化された状態になりや
すい。非常に厳しい価格競争の世界に陥ってしまうのである。

　各社の製品性能がほぼ同じレベルになってくるばかりでなく，
顧客も製品に対する関心を失ったり，あるいはブランドや性能に
関心の薄い顧客が増えてきたり，という側面もある。衰退期にな
ってから，「初めて商品を買いました」というような顧客を遅期

追随者（ラガード）という。これは非常に保守的な人で，身のまわりの皆が全員買ってから初めて自分もその製品を試してみるとか，情報に疎くてこの時期になって初めてその製品の存在を知った，などといったタイプの人である。遅期追随者ではなくても，製品自体が「似たり寄ったり」になると，それを評価する側の顧客も多少の性能差には関心を払わなくなる。コモディティ化は，製品と顧客の両面で進展するのである。

2. 衰退期の戦略定石

製品がコモディティ化すると，価格競争が起こりやすくなり，各社とも利益を出しにくくなる。しかも成熟期の消費量に対応して建設されていた工場が衰退期にも残っている場合は，非常に高い確率で価格競争が激化する。なぜなら，どの会社も無理してでも工場の稼働率を維持しようと考え，その結果として価格を下げようとするからである。この過剰設備が衰退期に利益を出しにくくする典型的な理由である。

このように考えると，衰退期の問題は，①製品がコモディティ化し，価格以外の差をつけにくくなっていること，また②生産能力に比べて需要量が少なくなっていくことの2点である。したがって，衰退期の戦略は，この2つの問題の解決を目指して構築される。

まず製品のコモディティ化を打破し，需要量をもう一度増大させる方法として，イノベーションがあげられる。画期的な新技術を用いて製品を大きく変え，「どこの会社の製品を買っても同じようなものだ」という消費者の意識を変革するのである。しかし，イノベーションによって市場需要を再び活性化できるのであれば

よいが，いつも簡単にイノベーションが可能なわけではない。それ故，それ以外の手を考えなければならない局面も多い。たとえば，需要全体が減少していても，すべてのセグメントで減っているわけではないので，需要が伸びる余地のあるセグメントにポジションを変更したり，需要がしぶとく残る一部のセグメントをしっかり確保することを目指したりする，というのが典型的な衰退期の戦略である。また，早めに見切りをつけて撤退するとか，逆に他企業が撤退するのを待ったり，あるいは他社の撤退を促進したりすることで，市場需要を上回る業界全体の生産能力を削減し，再び業界に利益の出る状況を創り出すという手もある。

　以上のように考えると，コモディティ化と売上規模の減少に対応するための選択肢は，大きく分けると次の4つにまとめることができるだろう。

(1) イノベーション：市場自体をもう一度拡大する方法を見つけ出す。

(2) ポジション変更（リ・ポジショニング）：その製品の新しい用途や市場を見つけ出す。通常はニッチ市場。

(3) 撤退：タイミングを見はからって撤退する。

(4) 継続：他企業が撤退するのを待って残存者利益を獲得する。この場合，M&A（合併・買収）を通じて積極的に業界再編に努力する。

それぞれについて簡単に解説しておくことにしよう。

3. イノベーション：技術革新

衰退期になってから市場をもう一度大きくするには，かなり画期的なイノベーションをする必要がある。

たとえば，オーブン・トースターは長らくコモディティ化して
いた時期が続き，1台数千円程度の価格で販売されていた。2015
年にバルミューダ社がスチームを使うという新機能を盛り込んで，
トーストを美味しく焼くことができる新製品を2万円台の価格で
発売すると，大ヒット商品になり，高価格のオーブン・トースタ
ー市場を創り出すことに成功した。バルミューダ社だけで2022
年までに累計100万台以上販売したという。シャープやパナソ
ニックなども，新しい技術を盛り込んで，この高価格セグメント
向けの商品を開発して導入してきている。バルミューダ社は
2022年には，従来のスチーム機能に加えて，熱エネルギーを高
めてプロ仕様の調理が可能になる"The Toaster Pro"を導入して
いる。価格は3万5,000円程度であり，コモディティ化した商品
の10倍程度と高額である。なお，ここで重要なことはスチーム
を使う等々の技術が新しいかどうかということではない。多くの
人が「もう差別化は無理だから，価格で勝負するしかない」と思
い込んでいたオーブン・トースター市場で製品コンセプト（本質
サービス）のイノベーションを起こしたことである。

4. リ・ポジショニング

バルミューダの例は華々しいが，しかし
一般的には衰退している市場を再活性化
するイノベーションは非常に難しい。たとえば和服（きもの）の
市場を見てみよう。**図3-3**は，きものと宝飾社の調査による和服
の市場規模の推移が描かれている。1980年代には1兆8,000億
円もあった市場規模が，2021年には2,446億円にまで低下して
いる。2021年はコロナ禍の影響で卒業式や入学式の中止やイン
バウンドの旅行客減少などにより，きもののレンタルと販売に影

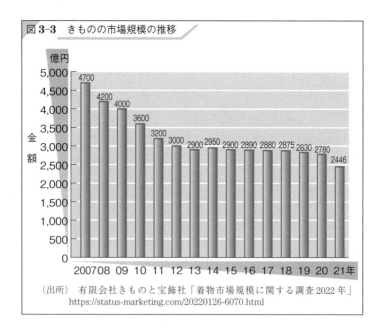

図3-3　きものの市場規模の推移

（出所）　有限会社きものと宝飾社「着物市場規模に関する調査2022年」
https://status-marketing.com/20220126-6070.html

響が出ており，和服の需要がいちだんと低下しているように見えるが，図3-3を見ると2011年以降はほぼ下げ止まっている状況と考えるのが適切であろう。

　衰退期に入ると，多様な要因がマイナスに作用して復活が難しくなる。家庭内に着物の着付けができる人も少なくなる。おばあさんとは同居しておらず，母親も着物になれていないということになれば，着付けを行うインフラが家庭内にはなく，美容院などにお願いしなければならない。いったん着物の文化が薄れてくると，このトレンドを逆転するのはますます難しくなる。

　和服の製造・販売業に携わる企業は多様な工夫を凝らしてこの状況を打破しようとしている。たとえば和服業界の最大手，株式会社やまとは，デザインやファッション性を強化し，アニエスベ

ー（agnès b.）やスノーピーク（Snow Peak）とのコラボを行なって，既存の着物のイメージを超えた商品展開をしている。これだけ多様な工夫をしても，和服市場全体の規模は底打ちで現状を維持しているという状況であって，市場成長率が急に高まるというところまで到達するのは難しい。

　しかしよく見てみれば，このような和服市場でも成長セグメントを見つけることは可能である。和服の売上げ規模はほぼ横ばいを続けているが，販売のチャネル別では大きな変化が生じている。2017年時点では14.4％だったインターネット通販が2021年には20.2％にまで増加しているのである。このような成長セグメントに対応するべく，やまとはオンライン・ストアでの販売やSNSでの発信に力を入れている。和服の製造・販売に携わる企業は日本の伝統的な文化を大切にしながらも，同時に，新しいデザインと新しいチャネルに対応したリ・ポジショニングに取り組んでいるのである。

5. 撤退：撤退のタイミングは難しい

　撤退のタイミングを決めるのは難しい意思決定である。これまで頑張ってきた従業員に希望退職を呼びかけなければならないし，長年商売を続けてきた取引先にも迷惑をかける。これまでわが社の製品を売って商売をしてきた商店は確実に売上げを落とすから，「もうしばらくどうにか継続できないのか」と要求してくるところも多いだろう。だから自社の都合で「儲からないからもう止めた」などと簡単には言い出せない。撤退というのは，できれば下したくない意思決定である。

　しかも，自分たちは衰退期に位置しているというところまでは

分かっていたとしても，いつまでにどの程度まで市場が縮小する
のかは必ずしも明らかではない，という点も撤退の意思決定を難
しくする。急速に衰退している業界の場合には，自社業績が悪化
するのも急激だから，経営者もスピーディに撤退の意思決定をす
るかもしれない。しかしゆっくりと衰退している業界から撤退す
るのは，どのような経営者にとっても難しい意思決定である。長
期的にはいつかは撤退しなければならないとしても，業績が急速
に悪化しているわけではないから，今日・明日に撤退しなければ
ならないわけではない。半年後に撤退するか，1年後か，それと
も2〜3年様子を見るのか。なかなか決断ができないから，また
来年の4月まで検討することにする，というように決断をズルズ
ル先延ばしにしがちである。

　さらに，他社が先に撤退して自社のみが業界に残るのであれば，
残存者利益を手に入れることもできる。需要が減少しつつあると
はいえ，競争相手がいなくなれば，比較的高い価格で商売を続け
ることが可能なので，業界内に残った企業が利益を手に入れられ
るのである。だから競争相手が撤退するのなら，自分は撤退しな
い方がよい。このように考えると，「いつ撤退するか」という問
題はますます難しいものになる。

| 6. 継続：業界再編 |

　残存者利益は単に待っていれば「タナボ
タ」で手に入るとは限らない。なぜなら，
自社のみが残るのであれば，残存者利益を確保することができる
から問題はないが，他社もまた残存者利益を求めて撤退しないか
もしれないからである。多くの会社が残存者利益を求めて撤退し
ないことに決めれば，結局，需要量以上の生産能力が業界内に残

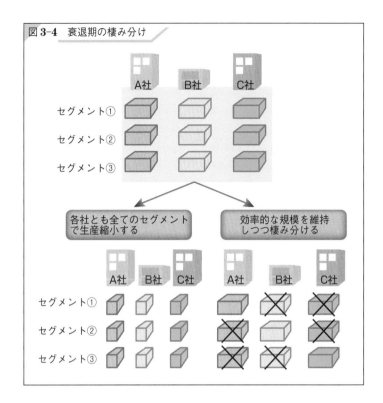

図3-4 衰退期の棲み分け

A社　B社　C社

セグメント①

セグメント②

セグメント③

各社とも全てのセグメントで生産縮小する

効率的な規模を維持しつつ棲み分ける

A社　B社　C社　　A社　B社　C社

セグメント①

セグメント②

セグメント③

ってしまい，悲惨な泥沼の競争になり，皆が儲からないということになってしまう。それ故，相手が撤退するか否かを「読む」ことが非常に重要である。

「読み」がうまくできない場合など，むしろ積極的に業界全体の構造を変革して事業継続の道を探ることも重要になる。M & A（マージャー・アンド・アクイジション，合併・買収），すなわち，他社の事業を買収したり，他社と合併したりすることによって工場設備や営業拠点の統廃合を行なって過剰な生産能力を適正規模に縮小し，利益の出る事業として維持していくのである。

この場合の基本的な考え方が図3-4に示されている。図の左下はA社・B社・C社のすべてがセグメント①・②・③のそれぞれの生産能力を縮小する場合を示している。この場合，需要全体に対して供給能力を合わせるという点では望ましい状態に近づくが，工場の規模が小さくなり効率的な生産ができなくなる可能性があり，しかも企業間の競争の激しさが残る。それに較べると下段右側のように，できる限り異なる企業が異なるセグメントに棲み分けできるようにM&Aを行なう方が長期にわたって事業を継続できる可能性が高まる。この場合，ある程度の規模の工場を維持することで生産の効率性が達成でき，しかも企業間の競争がなくなるので，衰退期でも安定して操業が続けられることになるのである。

6 ま と め
●製品ライフサイクルにそった変化のパターン

1. 流通チャネルの変化

ここまでに記した以外にも，製品ライフサイクルにそって大きな変化をしていくパターンが見られるケースはある。たとえば製品ライフサイクルに応じて，流通チャネル（プレイス）が特定のパターンを経て移り変わる場合がある。パーソナル・コンピュータのように，導入期には顧客に対して使用法の説明が必要とされるような製品を想定してみてほしい。この場合，主たるプレイスが，地元の小売店→量販店→通信販売というパターンを描く可能性がある。

まず導入期から成長初期を考えてみよう。このとき，自分で使い方を理解できる一部のマニア層を除き，通常の顧客たちはパソ

表3-6　製品ライフサイクルの段階別に見たマーケティング戦略の定石のまとめ

製品ライフサイクルの段階別特徴					
特徴	導入期		成長期	成熟期	衰退期
売上高	低水準		急速上昇	緩慢な上昇 or下降	下降
利益	僅少もしくはマイナス		最高水準	下降	低水準orゼロ
顧客	イノベーター/マニア		オピニオン・リーダー →早期マス	後期マス	遅期追随者
競争	ほとんどなし		増加	企業数多数	減少
戦略	*上澄み価格政策*	*浸透価格政策*			
戦略の焦点	市場の拡大	市場の拡大	自社ブランドの浸透	シェアの防衛など	需要減退・コモディティ化への対応
戦略の強調点	製品認知	低価格化	ブランド選好	地位別に異なる	4つの基本方針
4P's					
プロダクト	本質サービス	本質サービス	補助的サービス		①イノベーション
プレイス	閉鎖型	開放型	開放型		②ポジション変更
プロモーション	プッシュ	プル	プル		③撤退
プライス	高水準	低水準	低下		④継続（業界再編）

（出所）　Kotler［1980］，邦訳，240頁より一部変更して掲載。

コンの初期セッティングにお店の人のアドバイスを必要とする。だから，24時間いつでもお客の質問に答えられるようなエネルギッシュな個人事業主の経営する地元のパソコン・ショップが，その「相談の便利さ」「面倒見のよさ」を武器に精力的にパソコンの販売を増やしていく。なお，導入期には，パソコンもソフトウェアも高価格で利幅が厚かったから，このような地元のパソコ

ン・ショップが丁寧なアドバイスを提供して販売しても，十分な利益を確保できた。

　ところが，パソコンがある程度普及して成熟期に入ってくると，パソコンについて詳しい人の数が多くなる。それ故，ふつうの人は，購入直後のパソコンの初期セッティングで分からないことがあっても，友人に聞いたり，兄弟や子供に聞いたりすることで問題を解決できるようになる。アドバイスが無料になるから，丁寧なサポートをする高価格なショップで購入するよりも，手厚いサービスはないが安価にパソコンとソフトを売っている店で買ってきて，友人に相談しながらセッティングするので十分だ，という状況になる。こうなると自分の住んでいる街にあるパソコン・ショップではなく，家電量販店にパソコンを買いに行くという方が顧客にとって自然な選択になる。こうして地元のパソコン・ショップは衰退し，ヤマダ電機やビックカメラのような量販店がパソコン販売の主流になる。

　このままパソコンに関する知識が社会に普及し，誰にとってもアドバイスを必要としない製品になり，しかもカタログ・スペックを見ただけで，おおよその性能をすべて理解できるようになれば，わざわざ店頭に出かけていって自分で見て選ぶ必要性すら低下してくるかもしれない。そうなるとわざわざ店舗を構えているヤマダ電機やビックカメラよりも，インターネット通販やメーカーから直接購入する方がコストを抑える上で有利になってくる。メーカーと顧客の間に介在する業者の数を減らし，「中抜き」することで，これまで流通業者に提供してきたマージン部分を圧縮し，パソコンもソフトも非常に低価格で顧客に提供できるようになるのである。したがって，顧客の側の知識が十分に蓄積される

成熟期には通信販売・直販等の販売形態が有利になり始め，その後，衰退期に向かっていくにつれて，大型小売店から通信販売へとチャネルがシフトしていく可能性がある。

2. メーカーと流通チャネルとの関係

製品ライフサイクルに応じて有利な小売業の業態がこのように移り変わっていくのだとすると，このチャネルの変化に合わせてメーカーも対応を考えておかないと大きな問題に直面することになる。たとえば，導入期に主流であった個人事業主の小売店と強い関係を作って「系列販売店」のようなものを作ると，成熟期に主流となっていく量販店との取引に後れをとる可能性がある。大規模な量販店は個人事業主の系列販売店にとってはライバルだから，系列販売店にマイナスの影響があってはならないと配慮をしていると，メーカーは量販店との取引に積極的になりにくいのである。逆に，個人事業主の小売店との間に「しがらみ」がない新規企業の場合には，急速に成長している量販店への販売に積極的に取り組み，有利なビジネスを展開することができる，ということになる。

残念ながら，いつ成長期に入り，いつ成熟期に入るのかという予測を行なうことは難しいが，製品ライフサイクルのパターンが存在することを知っているだけで，常にどのような次の手を考えておかなければならないか，という心の準備をすることができる。また，その段階ごとになぜ特定の戦略が有利になったり，不利になったりするのかを論理的に理解することで，マーケティング戦略を構築する思考力を身につけることもできる。だから，製品ライフサイクルの議論をしっかり理解しておくことはマーケ

ティング戦略を策定する上で重要な基礎なのである。

7 若干の注意事項
●顧客の意思決定と相互作用への注目

　製品ライフサイクルという考え方は単純なので分かりやすく，便利である。だが現実にこの考え方を活用するには，次の2点に注意する必要がある。

| 1. 変則的な製品ライフサイクル |

　ひとつめは，特定の製品のライフサイクルを自分で描いてみればすぐに分かることだが，この章の初めに示した図3-1のような「美しい」製品ライフサイクルの曲線は現実には観察できないことが多いということである。非常に長い導入期を経るものもあれば，短期間の導入期の後に一気に成長期に入るものもある。成熟期から衰退期に入ったと見えた後で，再び第2の成長期に入るものもある。

　このような変則的なライフサイクルはなぜ出現するのだろうか。その理由は単純である。つまり，製品や地域やタイミングごとに買い手の行動が異なっており，その異なる行動によって全体的な普及パターンが異なってくるのである。買い手の行動は社会構造や文化，歴史などにも影響されるから，社会の特徴が異なれば，製品ライフサイクルも異なるパターンを描くことになるということである。

　一番簡単なパターンの違いは，次のようなケースを考えてみれば分かりやすい。たとえば，まだその製品を購入した経験のない

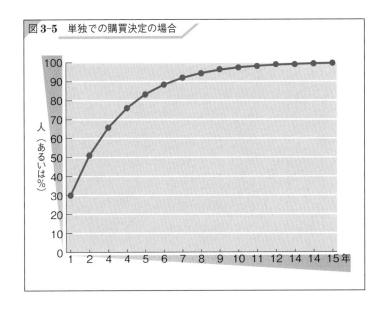

図3-5　単独での購買決定の場合

人が，それぞれ独自に買うか買わないかを判断して，確率的に
30％の人が毎年購入を開始する，という場合を考えてみよう。
初めの年に100人中30人が購入し，次の年に残り70人中の21
人が購入し，3年目には49人中15人（14.7人の四捨五入）が購
入し，というようなケースでは，**図3-5**のようなパターンが描か
れることになる。

　図3-5を見ればすぐ分かるように，この場合はＳ字型の曲線
にはならない。Ｓ字型の曲線が現れるのは，まずイノベーターが
購入し，イノベーターが使っているのをオピニオン・リーダーが
観察した上で購入し，そのオピニオン・リーダーが早期マスに影
響を及ぼす，という社会の構造があるからである。オピニオン・
リーダーが購入した後に，周囲への影響力を行使して一気に売上
が増えるから，本章の初めに示した**図3-1**のように急激に増加す

る部分をもつ曲線が現れるのである。これに対して，そのような社会的な影響を受けずに，ある一定の確率で個人が淡々と購入意思決定をしている場合には図**3-5**のようなパターンが出現する。背後の社会的な構造次第で，実際のライフサイクルの図が変わるのである。

　したがって，マーケターは自分がマーケティング戦略を立てようとしている製品に関して，その顧客集団がどのような経路で情報を取得し，どのような購買意思決定を行なっているのかという点をそのつど深く見きわめなければならないのである。くれぐれも，ライフサイクルのＳ字型曲線（図3-1）をそのまま当てはめればOKだなどといった単純すぎる思考に陥らないように気をつけるべきであろう。

> **2. 自己成就的予言が成り立つ製品ライフサイクル**

もうひとつの注意点は，「自己成就的予言」と呼ばれる現象あるいはコンセプトに関するものである。「自己成就的予言」（self-fulfilling prophecy）とは変な言葉だ。自分で自分を実現してしまう予言とは，その予言を出さなければ，予言どおりにはならなかったのに，予言してしまったがために，そのとおりに現実が変わってしまった，という現象をさす。

　具体例の方が分かりやすい。いま，すべての経済活動が順調で，銀行も健全な経営をしているとしよう。だが，何かのはずみで，「○○銀行が倒産する」と有名なエコノミストがテレビで話してしまったとしよう。すると，動揺した人々は自分のおカネだけは引き出しておこうと考えて銀行に殺到するであろう。銀行は預かったおカネをそのまま金庫にしまっているわけではなく，大部分

を貸し出しているから，預金者が殺到して預金量の3％でも引出しを要求すれば，本当に支払えなくなる。支払えなくなったのを見て預金者は，本当にこの銀行が潰れると，思うかもしれない。このような悪循環が重なれば，本来は倒産するはずのなかった銀行が倒産し，このエコノミストの予言は実現してしまうことになる。

笑い事ではない。1973年の12月に「愛知県の豊川信金が倒産する」というデマが流れ，預金総額約360億円のうち14億6,640万円が引き出されるという取付け騒ぎが起こった。幸い，デマだということがはっきりして事なきを得た。

人々の行動は，その人たちの抱く予想や期待に左右される。だから，この種の自己成就的予言は多様な場面で観察することが可能である。たとえば土地の価格が高くなると皆が予想すれば，早めに買って，次の人に売れば利益を得られるから，皆が他の人よりも早く購入しようとする。その結果として需要が増加し，価格が上がる。自分で住んだり商売をしたりするためにどの程度価値があるのか，という問題とは別に，人々がどのように予想し，期待しているかによって，価格が上昇してしまうのである。

このように皆の期待が価格を大幅に左右するのであれば，逆の方向にも自己成就的予言のサイクルは動いていく。「株価はもっと下がるのではないか」とか「土地の値段はまだもう一段の底がある」と多くの人々が信じてしまえば，実際に買おうという人々が減り，需要が減少すると同時に，「下がる前に売っておこう」と考える人が増えて売地が増え，本当に価格が下がってしまう。銀行の保有する株や不動産の資産価値も，同様に低下してしまう。これを見て海外の銀行は日本の銀行にはなかなかおカネを貸さな

いようになる。資金繰りに困った銀行は，手許におカネを残して
おこうとして，貸し渋る。貸し渋りが顕著になると，普通に頑張
っている中小企業の中に本当に危なくなるところが出てきて，不
渡り手形を出して倒産する，ということも起こりうる。こうして
実物経済を担っている企業にも影響が出てきて，本当の不況にな
ってしまう。実際，このような危機が1990年代末の日本経済に
生じていたと捉えることもできる。自己成就的予言の罠は，いた
るところに存在するのである。

　身近な例でも同じ現象を見つけることができる。自分は皆から
嫌われている，と誤って思い込んでいる人は，どうせ嫌われるな
ら自分の方から先に嫌ってしまえとばかり，回りの人に冷たい態
度を示しがちである。そのため，本当に嫌われてしまう。逆に自
分が愛されていると思っている人は，心に余裕ができ，他人に対
しても優しく振る舞うことができ，結果として本当に愛されるこ
とになる。

　自己成就的予言の説明で，少し横道にそれてしまったが，製品
ライフサイクルの議論に戻ろう。

　製品ライフサイクルにも同じように自己成就的予言の議論が成
り立つ時がある。つまり，ある製品がすでに衰退期に入ったと思
い込み，マーケティング支出を抑え，生産設備の近代化を手控え，
製品の改良を止めてしまえば，本当に顧客の側から相手にされな
くなってしまう場合があるということである。とくに大企業の場
合には自分たちのとる戦略が市場に対して大きなインパクトを及
ぼすので注意するべきである。「この製品は衰退期に入った」と
大きな企業が決めつけてしまえば，本来はまだまだ需要が伸びた
かもしれないのに，本当に衰退してしまうということがありうる

のである。やはり，S字型の曲線をそのまま当てはめるだけの作業にはくれぐれも注意するべきであろう。われわれは常に，背後にある顧客のリアルな姿を想像し，本当に人々はもうこの製品を買う気はないのか，あるいは少し改良を加えることで寿命を延ばすことができるのか，といったことを考え続けなければならないのである。

8 カップヌードルのケース
●導入期のマーケティング戦略

1. 発売当時のターゲット市場

1971年に発売された日清食品の「カップヌードル」は，いまだにカップ入り即席めんの市場のトップ・ブランドである。発売後50年が経過した2021年には世界累計販売数量が500億食を突破した。日本国内だけでなく，世界的なブランドとして普及している。

カップヌードルの導入期のターゲット市場は，必ずしも現在のそれとは一致しない。当時，袋入りの即席めんが「箸とどんぶりさえあればいつでもどこでも食べられる」食品だったのに対して，カップヌードルはどんぶりを商品に合体させ，フォークを付けたことで，「熱いお湯さえあればいつでもどこでも食べられる」という新しい本質サービスを提供する製品として登場した。そのため，主として家でしか食べることのできない袋入り即席めんに対して，カップヌードルはアウトドアで食べるという市場を開拓したのである。それだけではない。当時，めんの量を増やして徐々に主食化していった袋入りめんに対し，カップヌードルの容

量は 65 グラムと少なかった。明らかに主食ではなく，間食として食べるスナックという位置づけであった。このような新しいコンセプトを表現する道具もそろっていた。どんぶりはそれ自体がパッケージである。横文字の商品名とおまけのフォーク（かつては付いていた）は，袋入りの即席めんと明確な差別化をする上で決定的に重要な要素であった。プライスも，導入当時は，袋入りめんが 35 円であったのに対して 1 個 100 円と高めの設定であった。

2. 開放型チャネルとプル戦略

当初，「こんな高いものは売れるはずがない」と問屋は厳しい反応を示した。しかし当時，流通業界は変化のまっただ中にいた。ダイエーや西友，イトーヨーカ堂などのスーパーがすさまじい勢いで店舗展開をはかっており，大量消費のためのチャネルが整備されつつあった。カップヌードルは大規模なテレビ・コマーシャルを使い，このようなチャネルを主として利用して当初から急速な成長を経験した。つまり開放型のチャネル政策とプル戦略を採用したのであった。

　導入期のプロモーションとして行なわれたのは大規模なテレビ・コマーシャルだけではない。他にも多様な方法を試して，この新しい製品を顧客に広く認知させていった。1971 年は，マクドナルド 1 号店が銀座にオープンした年である。日本マクドナルドの藤田社長が狙ったとおり，銀座で外国人がハンバーガーを食べながら歩く姿を見せるようになった。日本の若者の間で歩きながら食べることに違和感が薄くなっていった。これを見た日清食品も，毎週日曜日に銀座の街でカップヌードルにお湯を注いで

対面販売した。銀座の歩行者天国でカップヌードルを食べながら歩いている若者の姿が話題になり，マスコミにも取り上げられ，広報の効果も得られた。

3. 国際化への戦略

日本での市場導入がプル主体に行なわれたのに対して，米国ではプッシュを主体にした市場導入が行なわれた。日清食品はまず女性雑誌に広告を出した。女性に販売することが目的というよりも，スーパーに製品を納入するブローカーの妻たちを引きつけるためだった。米国社会で受けいれられる商品にするために，しょうゆ味をチキンやポーク，ビーフ味に変更し，名前も「カップ・オブ・ヌードルズ」に変えた。売場も，当時成長期にあったスープ売場を選び，パスタではなくスープとして位置づけて売り出している。当初ロサンゼルスから始まった市場導入は1970年代半ばには西海岸全域へと広げられ，さらに1978年には東海岸にも本格的な市場導入が開始された。なお，その後，米国も含めて国際的なブランド名は「カップ・ヌードルズ」に変更されている。日本では「カップ・ヌードル」だが，世界ではヌードルが複数形になっている。

4. その後の展開

日清食品はその後カップヌードルのバリエーションを増やしている。当初強調点の置かれていた「アウトドア」はその後それほど強調されなくなり，現在では，中学・高校の食べ盛りの子供と大学生・若いビジネスパーソン等の若者たちをまず第1のターゲットとしている。

ただしこれらの若者のみをターゲットにしているというのではない。むしろ若者をカップヌードルの顧客として取り込み，彼

（彼女）らが中高年に達しても食べ続ける，というシナリオを日清食品は抱いている。特定の市場セグメントに集中しつつ，その波及効果を視野に入れているのである。

　人間は味覚に関して保守的であると言われているので，日清食品はカップヌードルの味を基本的には変えていない。しかし，「なつかしい」と思って食べたときに，現代のようなグルメの時代にまったく同じ味では，「なんだ，こんなに不味いものを食べていたのか」という気持ちを起こさせてしまう。それ故，質的には徐々に向上させるよう努力を払っており，絶えざる改良を加えている。

　主たるターゲットとして取り込まれた若者たちは時と共に年をとり，発売後50年も経過した現在では，カップヌードルの対象とする顧客は市場全体に広がっている。実際，2022年に行なわれた「カプヌ　食べる　当たる」キャンペーンでは，女優の大友花恋がひたすらカップヌードルをすする姿と多様な景品を映し出すコマーシャルが流されていた。景品には，ミニ四駆やYU SUDAデザインのスケートボード，NBAの八村塁選手のサイン入りバスケットボール，ルアー釣り用の疑似餌（ルアー），ゴルフバッグ，キャビアや牛肉なども含まれており，対象として想定されている人の年齢層の広さが分かる。

　商品の種類も発売当初に較べると格段に多くなっている。発売当初からの定番「カップヌードル」に加えて，カレー味やシーフード味，トムヤムクン味やペペロンチーノ味などの世界のカップヌードル・シリーズ，高タンパクかつ低糖質のカップヌードルProシリーズ，あっさり美味しいシリーズなど多様なニーズに応えるようにフルライン戦略がとられている。また，量についても，

ビッグ（めん 85 グラム）とミニ（同 30 グラム）の両方が用意され
ており，オリジナルの 65 グラムとは異なるお腹の空き具合に細
かく対応するようになっている。

　カップ入り即席めんという商品カテゴリーを自ら創出し，広げ
てきた日清食品のカップヌードルは，時代の変化と共に的確なマ
ーケティング戦略を打ち続け，長い商品寿命を獲得しているので
ある。

第4章 市場地位別の マーケティング戦略

いかに他社と競争するか

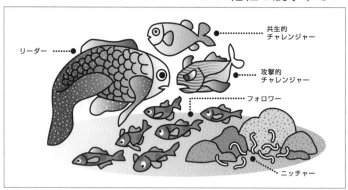

リーダー

共生的
チャレンジャー

攻撃的
チャレンジャー

フォロワー

ニッチャー

　ターゲット市場のニーズとマーケティング・ミックスとの間に
適合関係（フィット）を作り上げるという作業は，その製品がライ
フサイクル上のどこに位置しているかによって影響を受けるだ
けではない。その製品を提供している企業が業界の中で占めてい
る地位（ポジション）によっても，大幅に影響を受ける。業界の
トップ企業だからこそ採用できる戦略もあれば，トップ企業だか
ら採用しない方が良い戦略もある。逆に小規模な企業であれば，
トップ企業とまったく同じことなどできるわけはないし，小規模
であることを活かして積極的に推し進めることのできる戦略があ
るはずである。

　前章が，時間の経過とともにターゲット市場とマーケティン
グ・ミックスの関係づけをどのように変えていくか，という問題
を捉えたものであるのに対し，この章は，競争相手との力関係に

応じてターゲット市場とマーケティング・ミックスをどのように関係づけたら良いのかを考察する。市場地位が決まり，互いに相手の顧客を奪い合うマーケティング競争の議論は，市場が成熟した時期に最も当てはまるものである。それ故，市場地位別のマーケティング戦略の議論は，主として成長後期から成熟期を通じてマーケティング戦略を考える上で有効な指針を提供するものなのである。成長期から成熟期はとくに競争相手との関係が重要になるから，本章の議論は，いかにして他社と競争するかという競争のお作法を考えるための競争戦略の議論だと捉えることも可能であろう。

1 4つのタイプ
●リーダー，チャレンジャー，フォロワー，ニッチャー

> **1. リーダー，チャレンジャー，フォロワー，ニッチャー**

市場地位別のマーケティング戦略を考えるために，まず初めに各社がその市場で占める地位（市場地位，マーケット・ポジション）を分類する作業を行なうことにしよう。**図4-1**のような業界があると考えてみてほしい。トップの企業が45％の市場シェアをもち，以下30％，20％，5％と続いている。このような業界があったときに，それぞれの企業はどのような市場地位を占めると位置づけられるのだろうか。

まず最もわかりやすいものは市場のリーダーである。どのような市場でも最大の市場シェアを保有する企業をリーダーと呼ぶ。

図4-1では二番手企業のシェアが30％と大きい。頑張ればなんとか市場リーダーの市場シェアに追いつき，追い越すことも可

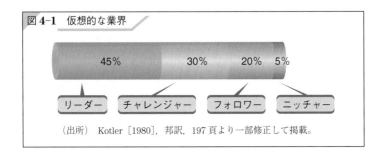

図4-1　仮想的な業界

| 45% | 30% | 20% | 5% |

| リーダー | チャレンジャー | フォロワー | ニッチャー |

（出所）Kotler［1980］，邦訳，197頁より一部修正して掲載。

能かもしれない。このような二番手企業をチャレンジャーと呼ぶことにしよう。ここでは「チャレンジャー」と呼ぶけれども，この大きな二番手企業は実際に市場リーダーに対して攻撃的な姿勢をとることもできれば，波風を立てずに共存共栄を目指すこともできる。その意味では，「チャレンジをしないチャレンジャー」（本書では「共生的チャレンジャー」と呼ぶ）もありうる。それでもここで「チャレンジャー」と呼ぶのは，市場リーダーにチャレンジする権利があるほどの規模に達していて，豊かな経営資源を保有しているという意味である。図4-1では二番手企業のみがリーダーのポジションを狙える位置にあるように見えるが，実際の業界では二番手ばかりでなく，三番手・四番手の企業にも市場リーダーを狙える力をもっているものがある。本書におけるチャレンジャーの定義に関して重要なことは，「リーダーにチャレンジが可能なほど大規模で，経営資源が豊かなこと」だから，三番手でも四番手でも，チャレンジ可能なポジションにいる企業は「チャレンジャー」に分類することができる。

　「チャレンジャー」に分類することができないほどの市場シェアしかもたない会社について，本書では2つの主要な市場地位を解説しておきたい。ひとつはフォロワーであり，もうひとつはニ

ッチャーである。

　たとえば図 4-1 に見られるような 20 ％のシェアをもつ三番手企業が，ひっそりと，しかし同時にしたたかに利益を出そうと考えているとしよう。「あまり魅力的な顧客を獲得してしまうと，リーダー企業が激しい競争を仕掛けてくる。だからリーダー企業やチャレンジャー企業があまり魅力を感じないような，地方や低価格帯などの周辺的なセグメントで生きていこう。業界全体が安定していて，激しい価格競争やプロモーション競争が起こらなければ，十分利潤を獲得できる。トップに立つ必要はない。今のままで何とか利潤を獲得していこう。」このように，リーダーにとってあまり魅力的ではない周辺的な市場セグメントを拾っていく企業をフォロワーと呼ぶ。

　最後に，四番手の企業に注目してみよう。この企業はたかだか 5 ％のシェアしかもたないけれども，この企業の提供している製品・サービスは非常にユニークで，顧客たちの中には他の企業の提供する製品・サービスの価格がかなり低下しても，この四番手企業の製品・サービスを買おうと思っている人々がいる。こういった企業をニッチャーと呼ぶ。ニッチ（niche）は隙間市場と訳されることもある。本来は花瓶とか胸像を置くための壁のくぼみのことだが，生態学で使われるニッチの方がこの言葉の意味をイメージしやすい。たとえば水中で生息している生物たちを考えてみよう。大きな魚は小さな魚とミミズを食べ，小さな魚はミミズを食べる。これではミミズは絶滅してしまう。しかしミミズが，自分には入れるけれども魚には入ってこれないような大きな石の下のわずかなスペースを生息場所として選べば，絶滅することなく種を長年保存できる。この "石の下のスペース" がミミズにと

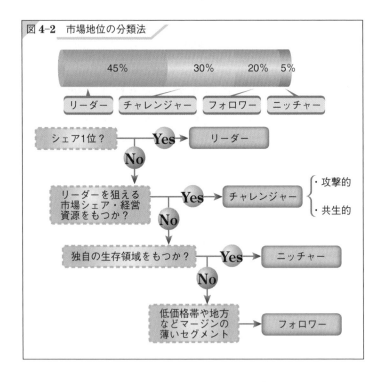

図 4-2　市場地位の分類法

| 45% | 30% | 20% | 5% |

リーダー　チャレンジャー　フォロワー　ニッチャー

シェア1位？ → **Yes** → リーダー

No

リーダーを狙える
市場シェア・経営
資源をもつか？ → **Yes** → チャレンジャー
{ ・攻撃的
　・共生的

No

独自の生存領域をもつか？ → **Yes** → ニッチャー

No

低価格帯や地方
などマージンの
薄いセグメント → フォロワー

ってのニッチである。大きな魚をリーダー企業，小さな魚をフォ
ロワーと置き換えれば，ニッチャー（ニッチで生きる企業）の意
味はすぐ理解できるだろう。

2. 市場地位の分類法

　ここで用いられている分類法をもう少し
図式的に示したのが図 4-2 である。まず
シェア 1 位の会社はリーダーに分類される。次いでシェア 2 位以
下の会社で，リーダーの地位にチャレンジできるほど大規模で資
源豊かな会社をチャレンジャーと分類する。
　リーダー企業に挑戦できるほどの市場シェア・経営資源を保有

表4-1 2021年の大手コンビニの市場シェア

順位	企業名	売上高 (単位：億円)	市場シェア
1位	セブン‐イレブン・ジャパン	48,706	44.2 %
2位	ファミリーマート	27,644	25.1 %
3位	ローソン	23,497	21.3 %
4位	ミニストップ	2,909	2.6 %
5位	セコマ	1,837	1.7 %
6位	デイリーヤマザキ	1,542	1.4 %
	その他	3,979	3.6 %
	合 計	110,114	100.0 %

（出所） 日本経済新聞社編『日経業界地図 2022年版』2021年および兵藤雄之「コンビニチェーン売上高ランキング2021＆上位チェーン最新動向」『ダイヤモンド・チェーンストア・オンライン』2022年4月1日を組み合わせて作成。

している企業がすべてリーダー企業に挑戦しようとするとはかぎらない。リーダー企業に取って代わろうとして果敢に攻撃をしかけるチャレンジャーもいれば，利潤を優先してリーダー企業と共存共栄を目指すチャレンジャーもいるだろう。本書では，リーダー企業に攻撃をしかけるチャレンジャーを攻撃的チャレンジャーと呼び，共存共栄を目指すチャレンジャーを共生的チャレンジャーと呼ぶことにする。

　トップを狙えるような規模にはない会社の中で，その会社に忠実な顧客グループをもち，独自の生存領域を明確にもっているものをニッチャーと呼び，地方や低価格帯など，カバーするのにコストがかかったり，利幅が薄いような市場セグメントを追求する会社をフォロワーと呼ぶ。若干面倒でラフな分類法だが，現実の業界を分析しようとするときには，実はこの程度ラフな分類法の方が便利である。

たとえば，日本国内のコンビニエンス・ストア・チェーン（コンビニ）の業界について2021年時点での売上高が大きい順に6社の市場シェアを**表4-1**に示してある。業界トップのセブン-イレブン・ジャパンは，市場シェアが一番だからリーダー企業と位置づけられる。二番手のファミリーマートと三番手のローソンは，セブン-イレブンの半分ほどの売上高だが，明らかに規模が大きく，狙おうと思えばトップシェアを狙うことができるポジションにいる。だから，両社ともにチャレンジャーに分類される。攻撃的か，共生的かは，それぞれのとっている戦略次第なので，ここでは判断を控えておこう。

　コンビニ業界は大手3社で市場全体の9割を超える売上高を稼いでいるので，残りの企業は比較的小規模になる。これらのなかでセコマは，北海道という地域にフォーカスを絞って，そこでは大きなシェアをもっているからニッチャーに位置づけられる。また，この表では「その他」に分類されているが，JR東日本の駅構内に立地しているニューデイズ（NewDays）は，駅のホームという「市場」では独占状態なので，やはりニッチャーであろう。これに対して，立地等に特別な棲み分けがなされているわけではないミニストップや山崎製パンのデイリーヤマザキは，ここでのフレームワークに従えば，フォロワーに分類される。

　「いや，デイリーヤマザキはニッチャーではないのか」とか，「ミニストップもソフトクリームが美味しいからニッチャーだ」というような反論もあり得るだろうが，複数の企業間の相互作用を分析する上で，ラフでもよいからまず各社のポジションを仮置きすることには意義がある。いったん仮置きした後で，各社の行動を確認しながら，調整をしていけばよいのである。細かい点ま

で考えるとさまざまな異論はあり得ても，大まかに分類できるから，その分類にしたがって何に注目していくかという指針が得られるということ自体に，まず意義があると理解してほしい。

2 トップ・シェアの魅力
●なぜナンバーワンを目指すのか

ひとつの業界内の企業が上で示したような4つのタイプに分かれ，異なるタイプの企業がそれぞれ別の戦略を目指す可能性が高い理由は，市場シェアの格差である。市場シェアが大きいほど，企業にはさまざまなメリットが生じる。たとえば流通業者に対する交渉力が強くなり，値引きに応じなくてもすむようになるとか，市場でトップ・シェアであることによって顧客が頻繁にその会社の製品を目にするようになり，最も親しみやすいブランドとして認知されやすいとか，最も多くの顧客を相手にしているので，幅広い層の顧客情報を獲得しやすい，などがあるだろう。それら数多くのメリットのうち，ここでは，①小売店におけるシェルフ・スペースの確保という点と，②生産工程におけるメリットとの2つを説明しておこう。

1. シェルフ・スペース　市場シェア・トップという地位は流通面で自然に有利な状況を創り出してくれる。たとえば小売店におけるシェルフ・スペースを考えてみよう。小売店のシェルフ・スペース，すなわち棚の面積は限られている。小売店の店主の立場に立てば，限られたスペースには，できるだけ売れる製品を並べておきたい。次々に売れる製品を置いておけ

ば，在庫の回転がよくなり，同じスペースでもより多くの売上高を達成できる。在庫の回転が良くなれば，製品の鮮度が維持できるという点でも有利である。それ故，売れる確率の高い製品は最後までシェルフ・スペースを維持し，二番手や三番手はいつでも見直され，棚から消えていく可能性がある。これを「棚落ちする」という。

この問題はとりわけ，スーパーなどがプライベート・ブランド（PB）と呼ばれる自社ブランドの製品を開発し始めると顕著に現れる。プライベート・ブランドというのは，スーパーなどの小売店が独自に商品企画を行なって協力会社に直接依頼して製品を作ってもらい，その小売店のブランドを付けて売る製品のことである。たとえばセブン-イレブンに行くと，明治乳業の「おいしい牛乳」900ミリリットル・パックばかりでなく，セブン-イレブンのブランド名を付けた牛乳パックが置いてある。これがプライベート・ブランドである。これに対して，明治の「おいしい牛乳」のように，メーカー側が全国的に使用しているブランドが付いているものをナショナル・ブランド（NB）という。

小売店がプライベート・ブランドを企画した場合でも，トップ・シェアのナショナル・ブランド商品はシェルフ・スペースを失なうことはない。一番売れている商品を置いていない店には，顧客が来なくなる可能性があるからである。しかし同じカテゴリーの商品を何種類も置いておくスペースの余裕はないから，二番手・三番手の商品は棚落ちする可能性がある。このように，常に市場シェアがトップのブランドは不利にならない扱いを受けることができるという意味で，市場リーダーの地位は魅力的なのである。

2. 生産コストのメリット 　流通やブランドの知名度などばかりでなく，市場シェアが大きいことによって生産コスト面でも大きなメリットが生まれる。トップ・シェアであることから生まれる生産コストのメリットは2つある。

(1) 規模の経済性

　ひとつめのメリットは規模の経済性と呼ばれるものである。規模の経済性というのは，一定の期間内，たとえば1カ月とか1年という期間内に大量の製品を作った方が少量の製品を作るよりも，1個当たりのコストが低くなることをいう。たとえば自動車のエンジンを月産1万個生産できる工場でフル操業している場合，月産100個の生産能力をもつ工場をフル操業する場合よりも，エンジン1個当たりのコストを低く抑えることができるのが通常である。なぜなら，1万個のエンジンを生産する場合には，高性能な自動化された設備を数多く用いることができる，というのが最も一般的な理由であろう。市場シェア45％の会社と30％の会社がそれぞれ自社のシェアに見合った生産能力の工場をもっていたとしたら，45％のシェアをもつ企業の方が1個当たり低いコストで生産できるはずである。

(2) 経 験 効 果

　もうひとつのメリットは経験効果と呼ばれるものである。この効果は，いままでに特定の製品を数多く作ってきて，経験を積んでいる企業の方が，その製品の生産の経験が乏しい企業よりも1個当たり安く作ることができる，という効果である。規模の経済性が一定の期間内で生じる効果であるのに対して，経験効果は過去の長い蓄積がものをいう効果である。たとえば，月産100個の生産能力をもつ工場が過去10年間操業してきたとしよう。こ

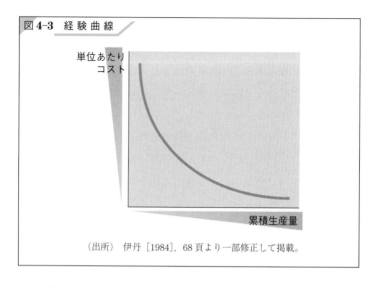

図 4-3　経験曲線

単位あたりコスト

累積生産量

（出所）　伊丹 [1984]，68頁より一部修正して掲載。

こに新たに参入する企業がやはり月産100個の工場を設立すると仮定しよう。この場合，規模の経済性の差はないけれども，一方は過去10年間の経験の蓄積があり，他方はまったく経験がないので，経験のある企業の方が低いコストで生産できるのが一般的である。これまで作ってきた経験から，工場労働者も熟練しているし，製品設計のエンジニアや工程設計のエンジニアも熟練している。これらの人々が経験から学習しているから，安く作れるのである。

　経験効果はさまざまな製品分野で実際に測定されている。一般には「累積生産量が2倍になるごとに単位当たりのコストが一定の比率で低下する」と言われる。この関係は経験曲線として図4-3のように描かれる。「一定の比率」は製品ごとに異なるが，通常10％から30％程度である。もしも現在45％のシェアをもつ企業と30％のシェアをもつ企業が，製品の導入期から同じシェ

アの比率であったとすれば，トップ企業の方が1.5倍という累積生産量（＝経験）を達成してきていることになる。細かい計算は示さないが，もし「累積生産量が2倍になるごとに単位当たりのコストが20％低下していく」という状況であるとすれば，この1.5倍という累積生産量の差によって，トップ企業は二番手企業よりも現時点で12％程度安い原価で生産することができる。現在のシェアの差は，それに見合った生産経験の差をつくり出し，それがコストに影響を及ぼしていくことになる。だから，シェアが大きい方がコストの面で有利になるのである。

3. トップ・シェア：3つの留意点

規模の経済性と経験効果があるのなら，シェアの大きい企業ほどコスト面で有利になる。特定の製品のシェアを大きくすれば，それだけで利潤が得られる。たしかにそのとおりだが，3つほど注意をしておこう。

第1は，ふつうの業界ではシェアがある程度大きくなると，さまざまなデメリットも生じる，ということである。ある程度までの顧客獲得は低いコストで達成でき，それによってシェアを高めることで利潤も増えていくが，それ以上のシェアを獲得するには利潤を犠牲にしなければならないという場合がある。たとえば，顧客の中には，判官びいきの人が必ずいる。読売巨人軍が強ければ，ただそれだけの理由で巨人が嫌いだという人が出てくる。もともと阪神ファンでもないのに，負けているからかわいそうだという，ただそれだけの理由で「にわか阪神ファン」になってしまう人がいる。リーダー企業に対しても，「シェア1位だから嫌い」という人が必ずいる。リーダー企業がこのような人たちに自分の

会社の製品を買ってもらおうとしたら大変なコストがかかる。また，そこに流通させるには非常にコストがかかるという地域にまで進出しなければならないというケースもあるだろう。この場合には，比較的簡単に流通させることのできる地域だけを対象にしている方が，利潤獲得という点では望ましいはずである。

　シェアの大きさについて注意するべき第2のポイントは，シェア・トップのメリットが永続しない場合もある，ということである。技術革新によって既存の大規模な生産設備が陳腐化してしまったり，これまで長い年月を費やして蓄積してきた経験効果が陳腐化してしまったり，といった場合がある。真空管を作るための設備や経験は，トランジスタを作るための設備や経験とは異なる。真空管でトップ・シェアだったからといって，トランジスタを安くは作れないのである。このような技術の交代期には，業界で一番大きな設備をもつリーダー企業はとくに注意をする必要がある。新しい技術に転換すると失うものが多いので変化への対応が遅れる可能性があるからである。

　第3番目の注意点は，規模の経済や経験効果を考える時には，同時にシナジー効果を調べる必要がある，ということである。シナジー効果とは，2つ以上の製品を別々の会社がそれぞれ独立に製造・販売しているよりも，同じ会社内で手掛けた方が安くなったり，価値が高まったりするという効果である。たとえば，アップル社はスマートフォンのiPhoneだけでなく，タブレット型コンピュータのiPad，パーソナル・コンピュータのMacBookやiMac等，複数の製品を設計して販売している。これら3種類の製品に使われる部品は，同じ会社から購入しているものもある。iPadのための部品ということであればそれほど数量が多くない

ため部品を安く買えないかもしれないが，iPhone でも部品取引があれば一括して安く買う交渉ができるかもしれない。この場合，コスト面のシナジー効果をアップル社は得ているということになる。

　また，アップル社はこれら3つの製品を iCloud で同期させて，どの製品を使っていても常に同じような使用経験を提供できるようにしている。消費者から見れば，スマホとタブレットと PC をそれぞれ別の会社で揃えるより，使い勝手の良い情報処理環境を手に入れることができるから，3つの製品を連動させることでそれぞれの製品の価値が高まっていることになる。これもシナジー効果である。

　いずれの場合でも，複数の製品を設計・販売しているアップル社は，1つのタイプの製品のみを生産している競争相手に対して有利なポジションにいる。だから，たとえアップル社のマック（パーソナル・コンピュータ）の市場シェアがそれほど高くないとしても，それ故にコスト競争力が低いとは言えないのである。市場シェアや企業間のポジションの違いを考えるときには，単一の製品の市場だけを見るのではなく，シナジー効果のある他の事業におけるシェアも同時にチェックする必要がある，ということである。

　いろいろ注意しなければならないことはあるけれども，それでもやはりシェア1位には魅力がある，ということに疑いの余地はない。いったんトップをとれば，消費者にはナンバーワン・ブランドとして広く知られるし，流通業者や小売店がトップ企業に有利なように動いてくれたりするし，他社との生産コストの差もついてくる。安く作ることができて，シェアを維持するにもおカネ

がかからないから，利益は大きくなるはずである。やはりトップという地位は魅力的なのである。非常に強いリーダー企業に対しても果敢にチャレンジする企業が現われてくるのには，それなりの理由があるのだ。

4. 市場シェアを左右する要素：2つのアベイラビリティ

一定水準を超えると市場シェアを高めることがマイナスになるとしても，ある程度までは市場シェアを高め，維持することに意義がある。それでは，どうすれば市場シェアを高めたり，維持したりできるのだろうか。具体的な戦い方にはさまざまなものがあるから，実際の市場競争に即してそのつど考えなくてはならないが，市場シェアを高めるため，あるいは高い市場シェアを維持するためには，次の2つに注意を払う必要がある，ということは憶えておいてほしい。

(1) 消費者がすぐにその商品を思い浮かべられること（メンタル・アベイラビリティ）。

(2) 実際に買いに行くときに手に入りやすいこと（フィジカル・アベイラビリティ）。

少し説明しておこう。たとえば，いま，「のどが渇いたからペットボトル入りのお茶を飲もう」と思ったとしよう。このときに，「おーいお茶」が頭に浮かぶか，「生茶」や「伊右衛門」，それとも「綾鷹」が頭に浮かぶかに応じて，次の行動は変わってくるだろう。消費者は頭の中に多様な連想を引き出す記憶のネットワークをもっていて，何らかの刺激を受けると，この記憶のネットワークに応じて，何かを思い出し，その結果，何を購入しようとするかが変わる。たとえば，仕事の会議中にのどが渇いたときに思

い浮かぶもの，新幹線でお弁当を食べるときに思い浮かべるものなど，状況しだいで思い浮かべるブランドも変わってくるだろう。このとき，できるだけ多様な状況（あるいは刺激）と結びついて自社のブランドが頭の中に登場してくれる方が良い。このように心の中ですぐに思い浮かびやすい状態か否かを「メンタル・アベイラビリティ」という。「心的利用可能性」と訳すより，かえってカタカナの方が分かりやすいのではないだろうか。

　心の中に特定の商品が浮かんできても，近くに購入できる場所がなければ，その商品を買うことはできない。「生茶」が欲しいと思っていても，近くの自動販売機には「綾鷹」しか入っていなければ，多くの人は「綾鷹」を購入するだろう。コンビニやスーパーや駅の売店でも同様である。できるだけ実際にモノが手に入りやすいかどうか。これを「フィジカル・アベイラビリティ」という。この場合も，「物的利用可能性」と訳すより，カタカナの方が良いだろう。

　市場シェアを高めるためにはメンタル・アベイラビリティとフィジカル・アベイラビリティを高める必要がある。また，市場シェアを高いレベルで保ち続けるためには，この2つを高いレベルで維持しておく必要がある。これはオーストラリアのマーケティング学者，バイロン・シャープが強調しているポイントである。一見当たり前のように見える指摘だが，その背後にある議論には重要な示唆が含まれている。ここで，簡単にバイロン・シャープの議論を紹介しておこう。

　たとえばペットボトル入りの緑茶飲料について，過去1カ月間に何回購入したかということを調査したと想定してみて欲しい。このとき，調査結果が図4-4のようになったと考えよう。横軸に

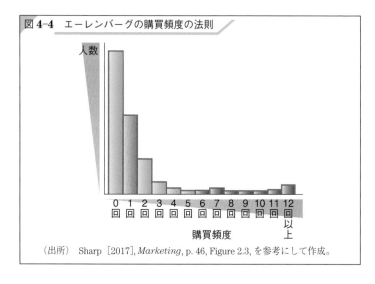

図4-4　エーレンバーグの購買頻度の法則

人数

購買頻度

0回 1回 2回 3回 4回 5回 6回 7回 8回 9回 10回 11回 12回以上

（出所）　Sharp［2017］, *Marketing*, p. 46, Figure 2.3, を参考にして作成。

購買頻度をとり，何回買った人が何人ずついるかを図示したものである。ここではペットボトル入りの緑茶飲料を想定して話を進めているが，実際には多くの商品についてこのような購買頻度の分布が観察される。それ故に，この購買頻度の分布を「エーレンバーグの購買頻度の法則」という。アンドリュー・エーレンバーグはこのパターンを見いだしたマーケティング・リサーチの研究者である。

　図4-4を見れば分かるように，多くの人が過去1カ月に1本も緑茶飲料を購入していない。また1回～2回の購入しかしていない人が多数存在する。逆に，6回以上購入している人もいるが，人数は限られている。12回以上のところが多いが，13回の人や14回の人なども全部が含まれているから少し多く見えているだけで，基本的には背の低い棒グラフが本当はもっと右の方に続いていると考えて欲しい。ただし，この人たちの人数は少ないが，

1人あたりの購入本数が多いから，総需要量を考える上では重要である。10回も購入している人は1回しか購入していない人の10人分の需要量を担っているヘビー・ユーザーである。市場には，少数だが大量に消費しているヘビー・ユーザーもいるが，1〜2回しか購入しないライト・ユーザーも多く，ノン・ユーザーも多数存在している，ということである。

　さて，この調査期間中に1回しか購入していない人は，どの商品を購入すると考えられるだろうか。おそらく，一番有名で，頭に浮かびやすく，買いに行ったときに即座にお店で手に入る商品を購入するだろう。つまり，メンタル・アベイラビリティとフィジカル・アベイラビリティが高い商品を購入するのである。ここでは2つのアベイラビリティがシェアを左右する要因として決定的に重要である。ライト・ユーザーの多くは，トップ・シェアのブランドしか思い浮かばず，それをそのまま購入するから，この人たちには2つのアベイラビリティが決定的に重要なのである。

　それでは逆に数回以上購入しているヘビー・ユーザーは何を購入しているだろうか。これについてはもう少し調べてみると，実は100％ロイヤル・カスタマー（他のブランドを購入せず特定のブランドのみを購入し続ける顧客）というのが少ないことが実証研究で明らかにされている。多く消費している人は，いろいろな商品を購入しているのである。「おーいお茶」も飲めば，「伊右衛門」も「生茶」も「綾鷹」も飲んでいるのである。しかし，滅多に思い浮かぶこともなく入手も困難な商品は，ほとんど買うことがない。つまり，ヘビー・ユーザーは緑茶飲料の中に自分が選ぶ可能性のあるレパートリーをもっていて，そのレパートリーの中から，その時々に特定のブランドを選択して購入しているのである。

しかし，「おーいお茶」・「伊右衛門」・「生茶」・「綾鷹」という4つのブランドがレパートリーに入っていたとしても，ヘビー・ユーザーはそれを平等に選んでいるのではない。その中でもメンタル・アベイラビリティとフィジカル・アベイラビリティが高いブランドを高頻度で購入し，それらが低いブランドを低頻度で購入しているのである。ヘビー・ユーザー向けの市場では，比較的多数のブランドを知っている顧客が次にどのブランドを購入するかを，2つのアベイラビリティが左右している。

　「ペットボトル入りの緑茶飲料なら，そうかもしれないが，クルマのような製品の場合，特定のメーカーの忠実顧客が多いのではないのか」という疑問をもつ人もいるだろう。しかし，図4-4のような分布はクルマをはじめとして多くの製品分野で観察されている。実際，クルマの場合でも，調査期間を長くとると，非常に頻繁にクルマを買い換えるクルマ好きの消費者がいることが分かる。このクルマ好きの人は，いろいろなクルマに乗りたくなって，特定の会社だけではなく複数の会社のクルマを乗り換えているのである。

　メンタル・アベイラビリティとフィジカル・アベイラビリティは，ヘビー・ユーザーとライト・ユーザーのそれぞれに対して若干異なる意味で重要な役割を果たしている。ヘビー・ユーザーは複数のブランドのレパートリーを頻繁にスイッチしているが，その中でも2つのアベイラビリティが高いブランドの購入頻度が高くなる。ライト・ユーザーの場合，そもそもメンタル・アベイラビリティとフィジカル・アベイラビリティが高いもののみを購入する。おそらく，ノン・ユーザーがそのうちライト・ユーザーに変わる場合にも，広告等のメンタル・アベイラビリティを高める

施策や，どのコンビニ・チェーンでも買うことができるフィジカル・アベイラビリティが重要になるだろう。こうして考えると，メンタル・アベイラビリティとフィジカル・アベイラビリティの2つが，市場シェアを高め，維持する上で決定的に重要だということが分かるであろう。市場シェアを高め，維持するには，広告等のプロモーションを工夫して多様な機会に消費者に思い出してもらえるようにしたり，より多くの小売店に取り扱ってもらって消費者が入手しやすくなるようにするなど，2つのアベイラビリティを高めていく不断の努力が必要なのである。

_3_ リーダーの戦略
●ナンバーワンを維持し，利潤を最大化する

　市場地位別のマーケティング戦略について考えるための基礎は固まった。ここからは個々の市場地位別の戦略を考えていくことにしよう。まず，リーダー企業のとるべき戦略から始めることにしよう。

　リーダー企業が目指している目標は，ナンバーワンを維持し，業界で最大の利潤を獲得することであろう。また現実の企業を観察していると，単に最大利潤を獲得することばかりでなく，業界ナンバーワンというプレステージを維持し続けることもリーダー企業の目標であるように思われる。企業人にとってナンバーワン企業であることは誇りであり，仕事をする喜びであったりする。株式を公開していないファミリー・ビジネスの場合には，誇りのためのナンバーワン維持という行動も十分にありうるであろう。

　しかし株式を公開している会社の場合には，社員の満足のため

に「利益を犠牲にしてもナンバーワンを維持する」という行動を
とることは許されない。ナンバーワンを維持することが長期的に
利潤を最大化し企業価値を高めることにつながるから，ナンバー
ワンを維持するということが，株式を公開している会社の基本的
な考え方になる。

　ナンバーワンを維持し，利潤を最大化するためには基本的に次
の3つの方向が考えられる。

(1)　市場全体の拡大：市場全体を大きくする。

(2)　シェア防衛：現在のシェアを維持・防衛する。

(3)　シェア拡大：現在のシェアをさらに拡大する。

　このうち，3番目の現在のシェアの拡大が適切かどうかは，先
にも述べたようにその時のシェアの水準に依存する。たとえばす
でに60％のシェアを保有している企業がさらに70％へとシェ
ア・アップを狙うのは本当に利潤を増やす方向か否かの判断が難
しい問題である。その10％を増やすために，儲からない地域へ
製品を流通させなければならないとか，あるいは判官びいきの人
を説得するために多大なコストを支払わなければならないという
ことがありうるからである。それ故，以下では，初めの2つの方
向についてやや具体的に述べることにしよう。

| 1. 市場全体の拡大 |

　　　　　　　　　　市場全体を拡大し，その拡大した市場部
　　　　　　　　　　分でも現在のトップ・シェアと同じシェ
アの比率を維持できるのであれば，市場が広がったことで最も利
潤を獲得できるのはトップ企業だということになる。市場を広げ
るために追加で必要な努力よりも，より大きな利益を獲得できる
なら，リーダー企業は進んで市場全体を拡大しようとするだろう。

実際，業界のリーダー企業は業界全体のことを考えるという傾向が強い。これらのリーダー企業が，その業界全体の成長を考えるのは，リーダー企業の社員が誇りと余裕をもっているからばかりでなく，そのように「皆のため」と考えることが自社の利益に直結しているという側面もあるからであろう。

　市場全体を拡大するための方法は，さらに細かく見てみると3種類くらいに分類できる。

⑴　新しいユーザーを獲得する。

⑵　新しい用途を見つけ出す。

⑶　1回当たりの使用量を増やす。

　これら3種類のそれぞれについて具体例を織り交ぜながら説明していこう。

⑴　新しいユーザーの獲得

　新しいユーザーを見つけ出す方法はさまざまである。たとえば，既存のターゲット・セグメントにもまだ自社製品を使用していない人がいれば，その人たちに販売する努力を傾けるというのもひとつの手である。想定しているターゲット・セグメントでの普及率が十分ではないということだから，この場合は，これまで以上の販売促進努力を行なう，ということになる。まだその製品が存在していることに気づいていない消費者に商品の存在を知らせるべく，テレビでCMを流したり，雑誌に広告を掲載したり，というのが一般的な方法であろう。テレビ広告や雑誌広告で自社ブランドを新しいユーザーに知らせようとしても，これらの広告は自社以外のブランドに対する需要も喚起してしまう。トヨタ・ヤリスの広告を見た人の中には，小型で運転しやすく安全性の高いコンパクト・カーが欲しいという欲求が生まれて，他社のクルマを

買う人もいるからである。残念ながら，自社が支払った広告費から生まれる果実の一部は他社に流れる。だから，トヨタが広告費を使うと，コンパクト・カーの市場全体の需要が高まることになる。しかし，需要増加分の一番大きい部分を手にするのは，最も販売店が充実していて，最も想起されやすいトヨタであろう。メンタル・アベイラビリティとフィジカル・アベイラビリティの高さ故に，製品カテゴリー全体の需要喚起の効果を一番吸収できる，ということである。それ故に，たとえ広告の効果が他社にも流れることになったとしても，リーダー企業は潜在的な需要を喚起して新しいユーザーを増やそうとするのである。

(2) 新しい用途の開発

新しい用途の開発も，その製品の市場を拡大する上で効果的な方法である。たとえば，デュポン社のナイロンが次々と新たな用途開発を行なってきた歴史が古典的な例として有名である。もともと戦時中に日本から輸入していた絹が米国国内で不足し，落下傘部隊のパラシュートを作るための素材が不足したことをきっかけとして，ナイロンは開発された。その後，ナイロンは女性用ストッキングに新たな用途を見出し，ストッキングの次はブラウスやシャツに，さらには自動車用タイヤやカーペットにと，用途開発は次々に進んでいき，需要量を大幅に拡大してきたのである。この種の例は素材系産業に典型的に見られる。鉄鋼も，鉄道や船舶から鉄筋コンクリートのビルや自動車，さらには鉄骨の個人住宅へと需要を広げてきている。

(3) 1回当たりの使用量増

1回当たりの使用量を増やすという方法で有名なのは，かつて味の素が，容器の穴を大きくしたという例であろう。穴が大きけ

れば毎回知らぬまに多めに使用することになるだろう。もうひとつ古典的な例をあげよう。かつてフランス人たちは自動車を町中で乗り回しはしたが、遠出のドライブをすることがいまほど頻繁ではなかった。自動車の走行距離が伸びなければ自動車タイヤはすり減らない。タイヤがすり減らなければタイヤ・メーカーは売上げを伸ばせない。そのためミシュラン社は一計を案じ、フランス全土のレストランを紹介するガイドブックを作った。レストランは星の数でランクづけされた。1つ星よりは2つ星の方が質が高くて、3つ星が最も良い、といったようにである。ガイドブックには、人口の多いパリからは距離のある南仏の3つ星レストランも多数紹介されていた。このガイドブックが普及したおかげで、パリの人たちが週末に南仏にクルマで美味しい料理を食べに行き、タイヤがすり減る（ドライブ1回当たりのタイヤの使用量が増える）ようになり、タイヤ市場が大きくなったという。

2. シェアの維持・防衛

(1) 直接対決

現在のシェアを維持・防衛するのにもさまざまな方法がある。

まず第1に、直接対決する方法である。プロモーション戦争や価格戦争をすれば、力に勝るリーダーはおそらく勝てるであろう。牛丼チェーンが並盛りの価格を競いあったり、チャレンジャーのディズニー・プラス（月額990円）に対抗するために、市場リーダーの Netflix が月額790円の「広告つきベーシック」プランを導入したり、というような競争がその典型である。ただし、価格を下げるにせよ、プロモーションに巨額の資金を使うにせよ、それによってよほど市場が広がらない限りは、リーダーにとっても

業界の他の企業にとっても，利益体質を悪化させてしまうことには注意をしておく必要がある。これは「戦わずして勝つ」を最高の戦略と考えた孫子（そんし）の兵法（へいほう）からしても，良い手とはいえない。

(2) 嫌がらせ

また，リーダー企業が他の企業に対して嫌がらせ（ハラスメント）をするということもありうる。たとえば，部品納入業者に対して，「もしもあの会社に部品を納入するのでしたら，おたくの会社からは部品を買うのが難しくなりますね」などとほのめかしてプレッシャーをかけたりするのが嫌がらせである。しかし，セクシャル・ハラスメントが社会的に許容されないのと同じように，この企業間の嫌がらせも許容されないだろう。

(3) スキを作らない

3番めの方法は，スキを作らないということである。これがリーダー企業のとる最も標準的な手である。たとえば，他企業が思い切った価格差を創り出せない程度の価格設定をしておくのは，スキを作らない方策の一例である。リーダー企業は高品質の製品を高価格で売る方が望ましいのだが，それでも他社との価格差が広がりすぎると低価格を訴求した他企業からの攻撃に対して脆弱になってしまう。だから，他企業よりも少し高めの価格ではあるが，高すぎることのないように，ある程度の差に抑えておくのである。

また，あらゆる市場セグメントのニーズが満たされているように目くばりをしておくことも，スキを作らないための基本である。あらゆる市場セグメントのニーズを満たすことを，フル・カバレッジという。あらゆる部分をカバーしているという意味である。常にこのような状態にしておくためには，他社が新たなセグメン

トに向けた新製品を出せば，それにすぐに追随して類似の製品の改良版を出し，他社が新たな流通経路を創造したら，それと同じ流通経路を創るといった行動をとる必要がある。こういった他社の行動への追随を同質化という。「模倣」という言葉を使うのでもよいのだろうが，逆に他社と違うことをするのを「差別化」というので，それとペアにすると「同質化」の方が記憶しやすい。

　リーダーが同質化をすれば，顧客が他社の製品を選択する可能性が大幅に低下することは明らかである。他社が高級車を作れば自社も高級車を作る。他社が有機 EL 大画面テレビを発売するならば，自社も同様のモノを発売する。他社が味の濃い日本茶のペットボトル飲料を発売すれば，自社も濃い味の日本茶飲料を発売する。これが同質化である。それによって相手の出してきた製品が新しい市場を創れないままにつぶれていくのもよし，市場が伸びて自社も一緒に伸びるのもよし。リーダー企業は消費者に最も知られている企業であり，広告費も大きいから，消費者が思い出しやすいブランドを作ることができる。メンタル・アベイラビリティ（頭の中での利用可能性）が高いのである。また，リーダー企業は流通チャネルとの関係でも最強だから，消費者が買おうと思ったときに，一番入手しやすいところに商品が置かれている。つまりフィジカル・アベイラビリティ（モノの利用可能性）が高いのである。同じタイプの製品を売っていても，メンタル・アベイラビリティとフィジカル・アベイラビリティの両方が高いほど有利だから，ライバルの製品をスピーディに追いかけて同質化することができれば，結局リーダー企業が有利になる。

　しかし常に他社に対する同質化行動をとり続けていると，徐々に市場から不満が出てくる。イノベーション（革新）を起こした

企業は顧客から賞賛されるが，モノマネばかりしている企業は威信を失ってしまう。モノマネ企業の製品に対してどの程度の不快感を顧客が感じるかは，その地域・時代の人々の感性による。「モノマネであろうと，品質の高い製品が安く手に入ればよいではないか」と考えるようなコスト・パフォーマンスを重視する感性が一般的であれば，同質化に問題は起こらないだろうが，知的所有権とかユニークさ，個性などを重視する感性が一般化すると，同質化ばかりしている企業のイメージ・ダウンは大きくなるであろう。

(4) イノベーション

近年の先進諸国の市場では，ユニークであること，オリジナルであること，イノベーティブ（革新的）であることを評価する消費者の価値観が強くなってきているように思われる。だから，リーダー企業が市場シェアを防衛する4番めの方法として，イノベーションをあげておくべきだろう。常に業界のトップを切って新製品を導入し，新しい流通チャネルを開拓し，ユニークなプロモーションを行なっていけるのであれば，いろいろお金はかかるかもしれないが，長期的には最も報われるナンバーワンの維持方法になるはずである。

たとえばアップル社を考えてみよう。2007年にiPhoneが登場したとき，創業者のスティーブ・ジョブズは，同社が何度もイノベーションで先頭を切ってきたことを誇らしく語っていた。パーソナル・コンピュータのマッキントッシュや音楽デバイスのiPodに言及した後で，ジョブズは3つの革命的な製品を導入すると語った。3つの製品のうち，「最初のものは，タッチ・コントロール付きの画面の広いiPod。2つめは革命的な携帯電話。そ

して3つめはインターネット・コミュニケーション機器のブレークスルー製品である」と。もちろん3つの新製品というのはジョブズのジョークであり，実際にはiPhoneがこの3つを兼ね備えた画期的なイノベーションであると言いたかったのである。この初代iPhoneの後にも，優れたデザインや新しい技術，新しいサービスを次々に盛り込むなど，イノベーションを継続してiPhoneは成功をおさめてきた。

　もちろん，すでに世の中にはスマートフォンもタッチ・コントロールなども存在していたから，iPhoneはイノベーションとは言えない，という批判もある。また近年では，ハードウェアについては他社製品の方が新しい特徴を先に導入する傾向が強いと指摘する人もいる。しかし，スマートフォンの世界が単なるハードウェアではなく，そのOS（iOS）とクラウド・サービス（iCloud）と一体となった商品であり，iPhoneのアプリを制作し販売する人々と，それを活用する人々が相互作用する場（プラットフォーム）なのだと理解するならば，iPhoneはいまでもイノベーションを継続してリーダーの地位を守り続けていると捉えることができるだろう。

3. リーダーの戦略定石

市場全体の拡大とシェアの維持・防衛は同時に追求できる戦略であるという点には，注意が必要である。リーダー企業が常に求めているのは，市場が拡大しても拡大しなくても，トップ・シェアと最大利潤を確保することである。だから，市場が拡大したときにも，その拡大した部分でトップ・シェアを維持することが求められる。つまり，市場の拡大とシェアの維持・防衛は同時に追求可能であり，実際

表4-2　リーダー企業の戦略定石

戦略の項目	目指す方向
目　標	・業界最大の利潤 ・プレステージの維持 ・業界の安定
戦略方針の基本方針	市場全体の拡大＆スキを作らない
ターゲット市場の選択	フル・カバレッジ
4P's構築の基本方針	・イノベーション，同質化 ・成長余地が小さい場合，価格以外の差別化 ・可能であれば，高価格化，競争を避ける

マーケティング・ミックス		定　石
①プロダクト	製品ライン	フルライン
	本質サービス	業界平均よりも高品質
②プライス		若干高め
③プロモーション		積極的
④プレイス		より広いチャネル（開放型）

（出所）　嶋口・石井［1995］，214頁を参考に著者が作成。

に同時に追求すべき方向なのである。こう考えれば，自ら市場の拡大を率先して行ない，その上でイノベーションや同質化を行なってスキを作らないことが，リーダー企業の目指すべき基本方針である。このような基本方針に基づいて，リーダー企業のマーケティング戦略の定石を考えていこう。個々の項目については**表4-2**にまとめられているので，それを参考にしながら読み進めてほしい。

　リーダー企業のマーケティング戦略の基本方針はスキを作らないようにすることだから，ターゲットとするべき市場セグメントはすべてのセグメントである（フル・カバレッジ）。このすべてのセグメントに対して通常は複数ターゲット・アプローチを使って

製品を提供する。したがって製品ラインは，フルラインになる。提供するべき製品の品質は業界全体の水準と較べて見劣りのするものであってはならない。そのようなスキを作ればいつでもチャレンジャーが「うちの製品の方が高品質ですよ」と言って攻撃を仕掛けてくるであろう。しかも，高品質で高い市場シェアを維持している方が利益率が高くなるという調査結果もある。だから，リーダーは高品質を狙うのが定石である。

　高品質の製品サービスで最大利潤を獲得したいのだから高めの価格設定をしたいところだが，あまりも高い価格を設定するとチャレンジャーが思い切った低価格路線をとってきた時に，目立った差ができてしまう。だから目立った差が出ない程度に，つまり業界平均よりもやや高め程度に設定するのが定石である。希望小売価格が同じだとしても，リーダー企業は通常ブランド・イメージも高いので店頭での値引き率を低くしていても消費者は買ってくれる。

　リーダー企業は最大シェアを保有するが故に生じるさまざまなコスト優位のおかげで十分に他社よりも多い利潤を獲得できる。また，最大のシェアを維持するには大量の製品を売り続ける必要がある。そのためには他社よりも積極的なプロモーションの展開と，広めのチャネル政策（開放型チャネル政策寄り）が必要だろう。他社よりも広告などのプロモーション費用を多く使ったとしても，売れている数量が多いのだから，１個当たりのプロモーション費用を見ると他社よりも低く抑えることができる。だから安心してプロモーションにもおカネをかけることができるのである。

4 チャレンジャーの戦略

●攻撃するか，共生するか

> **1. チャレンジャーの選択肢**

　頑張れば市場シェア首位も狙えるようなチャレンジャーのポジション（市場地位）にいる企業には，根本的に異なる2つの選択肢がある。チャレンジャーとしてのポジションにいるのだから，リーダー企業を攻撃して市場シェアを奪い，念願の市場シェア1位を獲得するという方向を目指すのが1つの道である。だが，それが唯一の生き方ではない。チャレンジャーの地位を維持しつつ，リーダー企業と激しいシェア争いを行なうことなく，業界全体の安定を目指し，その中で自社も豊かな利潤を獲得するという道がある。これが2つめの選択肢である。

　本気でチャレンジ（挑戦）しないチャレンジャーというのは奇妙に聞こえるかもしれないが，十分に大きな規模のチャレンジャーの場合，その地位と巨額の安定利潤を確保するというのは魅力的な選択肢のはずである。そこで稼いだ利潤を使って，別の新事業を育成したいと経営者が考えることもあるだろう。それ故，成熟期にはトップを目指してシェアを獲得するか，あるいは，むしろトップとうまく共生して大きな利潤を目指すか，という2つの選択肢について，まず真剣に考える必要がある。

　成熟期に入って間もない時期であれば，まだ市場シェアの争奪が比較的容易な場合がある。しかもリーダーの地位を奪った後にも，成熟期が長く続き，需要の安定した時期にリーダーの地位がもつメリットを享受できるかもしれない。そう考えれば，市場シ

ェア・トップの企業に果敢に競争を仕掛け，市場シェアを奪っていくことにチャレンジャーは魅力を感じるであろう。

　だが逆に，すでに成熟後期から衰退期にさしかかっているような場合には，もはやここから先の市場の伸びがほとんど期待できず，儲かる事業として今後とも維持できるか否かも不安になる場合がある。この場合，無理をして市場シェアを奪っても，リーダーのポジションがもつメリットをほとんど享受することができず，しかも激しい競争でプロモーションや値引きにキャッシュをとられてしまい，自社の利益が薄くなってしまう。常に激しい競争を繰り返す業界構造に変化してしまうと，将来にわたって市場自体の魅力がなくなってしまう可能性もある。その場合，むしろ現在の市場から得られる利潤を最大化するために，業界全体を安定させていく，という方向が魅力的になる場合がある。成熟期にある業界を多数抱える現在の日本経済では，この種の判断が今後ますます重要になっていくであろう。

　本章の初めに述べたように，本書では，市場シェア・トップを目指して攻撃をしかけるチャレンジャーを攻撃的チャレンジャーと呼び，リーダーと平和的に棲み分けて安定的な利潤を追求するチャレンジャーを共生的チャレンジャーと呼ぶ。

　まず攻撃的チャレンジャーに注目して，市場シェアを高めてトップに立つための戦略について検討を加え，しかる後にリーダーと共生しながらしっかりと利潤を確保していく共生的チャレンジャーの戦略を考えていくことにしよう。

2. 攻撃的チャレンジャー：差別化によってリーダーを攻撃

攻撃的チャレンジャーの目指す目標のひとつは，シェアを拡大し，トップの座を手に入れることである。トップ・シェアを取るためには，リーダーからシェアを奪うか，他の下位企業からシェアを奪うかのいずれかしかない。

自社よりも経営資源の少ない下位企業からシェアを奪うのもチャレンジャーにとっては魅力的な方向である。たしかに，資本や人材の厚み，知名度，流通チャネルへの影響力などなど，経営資源の豊富なリーダー企業を相手にするよりも，自分より弱そうな下位企業を狙った方がたやすくシェアを奪えそうな気がする。しかし，下位企業のシェアを奪いに行くという選択肢は常に良いことばかりではない。そもそも，下位企業のシェアは少ないが故に，下位企業の顧客も少ない。それを奪っても，それほどシェアを高めることはできない。しかも，下位企業の顧客は判官びいきで，小さな会社が好きな人々なのかもしれないし，安い製品しか買わない顧客であり，その人たちに買ってもらうには大幅な値引きをしなければならないかもしれない。こういう場合には努力の割には報われず，場合によっては利益を失いかねないから，必ずしも下位企業からシェアを奪うのが良い手とは限らない。そもそもリーダーの地位を狙うのであれば，まずリーダーからシェアを奪う，という方向を考えるのが王道であろう。だから，ここではリーダー企業からシェアを奪うための方法のみに議論を絞ることにしよう。

リーダーに較べればチャレンジャーは経営資源が豊富ではないので，リーダー企業相手に直接的な攻撃をしかけるのは得策ではない。リーダーからシェアを奪うには，リーダーの提供してい

るマーケティング・ミックスとは何らかの点で違い（差）のある
マーケティング・ミックスを創造し，顧客に提供することが基本
である。このような差を創り出し，提供することを差別化という。

　たとえば，G-Shock やオシアナスなどのブランドを創り出し，
今ではウォッチ市場で重要な企業へと成長したカシオ計算機も，
初めてウォッチ市場へ参入した時には徹底的な差別化を行なって
いた。当時のリーダー企業であったセイコーや，その後のリーダ
ー企業となるシチズンと差別化するべく，プロダクトは液晶を使
ったデジタル・ウォッチに集中し，自動カレンダー機能を付けて
差別化していた。プレイスについても，セイコーやシチズンが強
力な地位を築き上げている時計屋さんルートではなく，ヨドバ
シ・カメラなどのカメラ量販店やディスカウント・ストアなどを
主たる小売店として選ぶなど，流通チャネルの差別化も徹底して
いた。

　チャレンジャーが行なう差別化は，どのようなものでもかまわ
ないというわけではない。なぜなら，チャレンジャーの差別化行
動に対してリーダーは同質化行動をとってくるからである。つま
り，独特の特徴をもったチャレンジャーの製品とほぼ同様の特徴
をもった製品を，リーダーが市場に導入するのである。たとえば，
牛丼チェーンの業界では，現在，ゼンショーの「すき家」が市場
シェア１位でリーダーである。吉野家は牛丼チェーンの本家本元
であるが，マーケティング戦略のフレームワークで分類するなら，
現在のところシェア２位のチャレンジャーに位置づけられる。吉
野家は「牛すき鍋膳」という単価の高いメニューを加えて差別化
を行ったが，すき家も素早く「牛すき鍋定食」というメニューで
同質化した。「牛すき鍋」というメニューは吉野家でしか食べら

れないわけではなくなると，店舗数が多いすき家の方がフィジカル・アベイラビリティが高いから，顧客を惹きつける上で有利になる。これは，チャレンジャーによる差別化とリーダーによる同質化の典型的な例であろう。

せっかくチャンレジャーが差別化しても，リーダーが即座に同質化してしまうのでは，リーダーから市場シェアを奪うことはできない。だからチャレンジャーの行なう差別化は，できるだけ他社に同質化されにくいものでなければならない。リーダーから模倣されない差別化を行なうには，①リーダーの持っていない経営資源を利用するか，②リーダーが同質化を行なえない内部事情を利用するしかない。

リーダーの持っていない経営資源には多様なものが考えられる。たとえば，独自のアイデアで次々と新製品を生み出せる組織の強みや独自の技術力などがその典型例であろう。チャレンジャーの組織の強みの例としては，「熱さまシート」や「はなのあ」（鼻うがい液）などで知られる小林製薬が好例である。同社は社長が中心になって，ユニークなアイデアの製品を次々と生み出す，独自の製品企画能力を創り上げている。独自の技術力の具体例としては，独自の技術で差別化をしている花王をあげておこう。たとえば，かつて花王が「ソフィーナ」ブランドで化粧品業界に参入し，化粧品業界のリーダー企業である資生堂に挑戦した際に，同社は独自の皮膚科学研究を応用したと言われている。独自の研究を丁寧に積み重ねている花王ならではの差別化である。

リーダーが同質化を行なえないような内部事情の古典的な例としては，ジョンソン＆ジョンソン社の歯ブラシ「リーチ」が有名である。「リーチ」は通常の歯ブラシよりもブラシ部分が小さい。

表4-3　攻撃的チャレンジャーの戦略定石

戦略の項目	目指す方向
目　標	トップ・シェアの奪取
戦略の基本方針	差別化　先手必勝　スピード
ターゲット市場の選択	①セミ・フルカバレッジ ＆ 決定的セグメントへの集中 ②セミ・フルカバレッジ ＆ 特定セグメントへの集中＆機動的戦場変更
4P's構築の基本方針	・模倣されにくい差別化 ・自社速度＞リーダーの速度

マーケティング・ミックス		定　石
①プロダクト	製品ライン	セミ・フルライン（主戦場で深いライン）
	本質サービス	プロダクト，プロモーション，プレイスのいずれか，あるいはすべてで，差別化。プライスも，リーダーとは違いを創り，低価格化あるいは高価格化
②プライス ③プロモーション ④プレイス		

　歯ブラシ市場のリーダー企業であるライオンは，同時に歯磨き粉の市場でもトップ・メーカーであった。そのため，歯ブラシの主流がブラシ部分の小さなものになってしまうと，歯磨き粉の売上げが下がってしまう。それを嫌って同質化が遅れたと言われている。

3. 攻撃的チャレンジャーの戦略定石

　表4-3にはチャレンジャーが攻撃的な手段を採用する場合の戦略定石がまとめられている。攻撃的チャレンジャーが目指しているのは，当面の間，利益を若干犠牲にしても市場シェアをリーダーから奪ってシェア・ナンバーワンの地位に就くことである。ナンバーワンの地位を得れば，利益は後からついてくると考

えられているから，まず市場シェアを取りに行くのである。この市場シェア向上のための基本指針は，リーダーと差別化を行なって，リーダーからシェアを奪うということである。

(1)　セミ・フルカバレッジとセミ・フルライン

しかしチャレンジャーはリーダーほど知名度が高いわけではないし，人材の厚みや流通チャネルへの影響力も強いわけではない。経営資源が豊富ではないチャレンジャーが，市場セグメントのすべてをカバーしてリーダーと競争していたら，消耗戦になっていつかは敗れてしまう。すべてのセグメントに力を入れてしまえば，焦点が定まらなくなり，経営資源の豊富なリーダーに勝つことはできない。だが，市場の一部だけで戦っていても，リーダーのシェアと同程度もしくはそれ以上のシェアを獲得することはできないから，比較的大きな市場を狙わざるを得ない。つまり，フル・カバレッジはできないものの，少数のセグメントだけを相手にしているというわけにもいかない。それ故，チャレンジャーはフル・カバレッジよりも若干狭めの市場をカバーするというのが適切である。これをセミ・フルカバレッジ政策と呼んでおこう。チャレンジャーは，市場セグメントのすべてではなく，かなりの部分をターゲットとして視野に収めた戦略を考えなくてはならない。また，それぞれのセグメントに個別にマーケティング・ミックスを提供するなら，フルラインよりも若干狭い製品ラインを持たなければならない。これをセミ・フルラインとここでは呼んでおこう。

市場セグメントの広さを抑えてセミ・フルカバレッジにし，それに対応してセミ・フルラインで対応したとしても，簡単にリーダーに勝てるというわけではない。なぜなら，経営資源の量だけ

に注目するならリーダーの方が豊富なはずであり，チャレンジャーの経営資源でできることはリーダーでもできるはずだからだ。だから，セミ・フルカバレッジだけではチャレンジャーがトップに立つには足りない。

ではどうすればよいか。ひとつの答えは，セミ・フルカバレッジの中でも，さらに主戦場（＝セグメント）をどこにするかをチャレンジャーがイニシアティブをとって決める，ということである。独自の経営資源に裏打ちされた差別化や相手の事情を利用した差別化など，リーダーが同質化できないような差別化がうまくいきそうなセグメントを主戦場としてチャレンジャーが先手を取って選択すればよい。勝負の世界は「先手必勝」だから，主戦場を選ぶ主導権をチャレンジャーが握っていなければならない。その意味でも，リーダーがイノベーションによって常に自ら主戦場を決めているような場合には，チャレンジャーは苦しい。簡単に攻撃の主導権を奪うことができないから，チャレンジャーの方が対応に追われて，首位奪取どころではなくなる。逆に，長年の首位に安住して，受動的に同質化を繰り返すだけのトップ企業であれば，その方が攻撃しやすい。チャレンジャーの差別化に対して，常に受動的に同質化を繰り返しているリーダー企業に対しては，チャレンジャーは主導権をとって戦場を選択し，徐々にシェアを奪っていくことが可能になる。こう考えると，リーダーの立場からすると，単なる受動的な同質化よりもイノベーションの方が，市場シェア・トップの座を維持する上で有効な手になるはずである。

(2) 決定的セグメントへの資源集中

自ら率先してイノベーションを推進しているリーダーは簡単に

攻略できそうにないから，ここから先は，どちらかというと受動的に同質化を繰り返しているトップ企業を相手にしているチャレンジャーを想定して話を進めよう。チャレンジャーが主導権を取って主戦場を決め，そこにチャレンジャーが自らのもつ資源を集中投入すれば，そのセグメントではチャレンジャーが優位に立つことができる可能性がある。だから，チャレンジャーの基本方針の1つめは，主戦場を決めて資源の集中投入をする，ということである。その際，チャレンジャーが気をつけるべきポイントは，あるセグメントで優位を確立したら，他のセグメントが次々と自然に将棋倒しのように自分の領地になっていくような，決定的なセグメントを選ぶということである。そのセグメントの支配権を獲得するとその他のセグメントでの戦いが有利になるような，プラスの波及効果をもつセグメントである。波及効果というのは，たとえば，①そのセグメントに属する人が影響力抜群な人であり，その人たちが使っているものであればそれを他の人たちも模倣して使うようになるとか，②ある年齢層の人を顧客に取り込むと，その年齢がエントリー・ポイント（特定の製品カテゴリーを使い始める契機）になっていて，その後は常にその製品を買い続けてくれるのであれば，その年齢層をターゲットとして獲得しつづければ，そのうちに全年齢層がカバーされるようになる，というような効果のことである。

　イメージをつかんでもらうために，**図4-5**が描かれている。図の左側(1)が決定的セグメントに資源を集中して攻撃していることを示している。

　たとえばビールのようなアルコール類は，若者が20歳くらいから本格的に飲み始める。若者たちがビールの味を覚える時期に

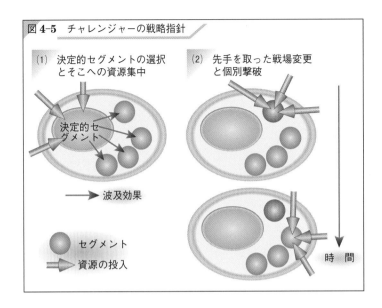

図4-5　チャレンジャーの戦略指針

(1) 決定的セグメントの選択
とそこへの資源集中

決定的セグメント

→ 波及効果

● セグメント

⇒ 資源の投入

(2) 先手を取った戦場変更
と個別撃破

時　間

自社ビールの味を刷り込んでおけば，後々その若者たちが社会人となってから自社ビールの大量消費者となる可能性が高い。だから，この20歳から30歳くらいまでの市場セグメントは，後々の市場全体を支配していく上で重要である。このセグメントを奪取するということは，それ以後の市場全体の支配権を確立していく上でプラスの効果をもっているのである。この種の重要なセグメントをリーダーよりも先手を取って支配できれば，チャレンジャーが時とともに優位に立っていくことが可能になるであろう。

(3) 各個撃破と機動的な戦場変更

しかし，よほど重要なセグメントを選ばないかぎり，1個のセグメントでの戦いだけでは市場シェア全体の逆転は難しい。しかも，その重要な波及効果をもつセグメントをリーダーも十分承知で死守しているかもしれない。だから決定的なセグメントを攻撃

することが不可能であったり，攻撃してもリーダーの反撃が激しくてなかなか逆転できないかもしれない。そうだとすれば，基本方針の２つめとして，まずリーダーがそれほど重視していない市場セグメントをターゲットとして設定し，ひとつのセグメントでリーダーを打ち破ったら，また先手を取って次のセグメントへと主戦場を移し，ひとつひとつのセグメントを次々と個別撃破しながら多数のセグメントで支配権を順次奪っていく，ということを考えなければならない。このイメージは図 **4-5** の右側 (2) に示されている。個々のセグメントに資源集中して，各個撃破しながら，徐々に市場シェアを高めていくのである。

　もちろんこの場合，チャレンジャーはマーケティング戦略の策定が柔軟だとか，製品開発のスピードが速いなど，経営資源の機動的な展開に関してリーダーと同等以上の力をもっていて，しかも先手を取り続けなければならないことは注意しておくべきであろう。いやしくもトップ・シェアを狙うなら，量的には少ない経営資源でも，フレキシブルに展開できるように日頃から努力することが必要なのである。あるいは逆の言い方をするならば，リーダー企業が反応の鈍い大企業病に陥っている状況になると，チャレンジャーがスピードと柔軟性を備えていれば，リーダーの市場シェアを奪取できる可能性が高まる，ということである。いわば，贅肉がついて動きが鈍いリーダーに，精悍なチャレンジャーが俊敏な動きをもって挑みかかる，というイメージである。自社の組織における意思決定が常にスピーディであるように気をつけ，逆に相手の組織が過度な内部調整に追われている局面をうまく捉えて攻撃をしかけていく，ということが必要なのである。チャレンジャーが攻撃のタイミングを考える上では，相手企業組織の観察

も重要だということである。

(4) リーダーが同質化しにくい差を創り出す

　以上のように考えれば，チャレンジャーの定石は，①セミ・フルカバレッジ＆決定的セグメントへの集中，もしくは②セミ・フルカバレッジ＆特定セグメントへの集中＆機動的な戦場変更である。

　もちろん，個々の市場セグメントでリーダーを攻撃する時には，リーダーができないことややりにくいことをやらないと，すぐにリーダーに同質化されて，チャレンジャーの攻撃は無効にされてしまう。たとえば「チャレンジャーの新製品と同じようなモノはうちでも発売しましたよ」とリーダー企業が即座に対応して顧客に伝えれば，チャレンジャーの勝てる見込みは相当低くなってしまう。それ故，独自の経営資源に裏打ちされた差別化や相手の事情を利用した差別化など，リーダーが同質化しにくい差別化を心がけなければならない。リーダーによる同質化が完全に不可能である必要はない。同質化に十分長い時間がかかればよい。リーダーが後手を踏んでいる間に，チャレンジャーは次の差別化を仕掛けていけばよいのである。

　チャレンジャーの差別化は，製品品質の違いや流通チャネルの違い，顧客に伝える情報の違いなどなど，プロダクト，プレイス，プロモーションのいずれで行なってもよい。また価格についてはリーダー企業よりは低めに設定するのが定石ではあるが，高品質を強調した差別化を行なう場合などでは，リーダーよりも高めに設定する可能性もある。それ故，4つのPで違いを作ることが定石だと覚えておいた方が簡単だ。プロダクト，プレイス，プライス，プロモーションの4P'sのいずれか，あるいはその組み合わせによって，リーダーが同質化しにくい "差" を創り出すのがチ

ャレンジャーの定石である。

　なお，戦略論では一般に製品やサービスの目立った特徴で差を作ることを差別化戦略と呼び，価格を低く設定することをコスト・リーダーシップ戦略などと呼ぶのが習わしになっている。だから，価格で差を付けることは「差別化」とは呼ばない。それ故にここでも「4つのPのすべてで差別化する」という言い方を避け，プロダクト，プレイス，プロモーションで差別化し，プライスでは低価格化や高価格化などの違いを創る，というような表現をしている。

4. 共生的チャレンジャーの戦略定石

　4つのPのうち，プライスだけを「差別化」と言わないのは，その効果がプロダクトの差別化と大きく異なるからである。プライスで競争相手と差を付ける場合に，もちろん少し高めの価格を設定するということもありうるが，実際には低い価格を設定する方が多いだろう。低い価格設定と製品品質での差別化とは，とくに成熟市場の競争では大きな違いを生み出す可能性がある。

　(1)　価格競争を避ける

　通常，成熟市場では価格を下げても数量はそれほど伸びない。なぜなら，成熟期に入ると，人口のほとんどの部分がすでにその製品を使用した経験があり，自分のお気に入りのブランドを決めている人も多いからである。新たに使用を開始する顧客，つまりエントリー・ポイントから入ってくる顧客が少ないのだから，企業が一所懸命に競争しても，顧客数や使用量は業界全体として見ると，それほど増えない。ある企業の顧客が，他の企業の顧客に代わるだけである。

この状況下で価格を下げる競争を展開すると，需要量が伸びないのに価格が下がってしまう。業界全体の売上高＝需要量×単価だから，需要量が増えずに単価が下がれば，業界全体の売上高が低下するのは火を見るよりも明らかである。

　しかも，需要量の伸びない成熟期に市場シェア争いをすると，業界全体が構造的に赤字体質化するという危険もある。そもそも市場シェアを奪ってトップ企業になろうとするには，チャレンジャーもリーダー以上の生産能力を持たなくてはならない。そうなると，チャレンジャーには工場を新設する必要が出てくる可能性がある。すでに撤退を決めている企業の工場を買い取るのであれば，業界全体の工場が増えるわけではないから問題は少ないが，チャレンジャーが自分で新たに工場を建設するとなると，業界全体の生産能力が上がってしまう。需要量が伸びないのに，シェア争いのために生産能力が高まってしまうと，過剰生産設備を抱えた業界ができあがる。過剰生産設備を抱えた業界では，どの企業も稼働率を高めようとして無理な値引きを行ないやすく，全企業が赤字体質になってしまう。このような業種を構造不況業種と呼ぶこともある。成熟期のシェア争いは，構造不況業種を創り出すという危険性があるのである。

(2)　棲み分けや平和共存を探る

　構造不況業種となり，どの企業も利益が得られないという結果に終わる可能性が高いのであれば，価格競争を避け，むしろ製品の品質を高めて価格を上げていく競争や，互いに相手の顧客を奪い合うことのないような棲み分けの努力をしていく方が利益につながりやすい。このように考えると，たとえトップを狙えるポジションにいるチャレンジャーでも，常に攻撃的になるのが「定

石」だとは考えずにトップ企業と平和共存する道を探る方が，むしろ適切なケースも多いと考えられる。

このような視点からすると，リーダーにチャレンジできるほどの市場シェアを保有しながらも攻撃をしかけることなく，むしろ安定的に潤沢な利潤を手に入れることを目標とする共生的チャレンジャーという生き方が魅力的に見えてくるケースがあると理解できるはずである。**表4-4** に示されているように，共生的チャレンジャーは，成長余地の小さな市場で潤沢な利潤を確実に手に入れようとする。

この目標を達成するためには，リーダーとの激しい正面衝突を避け，価格競争が激しい業界になることや過剰設備を抱えた業界になることを避ける必要がある。それ故，基本方針はまず差別化し，棲み分けを目指すこと，また可能であれば高価格化を目指し，過剰設備を避けることである。とりわけ重要なことは，リーダー企業の上得意客を奪わないようにすることである。チャレンジャーがリーダーの上得意客を奪えば，奪われたリーダーは生産能力が余ってしまうから，それを活かすべくチャレンジャーの大口顧客を奪いに行く可能性が高い。この激しいやりとりの結果は，業界全体の価格低下ということになりがちである。だから，ターゲット市場の選択に関する基本方針は，「リーダー企業の主要セグメントとは異なるセグメントへの注力」である。

(3) 高品質・高価格の差別化商品

また4つのPを構築する際の基本方針は，プライス以外の3つのPで差別化を目指し，できることなら高品質化された差別化商品を高い価格で安定的に販売する，ということであろう。市場シェアを維持するために，ある程度幅の広い製品ライン（セ

表4-4 共生的チャレンジャーの戦略定石

戦略の項目	目指す方向
目　標	・確実で潤沢な利潤 ・業界の安定（市場成長余地が小）
戦略の基本方針	・差別化・棲み分け ・リーダー企業の客を奪わず暗黙の協調路線 ・市場成長余地が小さい場合，できれば業界全体の供給能力を下げ，価格を上げる
ターゲット市場の選択	リーダー企業の主要セグメントとは異なるセグメントへの注力
4P's構築の基本方針	・価格以外の差別化 ・可能であれば高価格化 ・競合を避ける

マーケティング・ミックス		定　石
①プロダクト	製品ライン	セミ・フルライン
	本質サービス	リーダーの製品ラインと直結競合をける
②プライス		自社顧客に安く，リーダーの顧客に高く
③プロモーション		
④プレイス		プロダクト，プロモーション，プレイスのいずれか，あるいはすべてで差別化。プライスも，リーダーとは違いを創る。できれば高価格化。低価格化の場合も，自社の顧客のみ安く。

ミ・フルライン）を維持することは必要であろうが，同時にそれらがリーダー企業のものとは差別化されたものになるように気をつける必要がある。また，価格は可能であれば高く設定する。できることなら，こちらの設定した価格を確認して，リーダー企業も価格を高める，というような価格引き上げの連鎖ができると共生的チャレンジャーにとっても利益を獲得するのが容易になって

いく。

　もし価格引下げを行なう場合でも，競争相手の顧客を奪わないために，リーダー企業の顧客には高く，自社の顧客には低くする，という基本方針を守る。逆にリーダー企業の顧客には低く，ということを行なえば，今度はリーダー企業がチャレンジャーの顧客に対して低い価格を提示するという反撃を行なうはずである。こうして業界は泥沼の価格競争に陥っていく可能性がある。だから，たとえば長年自社製品を使い続けてくれている顧客には安い価格を提示しても，他社の顧客には安い価格を提示しない，という姿勢が重要なのである。

　具体例を見てみよう。成熟した家電業界は，一見厳しい製品開発競争を展開していながらも，同時に高付加価値の差別化製品による競争が多く見られる。たとえば日立とパナソニックが1位・2位を争っている洗濯乾燥機の国内市場では，パナソニックの「ななめドラム」洗濯乾燥機は衣類にスチームを当てる「シワとり・消臭」を取り入れ，「ナノイーX」を搭載して洗濯槽のカビを除去できる機能を付けるなど，製品品質の高度化を追求している。日立製作所も，大流量の循環シャワーを「ナイヤガラ洗浄」と命名して洗浄力の高さを訴求し，乾燥フィルターを取り除き自動お掃除機能を付けるなど，製品品質の高度化に余念がない。両者とも最高価格のモデルは30万円～40万円と高価格である。このような高価格帯で高付加価値の競争が展開されているのであれば，業界全体の売上高が急激に減少するという事態は避けられ，利潤を獲得できる可能性が十分に残されるのである。

　自社の顧客には安く，他社の顧客には高く，という基本方針は，小売店のポイント・カードなどに見ることができる。たとえばド

ラッグストア・チェーンのツルハでは，1年間の買い物金額合計が10万円を超えるとポイントが2倍になり，20万円を超えると3倍になる。ツルハのお得意様には多くのポイントを付与することになるので，他のドラッグ・ストアを利用している顧客よりも，ツルハを利用している顧客に厚いサービスを提供していることになる。この場合顧客は，いったんツルハで買い物を続けるようになると，他のチェーンではなくツルハで買い物を続けようと考えるであろう。他のチェーンも同様のポイント・サービスを採用していれば，互いに顧客を奪い合う競争が緩和される効果があるだろう。

(4) リーダー企業の反応に注意

攻撃的チャレンジャーの時にも，チャレンジャーの差別化とリーダーの同質化，その同質化を避けるためのチャレンジャーの打ち手，という戦略的行動のやりとりが重要だったように，共生的チャレンジャーにとっても，リーダー企業の反応が非常に重要である。共生的チャレンジャーが棲み分ける行動をとっている際に，「このチャレンジャーは弱気のようだから，一気につぶしにかかろう」とリーダー企業が考えてしまえば，せっかくの棲み分け方針も水の泡である。だから，この種の行動はゆっくりと相手の出方を確かめながら進めなくてはならない。

もちろんリーダー企業の側から見ても，この共生的チャレンジャーとの棲み分けは魅力的なはずである。すでに正面から価格競争を行なっても市場が広がらない局面に到達したならば，むやみに市場シェアを追わずに，製品機能を高め，自社のお得意様を大事にする優遇策を練って，顧客の満足度を高めていくという方向はリーダーとチャレンジャーの双方にとって望ましいはずである。

リーダーも，このようにして利潤を確保して，それを社会に還元するとともに，未来の新事業への投資に振り向けることが可能になるのである。

5 ニッチャーの戦略
● 4P's のファイン・チューニングと生存空間の差別化

1. 隙間市場へ集中
　小さいセグメントではあるが，他の企業が参入してこられないようなニッチ（隙間市場）に集中し，そこで圧倒的なシェアを握っている企業がニッチャーである。このニッチャーの戦略定石が**表4-5**に示されている。

　ここで改めて注意しておくが，単に市場シェアが小さいということだけではニッチャーには分類されない。なぜなら，市場シェアが小さいということは，同じ製品カテゴリーの中で他の製品よりも選ばれていないということを意味しており，通常は弱いポジションにいると考えられるからである。実際，バイロン・シャープの研究によれば，市場シェアの低いブランドは二重三重に不利になるという。その製品を購入してくれる顧客の数が少ないばかりでなく，購買頻度も低く，知っている人の数も少なく，顧客の忠実度も低い。このように市場シェアの低いブランドが二重（多重）に不利益を受けることを，バイロン・シャープは，ダブル・ジョパディ（double jeopardy, 同一の罪で二度裁かれること）の法則と呼んでいる。このように考えると，市場シェアが低いのに，顧客の忠実度が非常に高く，利益率も高いというニッチャーのイメージが成立しなくなってしまう。

表4-5　ニッチャーの戦略定石

戦略の項目	目指す方向
目　　標	・高利益率 ・マイペースの成長 ・安定した売上げ
戦略の基本方針	生存空間全体の差別化
ターゲット市場の選択	①速すぎない成長セグメントの選択 ②狭いセグメントへの集中
4P's構築の基本方針	狭いターゲットへのファイン・チューニング

マーケティング・ミックス		定　　石
①プロダクト	製品ライン	狭く深いライン
	本質サービス	独自性
②プライス		高め
③プロモーション		ターゲット・媒体を絞り込む
④プレイス		より狭いチャネル

2. レオン自動機のケース

しかし，実際にニッチャーは存在する。たとえば，食品機械を作っているレオン自動機株式会社を具体例として考えてみよう。同社の主力商品は，饅頭や小龍包のような中に餡が入る食品を自動で生産する機械である。2020年に経済産業省の「グローバル・ニッチ・トップ100選」にも選出された典型的なニッチャーである。2021年度のレオン自動機の売上高は約266億円であり，食品機械というカテゴリーで見ると国内市場シェアは4.6%程度である。しかも，世界市場は国内市場よりも大きく，巨大な食品機械メーカーが世界には多数存在するから，レオン自動機を食品機械メーカーとして見ると世界市場シェアが非常に

包餡機「火星人 CN700」
写真提供　レオン自動機株式会社

小さい会社ということになる。それなら，レオン自動機に対する顧客の忠実度は低いのかというと，そのようなことはない。なぜなら，同社にしかつくれない製品があり，他社の製品で代替することができないからである。同社の主力商品「火星人」は，柔らかい外皮に柔らかい餡をきれいに入れる包餡機である。このような自動機械は製造が難しく，手作業の工程を機械化しようとするなら，同社製の機械以外に選択肢がない。他社の製品で代替できないのだから，顧客企業は他社の機械を買うわけにはいかないので，顧客忠実度は高くなる。市場シェアが低いと顧客忠実度が低い傾向があるというダブル・ジョパディの法則が正しいとすれば，レオン自動機はシェアが低いので顧客忠実度は低くなると考えられるのに，実際には同社は顧客忠実度の高いニッチャーである。

　この一見したところ矛盾しているように思われる問題を解くカギは，何を市場全体と捉えるか，というところにある。レオン自動機は食品機械というカテゴリーで見れば市場シェアが小さいが，包餡機という市場ではトップ・シェアである。食品機械という全体市場の中には，包餡機や製めん機など多様なサブ（下位）市場がある。政府や業界団体などが発表する統計数字は，同じような製品をまとめているから，多様なサブ市場をひとつずつ区別しているわけではない。だから大きな市場の定義で見ると小さなシェ

アしか保有していない企業でも，一部の顧客からは圧倒的な支持を受けていて，その下位市場では高いシェアを保有しているということが起こりうる。しかし，逆に，もう少し大きな市場の定義を考えてみよう。たとえば，食品機械を含む「業務用機械の市場」というような大きな市場を考えれば，包餡機を食品機械に分類するのは適切であろう。同じ食品業界向けの機械であるから，市場の類似性は一定程度存在するからである。市場シェアのデータをとる際に，ある程度同じような製品をまとめて計算するしか方法はないので，レオン自動機のように食品機械市場では小規模なシェアしか保有しないが，その実，顧客忠実度が高い会社というものが存在するのである。

　包餡機というニッチ市場の規模は大きくない。だから食品機械という市場全体で考えると，やはり製品ラインの幅が広いリーダー企業に較べると，包餡機市場を独占しても大規模な企業にはならない。だから，ニッチャーの売上高や利潤総額はリーダーの地位を狙えるほど大きくはならない。しかしニッチャーは統計数字では見えない独自の生存空間を確保しており，ニッチャーの製品を購入する人々は，その他大勢の一般的な製品カテゴリーを考慮しておらず，価格が多少高くてもその製品を買ってしまうというほど，その製品に魅力を感じている。レオン自動機のケースで言えば，自社以外には製造できない自動包餡機市場という独自の生存空間を同社が独自技術を使って自ら創造したのである。このような独自の生存空間をもつニッチャーは，業界全体が価格競争に巻き込まれてしまっている時にも価格競争に巻き込まれずに一人悠然としていて，安定した売上げを上げたり，マイペースの成長路線を歩んでいたりすることが多いのである。

高い利益率やマイペースの成長，安定した売上げ確保などなど，ニッチャーが手に入れられるメリットはいろいろありうる。こういったメリットを目指して，ニッチャーはまず狭いセグメントを対象とするのが基本である。だからニッチャーは単一ターゲット・アプローチをとるのが基本である。この狭いセグメントに対して提供される製品ラインは，やはり同様に狭い。ただし，そのセグメント内では強力な地位を確保するために，狭いけれども深い製品ラインをそろえるというのが定石であろう。深いというのは，同種の製品のアイテム数が多い，ということである。

　この狭くて深い独自の製品ラインに合わせて，プロモーションやプレイスも独自路線を採用するというのが定石であろう。市場セグメント自体が限られているので，あまりハデで大規模なプロモーションを行なう必要はない。特定の市場セグメントにのみ情報を伝えるようなプロモーションを心掛けるべきであろう。流通チャネルも広げる必要はないのが普通だから，閉鎖型チャネル政策が定石である。価格は業界平均よりは高めであろう。ニッチャーは，低価格のみを訴求して顧客を獲得したり，つなぎとめておいたりする必要はないはずである。

　4つのPのすべてにわたって，ターゲット・セグメントに対して精密にフィットすること，つまりファイン・チューニングをすることがニッチャーの基本である。

　ニッチャーにとって気をつけなければならないことは，そのニッチが業界の他の部分から切り離された，一種の別空間になるように維持することである。マーケティング・ミックスで違いをつくるだけでなく，生存空間自体を差別化することがニッチャーの

目指すべき方向である。典型的には自らのもつ独自技術でイノベーションを起こし，新しい製品カテゴリーを創造することで，生存空間そのものの差別化を行うのである。レオン自動機が自動包餡機という独自のサブ市場を自ら創造したように，独自の生存空間を創造し，維持するのである。しかも，できることなら，そのニッチが徐々に，しかし確実に成長していくようなものであるのが望ましい。成長が速すぎるとリーダー企業が血眼になって参入してこようとする。しかしまったく成長しないようであれば，自社の得る利益が増えていかなくなる。だから，少しずつ確実に成長してくれるのが望ましいのである。

　そのようなニッチを見つけるためには，他企業の思いつかないようなセグメンテーションを行なって，他企業が保有していない独自の経営資源を生かせるような工夫が必要である。またニッチが他のセグメントと比較して，どのような位置づけを顧客から与えられているのかといった業界全体への目くばりを怠ってはならないであろう。いままで自社は高級品セグメントを相手にしていると思っていたら，他社がより高級なセグメントを創造したために，顧客の目からは中級品に格下げされていた，というようなことがないように，という意味である。生存空間を差別化するというのは，視野を狭くすることではなく，広い視野をもちながらも，単一のセグメントに経営資源のすべてを集中投入する，という意味なのである。

6 フォロワーの戦略

● 経済性セグメントを対象として利益を獲得する

1. 経済性セグメント

表4-6にフォロワーの戦略定石がまとめられている。フォロワーが目指している目標は，したたかに利潤を獲得することである。業界が平穏無事であれば，ある程度の利潤を稼ぐことができる。投資効率を高めれば，使っている資金の割に高い利潤を得ることもできるだろう。これが基本的な目標である。言い換えれば，効率よく利潤を確保して，その業界での存続を確実にするか，あるいはその業界で確実に利益を得てそれを新事業へ投資するなど，したたかに企業としての価値を高める機会をうかがうのがフォロワーである。

このような目標を達成するためには，まずリーダーやチャレンジャーにとってあまり魅力的ではない市場セグメントをターゲットにするべきであろう。フォロワーは，ニッチャーのように独自の生存空間をもっているわけではない。だからリーダーやチャレンジャーがフォロワーの市場シェアを奪いに来たら，自社シェアを防衛するだけの経営資源を十分にもっているとは言えない。そうなると，リーダーやチャレンジャーが欲しがらないような魅力の薄い市場セグメントを選択する，というのが適切であろう。たとえば，価格に対して敏感に反応するセグメントである。値段が安ければブランドも製品機能もあまり気にしないという顧客は，高い価格の製品を購入しないので，大きなマージンをこの顧客たちから獲得することはできない。だから，このセグメントは「美味しい市場」とは言えない。これをここでは「経済性セグメン

表4-6 フォロワーの戦略定石

戦略の項目	目指す方向
目　標	したたかに利潤獲得
戦略の基本方針	リーダー製品の安価な代替品を供給する
ターゲット市場の選択	経済性セグメント
4P's構築の基本方針	徹底的なコスト・ダウン

マーケティング・ミックス		定　石
①プロダクト	製品ライン	浅いライン
	本質サービス	トップ・ブランドの1ランク落ち
②プライス		低め
③プロモーション		抑える
④プレイス		低価格志向の流通チャネルに集中

ト」と呼んでおこう。たとえばアップル社のワイヤレス・イヤホン「AirPods Pro」が欲しいと思って量販店の店頭まで行って，アップルの売り場以外も見て回っていたら，形のよく似たイヤホンが3,000円で売っていたから，そちらを買って帰る，という顧客が典型的な経済性セグメントである。

　経済性セグメントをターゲットにした上で，フォロワーはリーダーの構築したマーケティング・ミックスを1ランク落として模倣するという戦略をとるのが定石である。1ランク落とすというのは，プロダクトに関していえば品質を落とすことではなく，デザインにカネを使わないとか，カラー・バリエーションは増やさない，といったことである。基本的な方向はリーダーの定めたとおりに従って，似たようなプロダクトを低価格で販売するのである。製品ラインはフルラインやセミ・フルラインである必要はな

い。たとえフルラインに近い製品ラインを作ったとしても，アイテム数の限られた浅いラインを作るのが定石であろう。アイテム数を少なめにしてコストを下げる方が重要なのである。

　低価格の製品を販売するのだから，品質をあまり高くしたり，アイテム数を増やしたりすることはできないし，プロモーションにもそれほど資金を投入できないだろう。それでもその製品の種類自体はリーダー企業が大々的にプロモーションしてくれているので，その恩恵にあずかることができる。アップルやソニー，ボーズ（BOSE），ゼンハイザーなどが，高級ワイヤレス・イヤホンの宣伝に資金を投入して量販店の店頭までお客さんを連れてきてくれる。あるいは，これらのトップ企業が「ワイヤレス・イヤホン」というカテゴリーの魅力を訴求してくれた結果，多数の消費者がアマゾンやグーグルで「ワイヤレス・イヤホン」というキーワードで検索をしてくれる。だから，フォロワーが独力で広告する必要はないのである。流通チャネルは，低価格品を志向する人々が利用するようなディスカウント・ストアやネット上のオンライン・ショップなどに集中し，それ以外にはあまり広げる必要はないであろう。

　フォロワーの戦略定石が成功するか否かを分かつ重要な要因のひとつは，おそらく開発設計から生産現場，営業体制のすべてにわたるコスト・コントロールであろう。徹底的に無駄な機能を省き，低コストで生産し，効率的に流通させなければ生き残れない。広告費を切り詰め，生産も外部委託して工場への投資を行なわず，従業員数も少なく抑えるなど，徹底的なコスト・ダウンの工夫をすることで，経済性セグメントを対象として十分な利益を獲得することを目指すのである。

表**4-7**には，リーダー，チャレンジャー（攻撃的・共生的），ニッチャー，フォロワーの４つの市場地位別にマーケティング戦略の定石がまとめられている。すでに個別に説明を加えてあるので，ここでは追加の説明をする必要はないだろう。４つの市場地位別にどのように定石が異なってくるのか，表を見ながら考えてみてほしい。なお，ここで言う定石が，「こうすればうまくいく」という解答を与えるものではない，という点には注意が必要であろう。そもそも完全に攻撃的チャレンジャーにピッタリ当てはまる企業とか，フォロワーにピッタリ当てはまる企業というものは，現実には存在しない。企業は，皆個性あふれた存在なのである。そう簡単に公式に当てはめて問題が解決するわけではない。ここでわざわざ定石を示したのは，「フィット」という言葉の意味を実体験してもらうためである。経営資源に乏しい業界第３位メーカーがフル・カバレッジを採用してリーダー企業と正面から戦うのは，どう見ても勝ち目がないとか，リーダーがプロモーションをしてくれているからフォロワーは大量に広告費を出す必要がない場合がある，といったことは，何かと何かとがフィットしているかどうかを考えた結果として論理的に出てくる結論なのである。頭できちんと考えてつじつまの合った戦略を構築するための，ひとつの練習台がこの定石なのである。読者も，ぜひ，どことどこが論理的にフィットしているのかという議論の道筋をきちんと追いかけることにエネルギーを使っていただきたい。まちがっても，これが公式だと思って簡単にそのまま当てはめるというような安易な思考は避けてほしい。

表4-7 市場地位別マーケティング戦略の定石のまとめ

戦略の項目／市場地位	リーダー	攻撃的チャレンジャー	共生的チャレンジャー	ニッチャー	フォロワー
目標	・業界最大の利潤 ・プレステージの維持 ・業界の安定	・トップ・シェアの奪取（市場成長余地が中～大）	・確実な利益 ・業界の安定（市場成長余地が小）	・高利益率 ・マイペースの成長 ・安定した売上げ	・したたかに利潤獲得
戦略の基本方針	市場全体の拡大＆スキを作らない	・差別化 ・先手必勝 ・スピード	・差別化 ・リーダー企業の容を奪わず暗黙の協調路線	生存空間全体の差別化 市場のサブ・カテゴリーを独自に創造する	意識的にリーダー製品の安価な代替品を供給する
ターゲット市場の選択	フル・カバレッジ	①セミ・フル・カバレッジ＆決定的セグメントに焦点 ②セミ・フル・カバレッジ＆集中＆機動的展開	リーダー企業の主要セグメントとは異なるセグメントに焦点	①狭いセグメントへの集中 ②成長セグメントを選ぶ場合も、速すぎないものを選択	経済性セグメント
4P's構築の基本方針	・イノベーション ・同質化	・模倣しにくい差別化 ・自社速度＞リーダーの速度	価格競争を避ける。製品差別化等、価格以外の差別化で競合を避ける	狭いターゲットへのフォーカス＆ファイン・チューニング	・徹底的なコスト・ダウン
4P'sの定石					
①プロダクト・製品ライン・本質サービス	・フルライン ・業界平均よりも高品位	・セミ・フルライン（主戦場で深いライン） ・差別化	・セミ・フルライン ・リーダーの製品ラインと直接競合を避ける	・狭く深いライン ・独自性	・浅いライン ・トップ・ブランドの1ランク落ち
②プライス	若干高め	低価格・高価格の両方がありうる	自社顧客に安く、リーダーの顧客に高く	高め	低め
③プロモーション	積極的	差別化	差別化	ターゲット・媒体を絞り込む	抑える
④プレイス	より広いチャネル（開放型）	差別化	同左	より狭いチャネル	低価格志向の流通チャネルに集中

7 ドライ戦争とその後の競争

●ケース分析

1. アサヒビールの苦闘　1980年代半ばのビール業界におけるアサヒビールは，業界3位の市場地位すら維持することを危ぶまれるものであった。それまで常に維持していた市場シェア10%を1985年にはわずかだが割り込み，9.9%のシェアしか獲得できなかったのである。同じ年にキリンビールは61.3%のシェアを握ってトップを独走しており，圧倒的な強みをもつリーダー企業であった。キリンビールに対して唯一チャレンジを挑めそうなサッポロビールですら19.6%のシェアしか保有していなかった。最後発のサントリービールは徐々に市場シェアを高めて9.2%を獲得するようになり，アサヒビールにあと0.7%ポイントと迫っていた。

このような危機的な状況の下で，アサヒビールは全社的な体質改善運動と新製品の開発に動き出した。

まず1986年にはラベルを一新した「コクキレ」ビールを発売し，市場シェアを12.9%にまで戻している。そしてその翌年の1987年の春，いよいよ歴史的な転換点を画する「スーパードライ」が発売された。

「スーパードライ」が発売されるまでのビール業界は，業界1位のキリンがラガービールによって市場の大半を支配し，それに対してサッポロ以下の企業が生ビールで対抗するという構図ができあがっていた。キリン対その他企業の戦いは，「ラガー」対「生」という本質サービス面での戦いだけではなかった。パッケ

ージ（容器）に関しても，キリンがラガー＝ビンを強調していた
のに対し，他の企業は生＝カン，あるいは樽などの新しいパッケ
ージ・容器を市場に提案して，キリンとの差別化をはかっていた。
とくにアサヒは，いわゆる「容器戦争」では先導役を果たしてい
た。

　しかしながら，容器による差別化は簡単に模倣・同質化されて
しまうか，もしくは消費者に受け容れられなかった。アサヒがい
かに新たな容器を導入しても，他社もまた即座に類似の容器を導
入し，アサヒの差別化は長続きしなかったのである。また，
1985年までに業界全体の売上げに占める生ビールの比率は41％
にまで高まったが，同年キリンも生ビールを本格的に導入すると
いう同質化を行ない，市場ニーズのすべてに応えるフル・カバレ
ッジへと変わっていった。こうして「ラガー」のキリン対「生」
のその他企業という，キリンとその他企業との差別化ポイントは
消費者を奪い取るための決定力を弱めてしまったのであった。

　もともと巨大なキリンは，他企業に対して圧倒的に優位な地位
にあった。たとえば1985年の時点で，アサヒはキリンの62％
に相当する広告宣伝費を投入していたが，売上高はキリンの5分
の1にすぎなかった。また，売れているということ自体がもつメ
リットもキリンは手に入れていた。売れ行きが良いからキリンの
ビールは在庫の回転率が高く，在庫の回転率が高いから消費者に
渡る製品の鮮度が常に良好であり，鮮度の高さゆえに消費者が
「おいしい」と思って買っていく，という好循環を起こしていた
のである。アサヒはこの逆の悪循環に悩んでいたのであった。

しかし，1987 年の春にアサヒが既存の
ビールよりもアルコール度数の高い「ス
ーパードライ」を発売した時から，状況
が変わっていく。

当初，キリンを初めとする他のビール会社はドライビールの売
れ行き好調が一過性のものだと判断したようだ。ところがその夏
の商戦で「スーパードライ」が急速に売上げを伸ばすのを見て，
各社とも翌年の初めにはドライビールの発売に踏み切ることに
なる。この時，他社が発売したドライビールは，アサヒの「スー
パードライ」の完全な同質化製品であったと言っても過言ではな
い。アサヒの「スーパードライ」は，「スーパードライ」という
新しいブランド名を作って商標として登録していたばかりでな
く，ラガーや他の生ビールとは明確な差別化を行なうために，通
常のラベルをシルバーにするとともに，ビンの首の部分にも小さ
なラベルを貼るというパッケージ面での特徴も付けていた。他社
は，この首の部分まで同質化しようとしたのである。他社のこの
同質化行動は，当時の新聞で「知的所有権」侵害の問題として
大々的に取り上げられ，これが大きな効果をもつ広報活動になっ
た。それまで何も知らなかった消費者まで，ドライ戦争に関心を
寄せるようになり，一般消費者たちから，次はどうなっていくの
だろうか，という注目が集まったのである。

3. キリンの戦略の揺れ

その年の夏には，キリンのドライビール
も市場で人気を博し，そのまま順調に進
めば，新たに創出されたドライビール分野でもキリンは十分なシ
ェアを獲得し，リーダーの地位を維持できそうな様子であった。

しかし，その年の秋頃から，キリンはドライビールではなく，「ビールはやっぱりラガーだ」と主張し始めるようになる。さらに1989年になると，キリンは多様な新製品を導入してフルラインにしていくとともに，「ラガーこそビールの本流である」と主張するような広告を積極的に行なっていった。

このような戦略上の揺れが生じたのは，社内での議論の混乱が原因だとも言われている。キリンにとってみれば同一製品で安定生産を続け，同じブランドに広告費を集中し，営業力を結集する方が望ましい。自社がドライビールを市場に投入して，それが成長したとしても，自社のラガービールのシェアを食うことで自社のドライビールが成長しているのだから，キリンにとってみれば生産効率・販売効率が悪くなる。自社製品が共食い（カニバリゼーション）を起こすようなら，むしろラガーで勝負したい。こう考えたとしても不思議はない。しかもかつての「ラガー」対「生」の競争の最中に，「やっぱりビールはラガー」とプロモーションをし続けてきたのだから，いまさら「生」であるドライに力を入れすぎるのは節操がなさすぎる，という考えも浮かんでくるだろう。このような議論がキリンの社内で出てきたとしても不思議ではない。逆に言えば，アサヒはキリンの組織が確信をもって同質化し続けることの困難な差別化を行なったのである。

キリンの戦略的な揺れは，同社の市場シェアを大きく低下させる要因の1つとなった。1980年代の半ばまで守り通してきた市場シェア60％の大台は，88年の時点で50.5％に落ち込み，89年にはついに48.1と50％の大台すら割り込むことになる。これに対してアサヒはみるみるうちに市場シェアを伸ばしていった。1988年には20.6％，89年には24.9％のシェアを確保したので

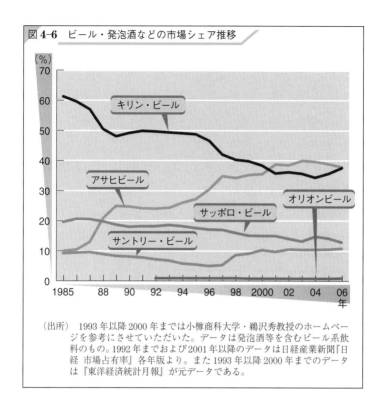

図4-6　ビール・発泡酒などの市場シェア推移

(%)

キリン・ビール

アサヒビール

オリオンビール

サッポロ・ビール

サントリー・ビール

1985　88　90　92　94　96　98　2000　02　04　06
年

（出所）　1993年以降2000年までは小樽商科大学・鵜沢秀教授のホームページを参考にさせていただいた。データは発泡酒等を含むビール系飲料のもの。1992年までおよび2001年以降のデータは日経産業新聞『日経 市場占有率』各年版より。また1993年以降2000年までのデータは『東洋経済統計月報』が元データである。

ある。

　キリンの戦略的な揺れは，その後も続いた。1990年にキリンは大型新商品の「一番搾り」を発売し，それ以後，フルラインではなくむしろ「ラガー」と「一番搾り」を2本柱とした製品ラインを組んでいった。しかしその後，また「やっぱりラガーだ」と主張したり，「ラガーは『生』だ」と主張したり，消費者から見ていると，主張がいろいろ揺れ続けているという印象が形成されていった。

　図4-6には1985年から2006年までの約20年間にわたるビー

ル・発泡酒等のビール系飲料の市場シェア推移が描かれている。この図に見られるように，アサヒは1980年代半ばから2003年頃まで順調に市場シェアを増大させていった。1996年時点で単一ブランドとしてはキリンの「ラガー」を抜いて，アサヒの「スーパードライ」が売上高第1位になり，発泡酒等を除くビールのみの市場シェアでは99年時点でアサヒがトップに立った。そして2001年には，いよいよビール・発泡酒等のビール系飲料合計でもアサヒが業界1位のリーダーとなったのである。15年程度の間に起こった見事な逆転劇であった。

4. キリンのチャレンジ

ただし，アサヒとキリンのシェア争いに関するストーリーはここで簡単には終わりを迎えるわけではない。図4-6を見れば明らかなように，アサヒのシェアは2003年をピークに徐々に減少し始めており，逆にキリンの市場シェアは2004年を底として上昇に転じていく。

この間のキリンのシェア上昇は，優れた製品開発システムを通じた新製品開発によるところが大きい。つまりチャレンジャーとしてのキリンは，次々と機動的に新しい製品を導入して，新たな市場セグメントで個別に支配的な地位を構築し，市場シェアを着実に伸ばしていったのである。

たとえば，同社は「麒麟淡麗〈生〉」に続いて，糖質を70％削減した「グリーンラベル」やプリン体を99％除去した発泡酒など次々とヒット商品を開発し，発泡酒という新カテゴリーで着実に支配的な地位を手に入れていった。

さらにサッポロが「ドラフト・ワン」で創り出した新ジャンルと呼ばれるビール系飲料の領域でも，「のどごし〈生〉」というヒ

ット商品を生み出し，このカテゴリーでも支配的な地位を確立していった。また，2022年現在も成長が続いているプレミアム・ビールあるいはクラフト・ビールと呼ばれる高価格帯の製品でも，魅力あふれる製品を次々に開発して市場に投入してきている。

つまり，キリンはアサヒが最も重要視しているビール・カテゴリーで直接戦うというよりも，それ以外の市場セグメントを自ら創造するなどして，それぞれの市場セグメントを機動的に個別撃破してきたのである。その結果として，2006年度にはアサヒ（37.8％）に0.2％ポイント差と迫る37.6％にまでキリンは市場シェアを高めてきた。

しかしながら，多様な新製品開発によるキリンの差別化戦略は，必ずしも永続的に効果を上げ続けた訳ではない。図4-7に見られるように，キリンはその後2017年まで徐々に市場シェアを低下させていったのである。この間にアサヒは比較的高い市場シェアで一定しているから，この図を見る限り，「プレミアムモルツ」で攻勢をかけていたサントリービールにキリンは市場シェアを奪われていたように思われる。サントリーはモンドセレクション最高金賞を3年連続受賞するなど，「プレミアムモルツ」の高品質を訴求し，1つのブランドを丁寧に徹底的に育てていった。1つのブランドに継続的に集中した努力を投入し，高品質による差別化に成功したのである。多様な製品開発で差別化を目指してきたキリンに対し，プレミアム・ビールという市場セグメントに戦場を絞って，「プレミアムモルツ」という単一ブランドに集中する戦略をとったサントリーのマーケティング戦略が功を奏したのである。

だが，2018年から再びキリンの市場シェアは上昇し始め，遂

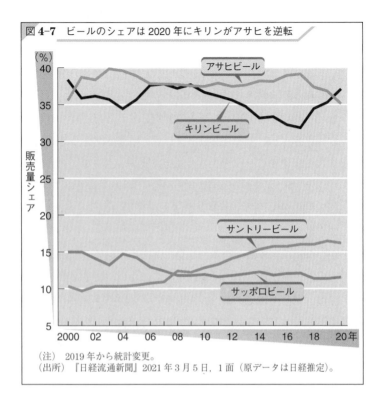

図 4-7　ビールのシェアは 2020 年にキリンがアサヒを逆転

（注）　2019 年から統計変更。
（出所）　『日経流通新聞』2021 年 3 月 5 日，1 面（原データは日経推定）。

に 2020 年にキリンはアサヒを逆転して再びビール系飲料のトップ企業に返り咲く。2020 年のキリンの市場シェアは 37.1 ％であり，対するアサヒは 35.2 ％であった。約 2 ％ポイントもの大幅な逆転劇が 2020 年に生じたのである。

　2020 年はコロナ禍（COVID-19）が始まり，料飲店ではなく家でビールを飲む傾向が極端に強くなった年である。もともと料飲店セグメントに強かった「スーパードライ」に強烈な逆風が吹いたことがシェア逆転の一因だと言われている。しかし，キリンのシェアが拡大し始めるのは，図 4-7 から明らかなように，2018

年からである。コロナ禍の影響もあるだろうが，その前からキリンの競争力は高まっていたと考えるべきであろう。

　この間のキリンは，「一番搾り」と「本麒麟」，「スプリングバレー」など少数のブランドに集中的に資源を投入して顧客とのコミュニケーションをはかり，他社とは異なる自社のブランドを市場に浸透させていった。2017年にキリンビールの社長に就任し，このシェア逆転劇を陣頭指揮していた故・布施孝之氏は次のように語っている。

　　「それまでは22あるブランドに分散投資していた。キリンがどのようなブランドか消費者に伝えきれないなど，戦略が不在だった。営業現場は新商品が欲しいと望みがち。だが，新発売の商品は（競合の）売れ筋商品とどうしても同質化してしまう。こうした悪循環が続いていた。目先の販売の勝ち負けにこだわらず，ブランドを育成することが競合優位につながると言い続けた。」（『日経流通新聞』2020年10月21日，1面）

　布施が強調したのは，短期的な個別商品ごとの差別化ではなく，一貫性をもって長期的にブランドを構築することで顧客に独自の価値を認識してもらうという，長期の差別化であった。この基本戦略の下で，2018年には新ジャンルの「本麒麟」という大ヒット商品を生み出し，家飲み用の商品として消費者の強い支持を獲得する。2021年には高価格帯のクラフト・ビールでも「スプリングバレー豊潤〈496〉」という新商品を発売し，強力な販売促進を行なった。またこの間，自宅に定期便で生ビールが届き，料飲店と同じような生ビールを楽しめる「ホームタップ」というビジネスも創り出し，高価格でも美味しいビールを飲みたいという顧客ニーズを新たに掘り起こした。個々の戦場を自らイニシアテ

ィブをとって攻略し，一貫した価値を訴求してポジションを確立していく，という布施の戦略によって，キリンの再逆転劇は実現したのである。

国内のビール市場は成熟し，アサヒは世界のビール市場での成長を目指し，キリンはアルコール飲料以外のヘルス・サイエンスでの成長を目指すというように，大きな戦略的方向性は分かれてきている。しかし，国内ビール市場で展開されてきた企業間競争は，マーケティング戦略の古典的事例として語り継がれることになるのではないだろうか。

5. 教 訓

アサヒとキリンの競争から得られる競争戦略上の教訓は数多い。まず1980年代半ばから2000年代初頭までの展開について考えてみよう。

いまから振り返って後知恵で考えてみれば，おそらくキリンは「ラガービール」との共食いを恐れずに1988年に導入したドライビールに注力し続けるという徹底的な同質化戦略をとるべきだったのかもしれない。ドライビールという商品分野が伸びるにせよ，一過性のものであるにせよ，キリンは徹底した同質化によって安定したリーダー企業の地位を確保できていた可能性は高い。あるいはドライビールによる同質化を行なわないのであれば，「一番搾り」のようなイノベーションをもっと早い時期に，またもっと徹底して推進していくべきだったのかもしれない。

顧客層やチャネルの変化について，積極的に先手を取って活用していくことも必要だったように思われる。ちょうど「ラガービール」を大量に飲み続けてきた世代が年をとっていき，酒屋さんルートでビールが売られていく比重は急速に減少していった。逆

に若い世代がコンビニの冷蔵庫を自分で開いてビールを買う時代になってきたのである。若い世代が缶で飲むというビール消費のセグメントが主戦場になることをもっと早くから意識し，それに対応する手を打っておくべきだったのかもしれない。この場合，もっと早いうちから缶の比率を高めておくべきだったということも考えられる。1996年の時点でも，「ラガー」の31％が缶であったのに対し，「スーパードライ」は49％が缶であった。逆に「スーパードライ」は，先手を取って主戦場をこのセグメントに設定し，集中的に資源投入したと考えることもできるであろう。

2000年代の半ばから始まる攻撃的チャレンジャーとしてのキリンのマーケティング戦略にも多数の教訓が含まれている。アサヒがこの15年間に「スーパードライ」のみに依存した戦略を遂行してきたのに対し，キリンは新たな商品カテゴリーを創造するような新製品開発の組織に磨きをかけてきた。機動的で市場に敏感に反応する製品開発の組織を構築することで，次々に質の高いビール系飲料を市場に投入できるようになり，高い確率でヒットを飛ばせるようになってきたのである。しかし，この製品開発能力による差別化が本当に効果をあげるには，その能力を単品の製品開発という枠組み内にとどめるのではなく，長期のブランド育成という戦略の中に位置づけることが必要であった。ブランドとは，消費者との約束だとも言われる。「あるブランドの商品であれば，当然，この水準のエクスペリエンス（経験）をさせてくれるはずだ」という期待を裏切らないことが重要である。企業と顧客とのこの相互信頼の関係を築くには，長期の一貫した努力が必要である。キリンの再逆転劇は，差別化というものが，個々の単品の製品開発の場面で考えるものばかりではなく，長期のブラン

ド構築という戦略的ストーリーで追求されるべきものだというこ
とを，教えてくれるのではないだろうか。

第 5 章

インターネット時代の
マーケティング戦略

ロングテールとプラットフォーマー

　1990 年代からインターネットの時代が始まった。今となっては あまりにも身近で当たり前の情報通信網ではあるが，世界中の 人々はインターネットで何が起こるのか，何が可能になるのかと いうことを学び続けてきており，おそらく今後も通信回線の高速 化が進むにつれてさらに高度な活用法が登場してくるに違いない。

　インターネットは社会生活全般を大きく変えてきた。多くの人 にとっては，当初，パソコンをインターネットにつないで，遠く 離れた人とメールでコミュニケーションをとったり，世界中のホー ムページを訪ねて情報を収集したり，という使い方が一般的で あったように思われる。しかし，その後，スマホの時代が来て， フェイスブックのようなソーシャル・ネットワーク・サービス （SNS）や，メルカリのような消費者間の中古品売買を行うフリ マ（フリーマーケット＝のみの市）・アプリが登場するなど，イン

ターネットは，日常的に多様なサービスを享受する上で不可欠の
コミュニケーション・インフラへと進化してきた。

　これほど大きな変化を生み出してきたのだから，インターネッ
トがマーケティング戦略にも強いインパクトを与えているのは当
然であろう。本章では，インターネットの時代に現れたマーケテ
ィング戦略上の大きな変化について，いくつかのカギ概念と共に
解説を加えていくことにしたい。

_1_　ロングテール

●テール部分が商売になる

　インターネットの時代における市場の変化として，まず注目さ
れたのは「ロングテール」という現象である。デジタル技術の雑
誌『WIRED（ワイアード）』の編集長を務めていたクリス・アンダーソンが提
唱した概念である。

1. リアルなモノの場合　ロングテールの意味を理解するために，
　　　　　　　　　　　　ここではまず，最も売れている緑茶飲料
の販売量を一番左に記し，次に売れている緑茶飲料のアイテムを
その右隣に，さらに三番目に売れているアイテムをその右に，と
描いていくことを想定してみよう。このようにして描いていくと，
図 5-1 のような右下がりの曲線が描かれるはずである。図中の曲
線は，左側が実線になっているが，右側は点線になっていて，実
線をたどると点 a のところで真下に下りている。売れる商品から
順番にお店に並べていって，あるところで，これ以上売れない商
品はお店に置いておけない，というところに到達したことを意味

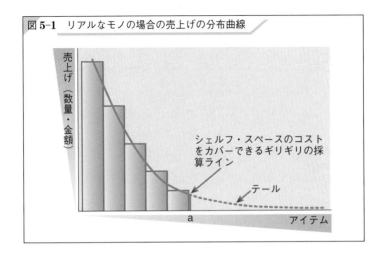

図5-1　リアルなモノの場合の売上げの分布曲線

売上げ（数量・金額）

シェルフ・スペースのコストをカバーできるギリギリの採算ライン

テール

a

アイテム

している。店主は，この「売れない商品」の代わりに別の商品をお店に並べた方が利益を稼げるから，他の商品に置き換えるのである。

　コンビニの棚を想定してみて欲しい。コンビニの冷蔵庫のシェルフ・スペースは限られているから，多くのブランドを並べることはできない。おそらく一番売れている「お～いお茶」や「伊右衛門」「綾鷹」「生茶」などはコンビニに置いてあるが，たとえば「サンガリア　あなたのお茶」などはコンビニでは見かけられない。限られたスペースを有効活用するには，それよりも売れる他の商品を置いた方が店の売上げと利益が高まるからである。つまり，緑茶飲料ではなく，たとえば「午後の紅茶」や「デカビタ」のように違うカテゴリーの売れる商品を置くのである。だから，緑茶飲料のようなリアルなモノの商品の場合，この売上げの分布曲線の右側の点線部分に対応する商品は，利益が出ないから店頭では販売されなくなり，その結果，グラフの右側の点線部分は描かれ

ないことになる。図5-1の右側の点線部分が曲線のテール（尾）と呼ばれる部分である。リアルなモノの場合，テール部分は利益を生み出すことができないので，実際には曲線はa点で途切れてしまい，短くなってしまう。

2. デジタル・コンテンツの場合

これに対して，緑茶飲料のようなリアルなモノではなく，音楽や文章，映像などを考えてみよう。音楽や文章，映像など，デジタル信号に変換してインターネット上で情報を流して，消費者がそれをダウンロードできる「モノ」を，デジタル・コンテンツという。デジタル・コンテンツの場合には，リアルなモノとは異なり，図5-1と同様の売上分布の曲線を描くと，右側のテール部分が利益を生み出す源泉になる。この様子を描いているのが図5-2の黒い実線で示された曲線である。このような曲線が描ける理由には，インターネットがもたらす，①流通・物流への影響と，②生産への影響と，③プロモーションへの影響，という3つの要因に注目すると理解できる。

第1に，デジタル・コンテンツの場合，シェルフ・スペースを維持するコストや在庫費用が非常に低く，輸送費もかからない。デジタル・コンテンツを販売するには，リアルなモノと違って，ハードディスク上に若干の記憶スペースがあれば十分であり，インターネット回線を通して消費者にコンテンツを届けて，消費者がダウンロードすればよいだけだから，輸送費も含めてコストは非常に低い。しかも世界中でダウンロードできるようになるから，市場の範囲が大きく広がる。1万人に1人しかいないような特殊な趣味の人は，東京都内（人口約1,396万人）には1,400

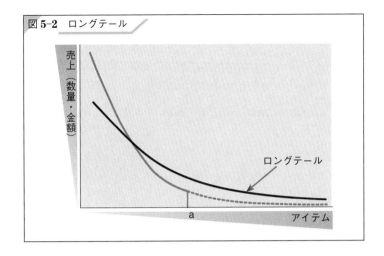

図 5-2　ロングテール

売上（数量・金額）

ロングテール

a

アイテム

人ほどしかいないが，全世界（約80億人）であれば80万人もいる。東京都内ならテール部分は利益を上げられないが，世界を見れば十分に利益を出せる市場がある。その市場にアプローチするための在庫費用も輸送費も非常に低い。だから，テール部分で利益を出せるようになるのである。

　ただし，非常に多くのデジタル・コンテンツが取りそろえられているので，そのままでは消費者が自分の好みのものを探すのは難しくなる。キーワード検索で自分の探しているものを絞り込んだり，レコメンデーション（おすすめ）で自分にフィットするコンテンツが提案されたりなど，自分に合ったものにたどり着く仕組みが必要である。この仕組みのことをクリス・アンダーソンは「フィルター」と呼んでいる。全部が自分の目の前に提示されるのではなく，自分が欲しいものだけがフィルターを通って提示されるようになるということが必要なのである。

　第2に，インターネットは生産・供給の面にも影響を及ぼす。

デジタル・コンテンツはコピーすればよいだけだから，大量に生産するのが比較的容易である。大きな工場を作る必要はない。しかも，現代においてはプロ一歩手前の高度なアマチュアが自分の楽曲を簡単にデジタル録音することができる。あるいは自分の映像作品を比較的安価な装備で 4K（4,000×2,000＝800 万画素）や 8K（8,000×4,000＝3200 万画素）で作成し，編集した上で，YouTube などにアップすることもできる。デジタル・コンテンツを作成する側が，大手の音楽レーベルや映画配給社を経ることなく，独特の作品を制作し，消費者に届けることができるので，独特の作品を作る人が増える。このような変化をクリス・アンダーソンは生産手段の民主化（democratization of tools of production）と呼んでいる。インターネットの時代には，プロとアマチュアの中間に位置するようなコンテンツ生産者が増え，テール部分の供給者が増えるのである。

　テール部分で利益を生み出せるようになった 3 つめの要因は，インターネットがプロモーションに与えた影響である。かつて地上波のテレビ放送しか楽しみがなかった時代には，皆が同じ時間に同じ歌番組を視聴し，同じドラマを観て感動し，翌日学校や職場でその話題に花を咲かせていた。同世代の皆が同じテレビドラマを毎週楽しみに視聴し，同じ俳優・女優に感情移入し，同じテーマ曲を聞き，同じコマーシャルを見ていた。しかし，インターネットが普及するとテレビの視聴時間が減り，インターネットを楽しんでいる時間が増える。少ないチャンネルから自分の見たい番組を選ぶ地上波のテレビとは異なり，インターネットは，自ら積極的にキーワードで検索して見たいコンテンツを探していくという楽しみ方になる。皆が同じ番組を見ていた時代から，それぞ

れが独自のコンテンツを楽しみ，ときどき友人とシェアするという楽しみ方に変わっていく。テレビ・コマーシャルの影響力はいまでも大きいのだが，それでもインターネット以前の時代に比べると低下してきていると言われている。マス広告の影響力が低下すると，1つの曲や1人のミュージシャンが爆発的にヒットするというよりも，視聴者がそれぞれ独特の好みのミュージシャンを見つけてきて，それを楽しむという傾向が出てきやすい。そこにインターネット上のレコメンデーションやシェアがなされ，ブログへの書き込み等も行なわれるようになってきたので，テール部分のコンテンツに対する需要喚起が可能になったのである。

3. リアルなモノのロングテール化

流通・生産・プロモーションという3つの変化の結果，音楽や映像や文章・書籍等のデジタル・コンテンツについては，かつては商売にならなかったテール部分が豊かな利益を生める領域になってきた。しかし，この変化は本当にデジタル・コンテンツだけに当てはまることであろうか。実は，デジタル・コンテンツほどではなくても，全国レベルの宅配物流のインフラが整備されていると，リアルなモノについても，以前よりはテール部分は長くなる。この点は，アマゾンの書籍販売とリアルな店舗をもつ書店とを比較すれば，容易に理解できるであろう。

まず書籍のような「リアルなモノ」は，デジタル・コンテンツほどには在庫費用は安くはない。必ずコストはかかる。しかし，アマゾンで本を買う場合も，その本はフルフィルメント・センターと呼ばれる物流倉庫に保管されている。都心に大きな書店を構えるよりは，フルフィルメント・センターに書籍を在庫する方が

安上がりである。日本最大級の売り場面積をもつ丸善・丸の内本店でも、在庫数は和書100万冊・洋書12万冊だと言われているが、アマゾンは Kindle だけで700万種を揃えており、通常の書籍も、日本語だけでなく英語書籍についても、翌日配送の在庫を多く備えている。

　在庫が膨大だから、ジャンル別に探していくと時間がいくらあっても自分の欲しい本に到達できないかもしれない。しかし、ホームページ上でキーワード検索することもでき、また「ご注文に基づくおすすめ商品」を紹介してくるなど、フィルターをウェブ上に創ることができるから、顧客は欲しいものにスムーズに到達できる。

　「リアルなモノ」は電送できないので、最後には人が運ばなくてはならない。だから運送費がかかり、どこまでも遠くへ安価に運ぶというわけにはいかない。しかし、ある程度以上の価格のものであれば、1個300円程度の運賃を売り手（アマゾン）側が負担しても十分に利益を上げることができる。

　さらに、消費者はますますネットで買い物することに慣れ、マス広告ではなく、インターネット上の情報に反応するようになっていくと予想するならば、「リアルなモノ」の場合にも、ある程度のロングテール化は進んでいくことになると考えられる。ロングテールは、デジタル・コンテンツだけではなく、リアルなモノの世界も含めて、商売の世界に広く普及していく可能性がある。

2 『フリー』とプラットフォーマー

● 複数の市場をつなぐビジネス

| 1.『フリー』のビジネ ス・モデル |

『ロングテール』(2006年) の後に, クリ ス・アンダーソンは『フリー』(2008年) という書籍を続けて公表する。インター ネットの時代には, 無料でサービスが提供されるビジネスが多数 出現しているということに注目したものである。図5-3には, 同 書に登場するフリーのビジネス・モデルのうち主要な3つのタ イプを描いてある。順を追って説明していこう。

考えてみると, インターネットの時代になる前から無料のもの は多く提供されていた。たとえば, 地上波のテレビを考えてみれ ばよい。民放のチャンネルではドラマや映画, バラエティ番組な どを視聴者は無料で楽しむことができる (図(1)の①の矢印)。こ れらの番組の製作費は, 広告主 (スポンサー) から得た広告料で カバーされる (同②)。この広告を見て, 視聴者はスポンサーの 販売している商品を購入する (同③)。こうして, 番組を見るの は無料 (フリー) だが, 広告主から見ても最終的には利益を確保 できるようになっているのである。このタイプのビジネス・モデ ルを3者間市場と同書では呼んでいる。

また, ケーブル・テレビに加入すると, いろいろな機能をもっ たセット・トップ・ボックス (チャンネルなどが表示される小さな 箱状のもの) やリモコンは無料で提供される (図(2)の①の矢印)。 ここでかかった費用は, 毎月の視聴料やビデオ・オンデマンド (自分で選んで見る有料映画など) でカバーされる (同②)。同様の

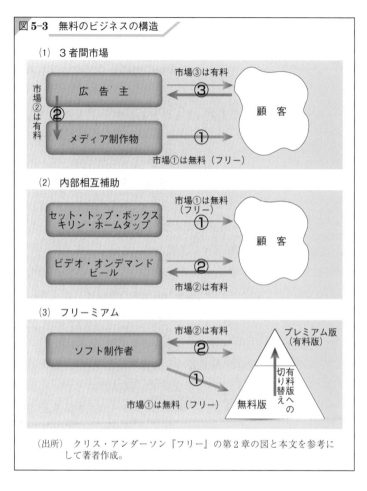

図**5-3** 無料のビジネスの構造

(1) 3者間市場

市場②は有料

広　告　主

市場③は有料

③

顧　客

②

メディア制作物

①

市場①は無料（フリー）

(2) 内部相互補助

市場①は無料（フリー）

セット・トップ・ボックス
キリン・ホームタップ

①

顧　客

ビデオ・オンデマンド
ビール

②

市場②は有料

(3) フリーミアム

市場②は有料

プレミアム版
（有料版）

ソフト制作者

②

有料版への切り替え

①

市場①は無料（フリー）

無料版

（出所）　クリス・アンダーソン『フリー』の第2章の図と本文を参考に
　　　　して著者作成。

　無料提供はキリン・ホームタップでも見られる。ホームタップと
いうのは，お店で飲める生ビールと同じ美味しさを家庭で楽しめ
るサービスである。このビールのサーバーは無料レンタルで（同
①），毎月送られてくる中身のビールで利益をあげるようになっ
ている（同②）。セット・トップ・ボックスやビール・サーバー

を無料で提供し，それを使った別の商品・サービスで利益をあげる，というビジネス・モデル（利益を出す仕組み）なのである。この構造は内部相互補助と呼ばれている。無料で配付されるセット・トップ・ボックスの赤字部分をビデオ・オンデマンドなどの有料部分で補助する，という仕組みを同じ会社の内部で構築しているからである。

2. フリーミアムの仕組み

クリス・アンダーソンが指摘した無料（フリー）の仕組みの中でも最もインターネットの時代の特徴を示していると言えるのは，彼がフリーミアム（freemium）と呼ぶものであろう。たとえば，スマホで使うスケジューラーなど，無料版のアプリを誰でもダウンロードできるように提供し（図(3)の①の矢印），消費者がそれを気に入ったら，より機能の充実した有料版をダウンロードしてもらい，その有料版で利益を上げるという仕組みである（同②）。おおよそ95％のユーザーは無料で使い，残り5％のユーザーが有料版にバージョンアップして，会社の利益を支えていると言う。無料（free）版から入ってプレミアム（premium）版に誘導していくので，両者をあわせて「フリーミアム」という造語が創られているのである。

3. 2つの市場：フェイスブックの例で考える

ここで取り上げたサービスが無料になるのは，ある局面では無料だが他の局面では有料であり，その有料部分で無料部分をカバーしているからである。言い換えるなら，1つの市場取引を無料にしても，その結果として需要が生み出される他の市場取引で利益をあげる，ということである。

たとえばフェイスブックのようなソーシャル・ネットワーキング・サービス（SNS）を考えてみよう。フェイスブックは，①利用者たちの交友インフラを無料で提供し，②その利用者たちに商品やサービスを販売したいと考えている企業から広告収入を得ている。一方の市場を無料として，他方の市場を有料にしているのである。

　一方の市場を無料や低価格にして，他方の市場から利益を得るというビジネスのやり方をするのには理由がある。フェイスブックは，非常に単純化して言えば，インターネット上の交換日記のようなものである。自分に起こったこと，食べたもの，旅行等々の出来事や，それに関する感想などをフェイスブックに書き記すと，友達にその情報が伝わり，共感を得ると「いいね」のボタンを押してもらったり，コメントをもらったりできる。フェイスブックの運営会社メタ（Meta）はこのウェブ上の交換日記インフラを利用者に無料で提供する。

　交換日記インフラを無料で提供するのは，そうすることで利用者の数を大きく拡大するためである。誰も読んで反応してくれないのに，自分に起こった出来事などを書き続けられる人はめったにいない。やはり多くの友人や知り合いがいて，その人たちから反応があるから書き続けられるのである。だから，**図5-4**の左上にある「交友」の部分は，より多くの利用者がいるほど，他の利用者にとってもフェイスブックの価値が高い，ということになる。利用者が多いほど価値が上がることをネットワーク外部性と呼ぶ。このネットワーク外部性は同じフェイスブック利用者どうしで発生するものだから，セイム・サイド（同一市場側）のネットワーク外部性と呼ばれる。

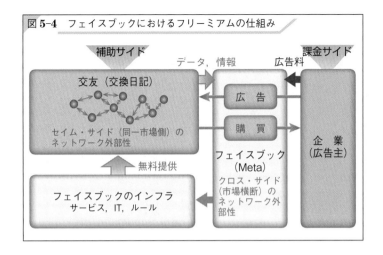

図5-4 フェイスブックにおけるフリーミアムの仕組み

補助サイド　　データ，情報　　広告料　課金サイド

交友（交換日記）

セイム・サイド（同一市場側）の
ネットワーク外部性

広　告

購　買

データ，情報　　　広告料

フェイスブック
（Meta）
クロス・サイド
（市場横断）の
ネットワーク外
部性

企　業
（広告主）

無料提供

フェイスブックのインフラ
サービス, IT, ルール

　フェイスブックの利用者の数が増えて，互いに情報を発信し，「いいね」を押すウェブ上の空間が形成されると，その多数の利用者を相手にして広告を打ちたい企業が出てくる。図中の左側の利用者が増えることで，図中の右側の企業（広告主）にとって価値が出てくるので，これをクロス・サイド（市場横断）のネットワーク外部性という。フェイスブックの利用者が多いほど，しかも交友関係や好みを表す行動のデータを活用して，より有効な広告を打てるほど，広告主にとっては良い広告効果が得られるからフェイスブックは魅力的になる。だから，フェイスブック（メタ）はこちら側に高い広告料を課金できる。

4. 二面市場・両面市場の構造

　フェイスブックは通常の利用者には無料でアカウントを利用させ，そこにかかる費用を回収し，利益を得るために企業に課金する。このとき，課金される企業（広告主）側の市場を課金

サイド（money side）といい，利用者に無料で使用させる側を補助サイド（subsidy side）という。フェイスブックの場合，無料でアカウントを使用させることで，利用者サイドにセイム・サイドのネットワーク外部性を創り出し，そこで得られた大量の利用者によってクロス・サイドのネットワーク外部性を生み出して，企業側から広告費を受けとる，という仕組みになっているのである。2つの市場をもっていて，それぞれに異なるアプローチをして，全体として利益をあげるビジネスを構築するので，この構造を二面市場あるいは両面市場（two-sided markets）と呼ぶ。

　第1章から第4章までのマーケティング戦略の説明では，市場を1つと考えていたから，プライスをゼロにするという可能性に言及してこなかった。しかし，ここまでの議論で明らかなように，市場が複数存在する場合には，1つの市場ではプライスをゼロにするという施策が魅力的になる場合がある。1つの市場を無料にしてセイム・サイドのネットワーク外部性を創り出し，それによってクロス・サイドのネットワーク外部性を生み出して，課金サイドから利益をあげる，という方法があるからである。

5. 多面市場のマーケティング戦略

二面市場というと，新しい現象のような気もしてくるが，実はこのような構造をもつビジネスは他にも数多く存在する。インターネットの時代より前から，たとえば，新聞は読者に記事を販売し，広告主に読者層へのアプローチを販売している。クレジットカード会社も，それを利用する消費者と，その消費者に商品・サービスを販売する店舗という2つの市場に対応している。たとえば，より多くの店舗で VISA のカードが使えるなら，消費

者は VISA カードを所持したいと思い，逆に，VISA カードを持つ消費者が多ければ，店舗もそれを使えるようにしておく必要がある。クレジットカード会社は２つの市場に適応しなければならないのである。

ウィンドウズのようなパソコンの基本ソフトの場合は，①パソコンのハードと，②ウィンドウズ上で動くアプリケーションと，③パソコンのユーザーとを結びつけているので３つの市場がある。これは三面市場と呼ぶべきだろう。先に記したテレビ局とスポンサーと視聴者という３者間市場の場合も市場は３つある。一般に，市場が２つ以上存在しているものを二面市場・三面市場といちいち区別して言わずにまとめて言う場合は，多面市場（multi-sided markets）という。なお，このように複数の市場をもち，多様な企業や人々を結びつけてビジネスを成り立たせる基盤のことをプラットフォームと呼び，それを運営する企業をプラットフォーマーと呼ぶ。

多面市場を考えなくてはならないプラットフォーム・ビジネスについては，なかなかマーケティング戦略の議論が当てはまりにくいと思われる人も多いかもしれない。しかし，マーケティング戦略の基本フレームワークは単純であるが故に頑健であり，応用可能性が高い。

多面市場のマーケティング戦略を考える場合，市場が複数存在するのだから，基本的にはまず複数の市場をそれぞれ分析するところから始めればよい。世の中には多様なプラットフォーマーが存在し，これからも多数登場してくるだろうから，一概にどうすればよいとは言いにくいが，それでも，大枠は以下のとおりではないだろうか。

(1) 自分が結びつけようと考えている市場を複数考え，それぞれについてセグメンテーションを行う。

(2) 二面（複数面）の市場を結びつけることで，両方（すべて）のプレーヤーに満足のいくサービスを提供出来るかどうかを考える。

(3) 課金するサイドと補助するサイドをどちらにするかを考える。課金するサイドにとって魅力的になるようなクロス・サイドのネットワーク外部性を創出するためには，まず，補助サイドで同一サイドのネットワーク外部性を大いに発揮させるためのマーケティング・ミックスを考える。プライスをゼロや低価格に設定するのは，そのためのひとつの方策である。それ以外にも提供されるサービスの魅力，プロモーションの仕方など，このサイドへ提供するサービスのマーケティング・ミックスを考える。

(4) 補助サイドで同一サイドのネットワーク効果が得られれば，それを課金サイドへ訴求するべく，クロス・サイドのネットワーク外部性を活用しながら課金サイドへのマーケティング・ミックスを考える。

6. ICT 技術の進歩とマーケティング戦略

1990 年代から急速に普及したインターネットは，その後，多様なビジネスを生み出してきた。当初はパーソナル・コンピュータを主なハードとしていたが，今日ではスマホを主たるデバイスとして用いるサービスへと変化してきている。しかも，提供されるサービスの中核部分はクラウド上にあり，データ・サイエンスや AI（人工知能）の活用によって，ますますモノ自体では

なく，モノを媒介としたサービスの提供が競争の行方を左右するようになってきている。クルマですら，クルマというモノの所有ではなく，移動サービスを消費する MaaS（Mobility as a Service）へと重点を移すと言われている。これから先も，通信回線が5 G から 6 G へと進化して通信速度が高速化し，また量子コンピュータが出現して計算速度が飛躍的に向上するなど，ICT（情報通信技術：Information and Communication Technology）の新しい革新が起こることで，インターネットの時代は次々にマーケティング戦略に対して新しい課題を突きつけてくるはずである。マーケティング戦略を策定する戦略家は，常に ICT 技術の進歩から目を離すことができない。

より広い戦略的視点を求めて

第 *II* 部

第Ⅰ部で展開されたマーケティング戦略の議論は，ターゲット市場とマーケティング・ミックスの適合関係を中心にして，その上で，両者の適合関係に影響を直接的に及ぼす製品ライフサイクルと業界内の市場地位とを論じた。また，新たに登場してきたインターネット関係のビジネスについても，ターゲット市場とマーケティング・ミックスというツールで分析が可能であることを示唆してきた。第Ⅱ部では，図Ⅱに示されているように，このようなマーケティング戦略の議論よりも，もう少し視野を広げて，広く業界全体の構造を分析したり，会社内の他の事業分野との関係を考察したり，そもそも何を目指してどのようなビジネスをしているのか，といった問題を議論する。

　まず第6章では，第4章で論じられた企業間の競争についてもう少し広く考えることにする。つまり，第4章の「市場地位別のマーケティング戦略」では，競争相手は同業他社であったが，第6章ではもう少しいろいろな「敵」を視野に入れるのである。第6章で考える「敵」には，自分から利益を奪っていきそうな会社すべてが含まれる。同業他社も，部品の納入業者も，流通業者も，新規参入してきそうな企業も，皆，それぞれ自分から利益を奪う可能性があるから「敵」だと考えてみるのである。部品の納入業者や流通業者はコラボ（協働）する仲間ではないのか，という疑問もあるだろうが，協力の結果として得られた利益の分け前を奪い合うという敵の側面もある。このさまざまな「敵」との関係について議論するのが第6章である。

　第7章では，企業全体の戦略の中で個々の製品分野がどのような位置づけをされているのか，という点を理解できるよ

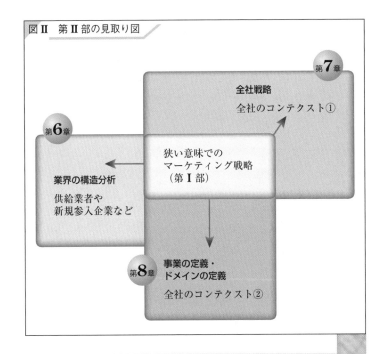

図II 第II部の見取り図

第7章

全社戦略

全社のコンテクスト①

第6章

業界の構造分析

供給業者や
新規参入企業など

狭い意味での
マーケティング戦略
（第I部）

第8章

事業の定義・
ドメインの定義

全社のコンテクスト②

うな枠組みを提示する。ここでは，高度に多角化した大企業に適した経営手法であるプロダクト・ポートフォリオ・マネジメント（Product Portfolio Management，略してPPM）という手法が紹介される。PPMは多角化した巨大企業の全体を管理するための手法として必須のものであるが，この考え方自体は，より小規模な企業の経営や事業部内の製品ラインの経営にも有効である。

　第8章では，自分たちの従事しているビジネスがいったい何であり，どのようにそれを表現すればよいのか，という問題を考える。たとえば，自分たちのビジネスはパソコンとソフトの販売である，と考えるべきなのか，それとも情報処

理機器とソフトの販売だと考えるべきなのか，はたまた顧客の問題解決活動の支援だと考えるのか。この考え方によって，働く人たちが次に何に注目し，市場の変化の何に気づき，何に気づかないか，といったことが変わってくる。これが第8章のテーマである。

第6章 業界の構造分析

1 競争要因と利益ポテンシャル
●業界の構造分析の基本

1. 儲かる業界，儲からない業界

　苦労すれば報われると信じて生きている人は多い。筆者もそのひとりである。だが，残念ながら，ことおカネ儲けに関しては この信念が成り立つとは限らない。この世の中はそれほど平等にできているわけではなくて，やはり楽に儲かる業界もあれば，苦労してもぜんぜん儲からない業界もある。顧客ニーズを十分に満たし，製品ライフサイクルや自社の市場地位にフィットしたマーケティング・ミックスを構築していても，儲からない。そういう場合がある。その理由を知るには，これまでの議論よりも

229

広い競争のコンテクストを考える必要がある。

競争が利益の奪い合いだとすれば，競争相手は同業他社のみとは限らなくなる。顧客に買いたたかれている場合もあれば，代替品の価格をにらんで仕方なく低い価格を付けなければならない場合もある。原料が独占されていて相手の言いなりの価格で買わなければならない時もあるし，新しい競争相手が参入してくるのを恐れて意図的に価格を下げている場合もある。さらには，自社の製品と補完関係にある財がほとんどの価値を独り占めしてしまい，自社には利益が残らない，という場合もある。これらを総合して，業界の利益のあげやすさとあげにくさを規定する多数の要因を大まかにまとめると，**図6-1** に示されている 6 つの競争要因に分類できるであろう。

もともとはハーバード大学のマイケル・ポーター教授が，業界の利益率を左右する要因を 5 つにまとめたのが出発点であったが，後に補完的プレーヤーを視野に入れることが重要だという見解が一般化し，現在では 6 つの競争要因にまとめるのが通例になっている。5 つの競争要因をまとめたモデルをファイブ・フォーセズ・モデルと呼んでいたので，近年の 6 つの競争要因をまとめたものはシックス・フォーセズ・モデルと呼ばれる。この手法は世界中のコンサルタントが重宝に活用しており，実際にこれを使えるようになると本当に便利なのだが，この手法にはひとつ大きな欠点がある。それは，この手法を学び，身につける際に，読んで理解するべき項目が多すぎるという点である。あまりにも多いので，読んでいる途中で自分が今，どの部分を読んでいるのかが分からなくなりがちである。

だが，議論の大筋の構造は実は非常に単純である。つまり，ま

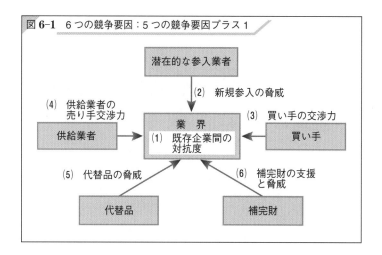

図6-1　6つの競争要因：5つの競争要因プラス1

潜在的な参入業者

(2)　新規参入の脅威

(4)　供給業者の
　　　売り手交渉力

供給業者

(3)　買い手の交渉力

業　界
(1)　既存企業間の
　　　対抗度

買い手

(5)　代替品の脅威

代替品

(6)　補完財の支援
　　　と脅威

補完財

ず業界が儲かるか儲からないか，という点を最終的に明らかにしようとしている。そのことを頭に入れておこう。

2. 6つの競争要因

儲かるか儲からないかという，その可能性のことを利益ポテンシャルと呼んでおこう。この利益ポテンシャルを左右する要因が6つのグループに分かれている。6つの競争要因が強ければ強いほど，利益ポテンシャルが下がる。これが最も基本的な部分である。

その6つのグループの中に，また多数の要因がある。これらの要因によって，6つの競争要因の強さが決まる。この3ステップの要因間関係を念頭に置いた上で，図6-2を見ながら読み進めれば，話は非常に簡単だということが分かるはずである。

しかも，これはチェック・リストだと思ってほしい。6つの要因の内部にあるさまざまな細かい要因を初めから全部暗記する必要はない。まず初めは，自分で業界を分析しようと思った時に，

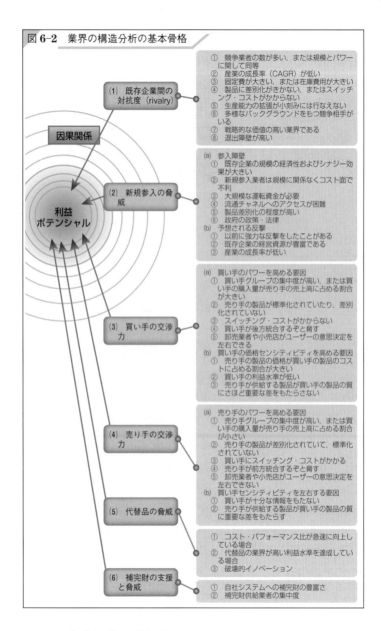

図 6-2　業界の構造分析の基本骨格

因果関係

利益ポテンシャル

(1) 既存企業間の対抗度 (rivalry)

① 競争業者の数が多い，または規模とパワーに関して同等
② 産業の成長率 (CAGR) が低い
③ 固定費が大きい，または在庫費用が大きい
④ 製品に差別化がきかない，またはスイッチング・コストがかからない
⑤ 生産能力の拡張が小刻みには行なえない
⑥ 多様なバックグラウンドをもつ競争相手がいる
⑦ 戦略的な価値の高い業界である
⑧ 退出障壁が高い

(2) 新規参入の脅威

(a) 参入障壁
① 既存企業の規模の経済性およびシナジー効果が大きい
② 新規参入業者は規模に関係なくコスト面で不利
③ 大規模な運転資金が必要
④ 流通チャネルへのアクセスが困難
⑤ 製品差別化の程度が高い
⑥ 政府の政策・法律
(b) 予想される反撃
① 以前に強力な反撃をしたことがある
② 既存企業の経営資源が豊富である
③ 産業の成長率が低い

(3) 買い手の交渉力

(a) 買い手のパワーを高める要因
① 買い手グループの集中度が高い，または買い手の購入量が売り手の売上高に占める割合が大きい
② 売り手の製品が標準化されていたり，差別化されていない
③ スイッチング・コストがかからない
④ 買い手が後方統合するぞと脅す
⑤ 卸売業者や小売店がユーザーの意思決定を左右できる
(b) 買い手の価格センシティビティを高める要因
① 売り手の製品の価格が買い手の製品のコストに占める割合が大きい
② 買い手の利益水準が低い
③ 売り手が供給する製品が買い手の製品の質にさほど重要な差をもたらさない

(4) 売り手の交渉力

(a) 売り手のパワーを高める要因
① 売り手グループの集中度が高い，または買い手の購入量が売り手の売上高に占める割合が小さい
② 売り手の製品が差別化されていて，標準化されていない
③ 買い手にスイッチング・コストがかかる
④ 売り手が前方統合するぞと脅す
⑤ 卸売業者や小売店がユーザーの意思決定を左右できない
(b) 買い手センシティビティを左右する要因
① 買い手が十分な情報をもたない
② 売り手が供給する製品が買い手の製品の質に重要な差をもたらす

(5) 代替品の脅威

① コスト・パフォーマンス比が急速に向上している場合
② 代替品の業界が高い利益水準を達成している場合
③ 破壊的イノベーション

(6) 補完財の支援と脅威

① 自社システムへの補完財の豊富さ
② 補完財供給業者の集中度

図6-2 のリストを見ながら，丹念にひとつひとつチェックしていけばよい。つまり，図6-2 の基本的なかたちをイメージとして記憶していれば，後はいつでもこの図を見ながらチェックしていけばよいのである。だから初めて本書を読む人は，基本的な論理以外は全部忘れてもかまわない。このチェック・リストを使って，いろいろな業界を何度も分析するうちに，自然に細かい要因まで頭に入っていくようになるはずである。

図6-2 に描かれている要素間の基本的な関係は次のようになっている。

(1) 既存企業間の対抗度（rivalry）が強ければ強いほど，利益ポテンシャルは低くなる。

①価格競争，②広告競争，③新製品開発競争，④顧客サービスの競争などなど，どれをやったとしても，それによって市場全体の規模が著しく拡大しないかぎり，その業界の利益ポテンシャルは下がる。

(2) 新規参入の脅威が大きければ大きいほど，利益ポテンシャルは低くなる。

新規参入があると，①業界全体の生産能力が増大し，②市場シェアを拡大しようという意志と能力が新たに生まれる。それによって激しい競争が行なわれる危険が増える。それゆえ，すでにその業界でビジネスに従事している企業は，新規参入が起こらないように製品の価格をある程度低めにしておくなどの防衛策をとらなければならない。つまり新規参入の脅威がある業界は，その脅威がない場合に較べて利益を控えめに抑えておかなければならなくなる。

(3) 買い手の交渉力が大きければ大きいほど，利益ポテンシャル
　　は低くなる。

　買い手は，①値引きを要求したり，②より良いサービスを要求
したり，といった行動をとる。顧客がこれらを要求する必要に迫
られており，その要求を押しつけるだけのパワーをもっていれば，
こちらの業界の利益ポテンシャルが下がってしまう。

(4) 供給業者の交渉力が大きければ大きいほど，利益ポテンシャ
　　ルは低くなる。

　基本的には「買い手の交渉力」の逆を考えればよい。供給業者
は，①値上げを要求したり，②品質・サービスを低下させたりし
て，供給業者側の利益を高めようとしている。その必要とパワー
が供給業者にある場合には，業界の利益ポテンシャルが下がる。

(5) 代替品の脅威が大きければ大きいほど，利益ポテンシャルは
　　低くなる。

　他に代替品がないのであれば，かなり高い価格を設定できるけ
れども，他にも魅力的な代替品が存在するのであれば，企業は自
分の会社の製品にそれほど高い価格を設定できなくなる。つまり
代替品の脅威は，企業が自分たちの製品に設定できる価格の上限
を規定することで，業界の利益ポテンシャルを低める方向に作用
するのである。

(6) 補完財の脅威が大きければ大きいほど，利益ポテンシャルは
　　低くなる。

　パソコンとソフトや，スマートフォンとアプリというように，
両方あわせて使うことで顧客にとっての価値が高まるものを補完
財という。ソフトのないパソコンは電子部品の詰まった箱に過ぎ
ないが，基本ソフトやアプリケーション・ソフトを入れることで

多様な用途に使える便利な道具になる。顧客はパソコンとソフトをセットにしたものに価値を見いだしている。だから本来，補完財は協働で価値を創り出すパートナーである。しかし，この価値の全体のうち，パソコンが何割をとり，ソフトが何割をとるのか，ということを考えると，両者は価値を奪い合う関係にもなっている。どちらのプレーヤーもできるだけ自分の価値の取り分を大きくしようとするから，そのようなパワーを補完財の側のプレーヤーがもっていると，自社側の業界に残る利益ポテンシャルは低くなる。

　図6-2 に見られる利益ポテンシャルと6つの競争要因の基本的な関係が分かれば，あとは6つの競争要因の中の詳細な検討に進むことができるであろう。この基本関係さえつかんでおけば，個々の詳細な要因については，「だいたい同じような要因がいっぱい並んでいるのだろう」という程度の気持ちで見ていけばよい。

　もうひとつ，この手法を理解する上で注意しておくべきことがある。それは，この章を読むときには，「スキさえあればいつでも自分の会社から利益を奪おうとしているずる賢(がしこ)いヤツしかこの世にいない」という悲観的な世界観を想定しなければならないということである。この手法をなかなか理解しにくい理由のひとつは，世の中に対して楽観的に育ってきた人が多いからではないかと思われる。皆，良い人々に取り囲まれて幸せに育ってきたのだ。だが，本章を読むには，いったん，「周りはみんな敵だ」という悲観主義者を装ってほしい。その方がよく理解できるはずである。

　それでは，6つの競争要因の細目をひとつずつ説明していく作業にとりかかろう。

2 既存企業間の対抗度・敵対関係の強さの規定要因
●激しい競争を引き起こす8つの条件

　業界の中にはすでに何社かの同業他社がいる。これらの企業を既存企業と呼ぼう。新たに参入してきそうな企業と区別するためである。

　これら既存企業の間では，①価格競争，②広告競争，③新製品開発競争，④顧客サービス向上の競争などが行なわれる。これらの激しい競争は，その競争を通じて市場規模が著しく拡大しないかぎりは，業界全体の利益ポテンシャルを低めることになる。

　既存企業間の敵対関係を強め，これらの激しい競争を引き起こしやすいのは，**表6-1**の8つの条件が当てはまるときである。

　これら8つの細目をひとつずつ簡単に説明していこう。

1. 競争業者の数

（1）　競争業者の数が多い，もしくは規模とパワーが同等である

　多数の競争業者がひしめきあっている業界や，たとえ競争業者の数が少なくても，企業の規模と経営資源の質と量が同程度である業界は，激しい競争に陥りやすい。逆に，企業数が少なく，しかも1社が大きなシェアを保有しているというような業界は厳しい競争に陥りにくい。一般には，これを集中度という言葉で表すことも多い。集中度の低い業界は競争が激しく，集中度の高い業界は比較的安定していると考えられる。

　集中度あるいは「競争業者の数が多い，もしくは規模とパワーが同等」である程度を表す指標に，ハーフィンダール指数という

表 6-1 　既存企業間の敵対関係を強める条件

(1) 競争業者の数が多い，または，規模とパワーに関して同等
(2) 産業の成長率が低い
(3) 固定費が大きい，または，在庫費用が大きい
(4) 製品に差別化がきかない
　　または，スイッチング・コストがかからない
(5) 生産能力の拡張が小刻みには行なえない
(6) 多様なバックグラウンドをもつ競争相手がいる
(7) 戦略的な価値の高い業界である
(8) 退出障壁が高い

便利なものがある。この指数の登場には 2 人の経済学者が関与している
ので，2 人の名前を並記して「ハーフィンダール・ハーシュマン指数」と
呼ばれ，*HHI* と略されることもある。最近は省略せずに「ハーフィンダール・ハーシュマン指数」と書かれることが多いが，本書では簡便のためハーフィンダール指数と記すことにする。これは各企業の市場シェアを 2 乗して足し合わせる $\sum_{i=1}^{n} (i 社の市場シェア)^2$，という単純なやり方で計算できる。

　　ハーフィンダール指数（*HHI*）

　　　 $= \sum_{i=1}^{n} (i 社の市場シェア)^2$

　　　 $= (一番手企業のシェア)^2 + (二番手企業のシェア)^2$

　　　　 $+ (三番手企業のシェア)^2 + \cdots + (n 番手企業のシェア)^2$

　数式が出てきて驚く必要はない。Σ（シグマ）記号は全部合計するという意味である。2 乗して足していけばいいだけだから，手許の電卓で簡単に計算できるはずである。ハーフィンダール指数は，①競争業者の数が多ければ多いほど小さくなり，②競争業者の数が一定でも，企業間の格差が小さく同程度の大きさになればなるほど，やはり小さくなる。それ故，ハーフィンダール指数

が小さいことは，「競争業者の数が多い，もしくは規模とパワーが同等」であることを表していると考えられるのである。ハーフィンダール指数が小さければ小さいほど，激しい競争に陥りやすいと推測することができる。

簡単な例で確認しておこう。たとえば表 **6-2** を見ていただきたい。まず表の(1)と(2)を較べてみよう。(1)は 5 社が同じシェアをもっている場合であり，(2)は 10 社が同じシェアをもっている場合である。前者のハーフィンダール指数が 0.2 で，後者のそれは 0.1 である。明らかに競争相手の数が増えるとハーフィンダール指数が小さくなっていることが分かる。また(1)と(3)を比較してみよう。(3)は業界 1 位企業が 80 ％のシェアを，2 位企業が 10 ％，3 位以下の企業がそれぞれ 5 ％，3 ％，2 ％のシェアをもっている場合を表している。(1)のハーフィンダール指数の 0.2 に比べると，(3)は 0.6538 であり，大幅に大きくなっていることが分かるであろう。

なお，ハーフィンダール指数は％表記の数字をそのまま 2 乗して足し合わせて計算される場合も多い。たとえば上の(1)と(3)のケースではそれぞれ，$20^2 + 20^2 + 20^2 + 20^2 + 20^2 = 2,000$ と $80^2 + 10^2 + 5^2 + 3^2 + 2^2 = 6,538$ という計算をするのである。公正取引委員会の公表する数字は，このように計算されている。小数表記と％表記では，2 乗すると $100^2 = 1$ 万倍の違いがあるだけで，それ以外に違いはない。どちらでも自分の使いやすい方の計算方法を選んで問題はない。

より具体的に現実の業界の数字を計算してみよう。表 **6-3** は2020 年と 2019 年のスマートフォン用の OS（基本ソフト）の市場シェアとそのハーフィンダール指数と，2020 年の HDD（ハード

表 6-2 ハーフィンダール指数の説明

(1) 5 社規模対等のケース

	市場シェア(%)	市場シェア(小数)	(市場シェア)^2
1 位企業	20%	0.2	0.04
2 位企業	20%	0.2	0.04
3 位企業	20%	0.2	0.04
4 位企業	20%	0.2	0.04
5 位企業	20%	0.2	0.04
合　計	100%	ハーフィンダール指数＝0.2	

(2) 10 社規模対等のケース

	市場シェア(%)	市場シェア(小数)	(市場シェア)^2
1 位企業	10%	0.1	0.01
2 位企業	10%	0.1	0.01
3 位企業	10%	0.1	0.01
4 位企業	10%	0.1	0.01
5 位企業	10%	0.1	0.01
6 位企業	10%	0.1	0.01
7 位企業	10%	0.1	0.01
8 位企業	10%	0.1	0.01
9 位企業	10%	0.1	0.01
10 位企業	10%	0.1	0.01
合　計	100%	ハーフィンダール指数＝0.1	

(3) 5 社規模格差のケース

	市場シェア(%)	市場シェア(小数)	(市場シェア)^2
1 位企業	80%	0.8	0.64
2 位企業	10%	0.1	0.01
3 位企業	5%	0.05	0.0025
4 位企業	3%	0.03	0.0009
5 位企業	2%	0.02	0.0004
合　計	100%	ハーフィンダール指数＝0.6538	

表6-3　スマートフォン用OSとHDDの市場シェアとハーフィンダール指数

(1) スマートフォン用OS

		市場シェア	小数表記の2乗	%表示の2乗
2020年	グーグル（米）	84.1 %	0.7073	7072.8
	アップル（米）	15.9 %	0.0253	252.8
	合　計	100.0 %	0.7326	7325.6
2019年	グーグル（米）	86.1 %	0.7413	7413.2
	アップル（米）	13.9 %	0.0193	193.2
	合　計	100.0 %	0.7606	7606.4

(2) HDD（ハードディスク・ドライブ）2020年

	市場シェア	小数表記の2乗	%表示の2乗
シーゲート・テクノロジー（米）	42.7 %	0.1823	1823.3
ウエスタン・デジタル（米）	37.0 %	0.1369	1369.0
東芝（日）	20.3 %	0.0412	412.1
合　計	100.0 %	0.3604	3604.4

（出所）　日本経済新聞社編『日経業界地図　2022年版』2021年，16頁および20頁。

ディスク・ドライブ）の市場シェアとハーフィンダール指数とが示されている。スマートフォン用OSはグーグルの提供するAndroidとアップルのiOSの2つしか事実上存在しないに等しく，この2つで市場全体を分け合っている。多数の端末メーカーが使用しているAndroidが圧倒的多数を占めているが，iPhoneだけで奮闘しているアップルのiOSは19年から20年の間に2％ポイントのシェア増加を経験している。その結果，スマートフォン用のハーフィンダール指数は0.7606から0.7326へと若干だが変化していることが見てとれる。少しだけ集中度が低下し，競争が厳しくなりやすい方向に動いたということである。

スマートフォン用の OS の市場は大きさに差がある 2 社が存在していたのに対して，HDD の市場では，同じような市場シェアをもつ 3 つの会社が競争している。ハーフィンダール指数を計算すると，0.3604 であり，スマートフォン用 OS（2020 年）よりも大幅に小さい数字であることが分かる。ハーフィンダール指数だけから考えると，スマートフォン用 OS よりも HDD の方が厳しい競争に陥りやすい業界だと推測される。

2. 産業の成長率

（2）　産業の成長率が低い

　成長率が高ければ，ますます増大していく需要に合わせて生産設備も増強しなければならないし，流通チャネルも拡充しなければならなくなるなど，他社と競争すること以外にも「やらなければならないこと」がたくさんある。新規にお客さんが増えているのだから，競争相手のお客さんを奪うまでもなく各社ともに売上高アップができる。逆に成長率が低ければ，ライバル企業のお客さんを奪わなければ自分の会社の売上高を伸ばすことができない。相手もそう考えている。だから成長率が低いと既存企業間で激しい競争が始まりやすいのである。

　たとえば，2020 年の時点で，インクジェット・プリンターは対前年比 2.9 ％の低成長であった。これに対して，スマホのカメラなどに使われている CMOS イメージ・センサーは 10.3 ％の高成長市場であった。成長率という点だけに注目していえば，インクジェット・プリンター業界の方が CMOS イメージ・センサー業界よりも激しい競争に陥りやすいと推測される。

　なお，最近は「ＣＡＧＲ」という言葉を頻繁に目にするようになってきた。Compound Annual Growth Rate（複利計算の年成長

率）の略であり，平均成長率のことである。単に「平均成長率」と呼べばよいのだろうが，毎年一定率で伸びていくものは複利で計算しなければならないので，わざわざ「複利計算」を意識させる名称になっている（計算の仕方は章末に示してある。必要ない人は飛ばしても問題はない）。

3. 固定費・在庫費用

(3) 固定費が大きい，あるいは在庫費用が大きい

たとえば製品を作るのに巨大な生産設備が必要な業界では，固定費も大きい。非常に高価な生産設備をもっている会社は，できるだけフル操業で機械を有効に使いきりたい，と考えるであろう。この場合，多少値引きをしても，工場の機械を動かし続けたいと皆が思う。だが，そうなれば価格競争が激しくなってしまう。鉄鋼業や半導体産業は巨大で高価な生産設備をもつ業界の典型であろう。いったん激しい競争に陥り始めると，鉄鋼も半導体も急速に価格が下がっていく。

在庫費用が大きいものというのは，時間が経過すると腐ってしまうものとか，流行のあるもののことである。流行の最先端を追いかけているようなファッション性の高い衣料品や生鮮食料品のように，在庫を抱え続けていくと先々まったく売れなくなってしまうような業界では，季節の終わりや1日の終わりに特売・セールなどで大幅な値引きが行なわれる。このような値引きが多くなると，利益ポテンシャルは低下してしまう。

4. 差別化の難しさ

(4) 製品に差別化がきかない，もしくはスイッチング・コストがかからない

製品自体の特徴ゆえに差別化が難しいものがある。たとえば，ブランドごとに大きな違いがはっきりと目に見える自動車のような製品に較べれば，綿糸のような商品（コモディティ）は太さと長さを決めれば，どこの会社から買っても大差はない。極端な場合には，たとえば，スリーナイン（純度99.9％）の金であれば，どこの国で生産された金でも同じ価値をもつはずである。金ほど極端な例ではないにしても，各社の技術水準が同程度であるような業界では，「どこの会社の製品でもたいして差はない」というようなコモディティ化が進んでいる場合もある。このような場合，顧客は価格の高い低いのみに反応して製品を選ぶので，激しい価格競争が展開される傾向が強まるのである。たとえばセメントとかUSBメモリーのようなパソコン用のメディアなどは，どこの製品を買ってきてもそれほど差はないと顧客が考えているので，価格競争に陥る可能性が高い。

　同様に，顧客がいままで慣れ親しんできたブランドを変更して他のブランドに切り替えたとしても追加的にコストがかからない場合にも，激しい価格競争が展開されやすい。ブランドを変更することで顧客の側に発生するコストをスイッチング・コストという。ブランド・スイッチ（切り替え）に伴なうコストである。このコストが低い場合にも，顧客が低価格に反応しやすくなるから値引き競争に陥りやすくなり，業界の利益ポテンシャルは低くなってしまう。

　たとえば，いままでアップル社のパソコン，マックを使っていた人が，HP（ヒューレット・パッカード）社製のウィンドウズ用パソコンに買い換えたとすると，それまでマック用にそろえてきたソフトウェアが使えなくなってしまう。しかも基本操作がいろ

いろ違うし，キーボードの配列も微妙なところが違い，マウスの操作感も違う。ソフトを買い換えるのもコストであり，操作に慣れるまでに時間がかかるのもコストである。生産設備などの産業財市場でもスイッチング・コストは重要である。ある会社から買って使い慣れていた生産設備を他社の生産設備に買い換えると，生産ラインを全部設計し直さなくてはならなくなるとか，現場の労働者が機械の使い方に慣れるまでに時間がかかるなど，コストが発生する。顧客がこうむるこれらのコストがスイッチング・コストである。

　スイッチング・コストがかかる場合，お客さんはそのコストを嫌うので，ブランドを変更したくない。だから1回どこかの会社の製品を買ったら，その後はずっとその会社の製品を買い続けたいと思う。こうしてメーカーと顧客の関係は長期的なものになり，安定する。他社製品の価格が少しくらい安くても，顧客はブランド・スイッチしようとしない。だから価格競争に陥りにくい。だが逆にスイッチング・コストがかからないのであれば，顧客は買い換えのたびに製品価格に注目して他社製品に切り替える可能性が高い。だから，スイッチング・コストがかからないものの場合には，業界は激しい価格競争に陥りやすくなるのである。

　ついでながら，差別化とスイッチング・コストはほとんど同じものだということに気づかれた読者も多いであろう。要するに，差別化とかブランド選好と言われているものが，買い手の心の中で，感情的・直感的スイッチング・コストを発生させていると考えればよいのである。

(5) 生産能力の拡張が小刻みには行なえない

　需要が増えれば，ちょうどその増えた分だけ生産能力も大きくできる，という業界は多くはない。たいていの製品には，それを生産するのに最低でもこの程度の規模で作らないと安くはできない，という固有の大きさがある。フル操業のパソコン・メーカーが，需要の増加に合わせて月産10台規模の工場を新設する，などということはない。いったん工場を新設したり，生産ラインを1本増やしたりすれば，生産できる数量は一気に大きくなるのである。

　業界の中には，この増設する生産能力の基本単位が大きい場合もあれば比較的小さい場合もある。日本酒メーカーが新しい醸造用のタルを1つ追加しても，業界全体の生産量を大きく変えることはないだろうが，国際電話の需要量が大きくなったのに合わせて，海底ケーブルを増設したり，衛星を1つ打ち上げれば，それによって可能になる通信量は一気に高まるに違いない。

　図**6-3**には，生産能力の拡張単位の違いが図示されている。需要量が毎年25個ずつ増えていると仮定し，それに合わせて100個ずつ生産能力をアップできる場合と，250個ずつアップしなければならない場合が描かれている。100個ずつに比べて250個ずつというように生産能力の拡張単位が大きい場合には，その増設時に大きな過剰供給能力が生まれてしまう。こういう場合には，生産能力の増設直後に需給バランスが大きく崩れ，激しい競争に陥りやすくなる。より具体的には値崩れなどが起こるのである。

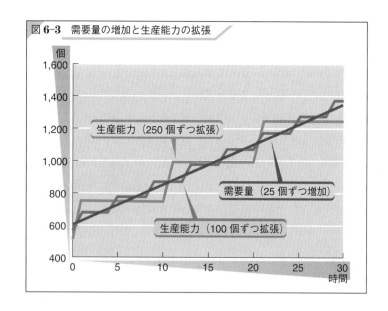

図 **6-3** 需要量の増加と生産能力の拡張

個

1,600

1,400

1,200　生産能力（250 個ずつ拡張）

1,000

800　　　　　　　　　　　需要量（25 個ずつ増加）

600　　　　　生産能力（100 個ずつ拡張）

400

0　　5　　10　　15　　20　　25　　30
　　　　　　　　　　　　　　　　　時間

6. 競争業者のバックグラウンド

（6）　多様なバックグラウンドをもつ競争相手がいる

　　競争業者の本業が違っていたり，目指している目標（シェア重視か利益重視かなど）が違う場合には，激しい競争に陥りやすい。互いに相手の手のうちを読むのに苦労するからである。互いに相手の手を読めば，無茶な攻撃をしかけたりしない。また，長年同じような企業どうしで競争をしていると，その業界内で暗黙のルールのようなものが生まれてくる。「普通はこういうエグいことはやらないよね」といった禁じ手が，暗黙のうちに了解されていたりするのである。逆に，比較的新しい業界などで，それぞれ本業が異なるなど多様なバックグラウンドをもつ企業が争い合うと，かなり激しい競争になりかねないのである。

表6-4　2021年のEVの世界販売台数ランキング

順位	ブランド名	本社所在地	販売台数（台）	出身業界
1	テスラ	米国	961,699	ベンチャー
2	上海汽車集団	中国	591,752	自動車
3	フォルクスワーゲングループ	ドイツ	441,733	自動車
4	BYD	中国	314,690	電池
5	ルノー・日産・三菱自連合	日仏	240,896	自動車

（出所）『会社四季報　業界地図　2023年版』東洋経済新報社29頁より，6位以下を省略，出身業界を加筆して作成。

　たとえば電気自動車（Electric Vehicle：EV）業界は，多様なバックグラウンドをもつ競争相手がいる典型的な業界のひとつであろう。表6-4には，2021年のEVの世界販売台数ランキング上位5社とそのバックグラウンド（出身業界）をまとめてある。第1位のテスラはアメリカのベンチャー企業であり，第4位のBYDはもともとは携帯などの蓄電池メーカーである。伝統的な自動車メーカーのフォルクスワーゲンやルノー・日産・三菱自動車連合に加えて，中国の大手自動車メーカーも入っているという点を見ると，出身業界と本社所在地の両面で，多様なバックグラウンドの企業が競争していることが分かる。

　バックグラウンドが異なる競争相手は，互いに異なる競争戦略をとりがちであり，また，相手の手の内が読みにくいので，激しい競争を引き起こしやすい。たとえば，テスラのような新規のベンチャー企業は，インターネットでクルマを販売するのを主たる売り方として設定している。しかも，クルマをコントロールするソフトウェアを，スマホのように通信によってアップデートして，クルマの性能を変えている。既存の自動車メーカーはクルマのデ

ィーラー網で販売しており，ディーラーはクルマのオプション品販売や修理等で利益を上げているから，なかなかテスラの売り方に追ずいしにくい。既存の自動車メーカーからすれば，伝統的な自動車メーカーが次にとりそうな一手は予想がついても，テスラが打ち出してくる次の一手は読みにくい。相手の手を読みにくいから，過剰な反応をとってしまうこともあり，激しい競争に陥りやすい可能性のある業界である。

| 7. 戦略的な価値 |

(7) 戦略的な価値の高い業界

将来の事業展開にとって非常に重要な部品など，「戦略的に価値アリ」と競争企業たちが信じている事業からは，たとえ赤字が続いたとしても誰も撤退しない。しかも，あらゆる経営資源を投入してその市場でシェアを獲得しようと努力するであろう。それ故，このような業界は非常に厳しい競争に陥る可能性が高い。

赤字になったらすぐに多くの企業が撤退してくれれば，業界内の過剰生産設備が消え，過当競争も減るので利益ポテンシャルが早めに向上する。しかし，「次の世代が自社に抱くブランド・イメージがこのビジネスで決まる」と皆が信じていると，多くの企業が赤字のまま過当な競争を継続してしまい，業界の利益ポテンシャルは低いままとどまり続ける。それ故に，「戦略的価値が高い」と皆が信じている業界は，利益ポテンシャルが低くなる傾向が見られるのである。

その事業そのものの成長率が高いと「戦略的に価値が高い業界だ」と考える人もいるかもしれないが，ここでいう「戦略的な価値の高い業界」というのは，その業界の成長率とは別のものであ

る。たとえば，電気自動車になったときに大量の半導体を使うようになるはずだから，今は利益が出なくても，自動車会社向けにガソリン・エンジン用の半導体の取引を維持し続けよう，と考えるような場合には，「戦略的な価値が高い」という判断をしていることになる。この場合，ガソリン・エンジン用の半導体の事業そのものは成長率は低くても，将来の電気自動車用の半導体取引のために企業間関係を維持しておこうとしているので，「戦略的な価値」が高いのである。

8. 退出障壁

⑻　退出障壁が高い

　利益が十分にあがらないのが分かっていても，それでもなお，その業界内に企業が踏みとどまる理由は，「戦略的価値の高さ」以外にも多数ある。たとえば設備が専門化されている場合には，ある業界から撤退してもその設備を使って他のモノをつくることができないし，他の会社に売却することも難しい。鉄鋼メーカーの巨大な高炉を鉄以外の他のモノを作る用途に使うということは，ほとんど考えられない。また，業界から撤退しても，すでに販売済みの自社製品の故障修理用に予備部品などを用意しておかなくてはならない場合が多い。これらは，その業界から撤退することによって企業がこうむるコスト，あるいは撤退して売上げがなくなっても継続して発生するコストである。これを退出障壁という。

　退出障壁には，撤退によるイメージ・ダウンや感情的な抵抗感，政府や社会的な制約などなど，他にもいろいろある。これらがどの程度大きなコストになるのかは業界ごとに異なる。そのコストが大きいところでは，利益が出なくても皆が撤退しないので，厳

しい競争が長く続く可能性が高いのである。

既存企業間の対抗度について実際に分析を行なう場合，以上のような8つの要因をまずひとつずつチェックしていく。ハーフィンダール指数が小さいか大きいかとか，成長率は高いか低いか，固定費は大きいか，といった項目についてひとつずつ答えを出し，その上でその業界では現在どの項目が最も重要であるかといった点にも注意しながら総合的に考えて「この業界の既存企業間の対抗度は高い」あるいは「低い」などといった判断を下すのである。ここまで終われば，次の新規参入の脅威について，またひとつずつ要因をチェックする作業を始めればよい。

3　新規参入の脅威
●参入障壁の高さと予想される反撃の強さ

　新規参入があると，業界全体の生産能力が増大し，市場シェアを拡大したいという意欲と，それを実現できる能力が業界内に生まれることになる。そのため，新規参入が生じれば激しい競争が展開され，業界の利益ポテンシャルは大幅に下がってしまうであろう。

　したがって，すでに業界内で活動している企業は，新規参入が起こらないように注意しておかなければならない。たとえば高い価格を設定して超過利潤を稼いでいるのが分かれば，多くの企業がスキあらば参入しようと狙ってくるであろう。だから，新規参入の可能性が高ければ，それほど高い価格を設定することができ

表 6-5　参入障壁の高さと予想される反撃の強さ

1. 参 入 障 壁	2. 予想される反撃の強さ
(1) 規模の経済とシナジー効果が大きい	(1) 以前に強力な反撃をしたことがある
(2) 規模に関係なくコスト面で新規参入側が不利	(2) 既存企業の経営資源が豊富である
(3) 大規模な運転資金が必要である	(3) 産業の成長率が低い
(4) 流通チャネルへのアクセスが困難である	
(5) 製品差別化の程度が高い	
(6) 政府の政策・法律によって新規参入が難しい	

なくなり，その結果大儲けは難しくなる。つまり，実際に企業が参入してこなくても，「参入してくる可能性が高い」と既存企業が恐怖を抱けば，その分だけ価格を低めに設定するなど防衛行動をとることになり，業界の利益ポテンシャルが下がってしまうのである。このように，予防的に付けられた低い価格を参入阻止価格という。

　しかし，もし価格以外の何らかの理由で外部の企業が参入をためらうような条件がそろっているならば，「新規参入があるかもしれないから価格を低く設定しておこう」というような配慮は必要なくなる。その分だけ大きな利潤を既存企業は獲得できるはずである。

　外部企業に参入を思いとどまらせるような条件は，参入する側の企業にコストを生じさせる構造的な条件と，既存企業から受けると予想される反撃の強さの両方によって決まってくる。前者の「構造的な条件」を参入障壁という。つまり「参入の脅威」＝「参入障壁の高さ」×「予想される反撃の強さ」である。参入障壁が高く，予想される反撃の強度が高いほど，参入の脅威は低くなる。

参入障壁の高さと予想される反撃の強さを規定する要因は**表6-5**に示されている。

1. 参入障壁

(1) 規模の経済とシナジー効果が大きい

すでに第4章「市場地位別のマーケティング戦略」でトップ企業の強みを議論した際に規模の経済性について触れているが，ここでも規模の経済（規模の経済性）とシナジー効果について，簡単に解説しておこう。

規模の経済とは，ある一定期間内に生産する数量が大きくなるほど，製品1個当たりのコストが下がる効果をいう。たとえば，より大きな機械を使うと大量生産が可能になり，増えた生産数量ほどには機械の値段が高くならないというような場合に，規模の経済が働く。あるいは，試験管を使って化学物質を作るよりも，大きな化学プラントで化学物質を作った方が1リットル当たりのコストが低くなる，というようなことをイメージしてもらえばよい。

シナジー効果というのは，複数種類の製品を製造・販売している方が，単一の製品を製造・販売しているよりも，製品1つ当たりのコストが下がる効果のことである。たとえばウォッチだけを製造・販売するよりも，ウォッチと電卓を両方作って売っている方が，液晶ディスプレイのような共通部品の生産コスト・調達コストが安くなる，などの効果である。なお，経営学者は「シナジー効果」と呼ぶが，経済学者はこれを「範囲の経済」と呼ぶ。製品領域の範囲が広くなることで得られる経済性である。

規模の経済性が大きく作用する業界には当初から大きな規模で参入しなければならないし，シナジー効果（範囲の経済）が大き

ければ同時に複数の業界に参入しないと既存企業と同じコスト水準に到達しない。対等なコスト水準を達成しようとすると初期投資が大きくなり，失敗した場合のリスクも大きくなる。それ故，新規参入を思いとどまる企業が多くなるはずである。新規参入しそうな企業が勝手に思いとどまってくれるのだから，すでに業界内にいる企業は業界内の価格をわざわざ下げる必要がなくなり，少し楽になる。逆に，これらの効果が働かないのであれば，新規参入しそうな企業が多数ありうるので，大きな利潤を得ることが難しくなる。

(2)　新規参入企業が規模に関係なくコスト面で不利な場合

規模に関係なくコスト差がつく原因のひとつは，経験効果であろう。経験効果についてもすでに説明したが，ここでも簡単に触れておこう。経験効果は，これまでに生産・販売してきた数量が多いほど，会社に経験が蓄積されていて，1個当たりのコストが安くなるという効果のことである。一般には，累積生産量が2倍になるごとに，1単位当たりのコストが一定率で低下すると言われている。たとえば今まで10万個の生産・販売をしてきた企業は，5万個しか生産・販売した経験をもたない企業に比べて，1個当たりのコストが20％ほど安い，というような関係が想定されているのである。

経験効果が大きく作用しているような場合には，既存企業はそれまでにも多数の生産・販売経験をもつので，新たに参入してくる企業よりも安く作れるはずである。新規参入企業が古株の企業と対等に安く作ることができるようになるまでには，大量の生産経験を積まなければならない。それ故，経験効果が大きく作用している業界には，新規参入をためらう企業が多いであろう。これ

が参入障壁になるのである。

　経験効果以外にも，「規模にかかわりなく新規参入業者がコスト面で不利」になる要因はいろいろある。たとえば，既存企業が多数の重要な特許を先に取得している場合には，新規参入する企業は特許使用料を支払うか，自分たちでその特許を回避する発明をしなければならない。

　また，先に良い立地に店や工場を建てられてしまうと，後から出ていった会社は不利になる。経験効果を含めて，これらの効果は「より早く先に入ったものが得られるメリット」であるので，先行者優位・先発優位（ファースト・ムーバー・アドバンテージ）と呼ばれている（逆に，後から設備投資した方が新しい設備で生産性が高いというメリットが享受できるような場合は先行者劣位あるいは後発優位という）。なお，このほかにも，既存企業が政府から補助金を得ていて，後から参入する企業がそれをもらえないのであれば，規模などにはかかわりなく既存企業が有利になるということがある。自分で戦略を立てるときにはこういう点も忘れないようにしよう。

(3)　大規模な運転資金が必要である

　これは(1)や(2)と同じことを言っているように思われるかもしれないが，ここでは次のようなことを想定している。つまり，顧客に対して割賦販売（代金の分割払い販売）を行なうのが慣例になっているような業界や，顧客に対してレンタルするのが慣例になっているような業界の場合，新規参入しようとする企業はかなり大量のキャッシュをもっていなければならない，というようなことである。それ故，新規参入しようとする企業が参入をためらうのである。

レンタル契約で取引されるのが常識になっている場合，メーカーは製品を顧客に引き渡すと同時に代金を回収できるわけではない。たとえば5年間レンタルすることで初めて資金回収できるとすれば，毎年5分の1ずつ代金回収するので，初年度には5分の4のお金が回収できていない。このお金を自社でもっているか，あるいは外部から調達しなければならない，ということである。

たとえばゼロックス社は，複写機をレンタル契約で顧客のところに設置するのをビジネスの基本としたので，それ以後に複写機業界に参入しようと考える企業は，巨額の運転資金を用意しなければ参入できないという事態に直面することになった。もちろんゼロックス社の保有する特許も強力な参入障壁になっていたが，同時にこの運転資金の大きさも他社に参入をためらわせる要因となっていたと言われている。

このような複写機業界でキヤノンは「ミニコピア」という売り切り商品を開発して大きな成功を収めた。キヤノンは「ミニコピア」をメンテナンス・フリーにしたり，主要部品を大幅にコスト・ダウンしたりといった技術革新を行ない，安価な売り切りを可能にした。その意味では，キヤノンの「ミニコピア」の事例は優れた技術革新の典型例でもあるが，実は，レンタルではなく売り切りにすることでビジネスのやり方自体を変革したのであり，その意味では，マーケティングのイノベーションでもあったことを忘れてはならない。

(4) 流通チャネルへのアクセスが困難である

小売店でシェルフ・スペースを獲得することは，容易ではない。たとえばどれほど大きなスーパーでも売場面積には限りがあり，その中で冷凍食品を陳列するスペースに割り当てられる部分にも

やはり限りがある。その冷凍食品の陳列スペースに新たに参入するというのは，かなり難しい。とりわけすでに定番になってしまった商品分野では，やはり定番となったブランドがあり，それを押しのけてまで新規ブランドが入り込むというのは至難の業である。たとえば，すでに定番となっているニチレイの焼きおにぎりや味の素のギョーザなどを押しのけて，新規参入企業がシェルフ・スペースを確保するのは非常に難しいのである。

(5) 製品差別化の程度が高い

既存企業が，これまでの事業活動によって製品差別化に十分成功してきており，顧客のブランド・ロイヤルティを確立しているような場合には，新規に参入しても顧客を奪うのが困難である。製品差別化を促進する要因には，①過去の広告費投入量や，②顧客に対するサービスの厚み，③製品品質自体の目立った違い，④その製品を最初に市場に投入した企業であるという歴史的事実，などがある。だから，既存企業がこれまでに大量に広告費を使ってきた場合とか，非常に顧客サービスがしっかりしている，といった業界に新規参入するのは難しいのである。

たとえばトマトケチャップのカゴメ，マヨネーズのキューピー，食酢のミツカンなど，これまでに多くの広告費を投入して消費者に独特のブランド・イメージを形成してきた業界は，消費者の目から見て製品差別化が高度に行なわれているので，新規参入者にとって非常に戦いにくいところになる。また，ブルドーザーやショベルカーなどの建設機械の領域では，機械に多様なセンサーが付けられていて，機械の状態が常に把握できるようになっている。過去のデータを分析して，いつ，どの部品が故障しそうか，ということまで事前に予想でき，作動しなくなる前に事前にメンテナ

ンス・サービスが提供される。工事現場で建設機械が動かなくなると，作業員全員の時間が無駄になるから，この種の予防メンテナンス・サービスは非常に貴重である。大手建設機械メーカーはすでにこのシステムを構築して，サービスを提供しているから，新規に建設機械業界に参入するのはきわめて難しくなっている。手厚いサービスがつくる参入障壁の典型であろう。

(6) 政府の政策・法律

許認可制のとられている業界には参入が難しいのは当然であろう。そのほかにも，公害の防止や安全性について厳しい基準が設定されている業界には参入が難しい。たとえば医薬品を発売するには，厚生労働省の認可が必要であり，厚労省の認可を得るにはクスリの効能や副作用がないことなどについて，非常に厳しい試験（「治験」という）を通らなければならない。新薬を今日発明したからといって，明日から市場に導入できるわけではない。通常の医薬品は新薬開発プロジェクトのスタートから市場導入まで10年以上かかると言われている。人間の生死や子孫への影響などに関わる重大な問題だから仕方ないが，この時間の長さと労力の多さが医薬品業界への参入障壁のひとつになっている。

2. 予想される反撃の強さ

新規参入をしたら既存企業から激しい反撃を受けるかもしれない。こう考えたら新規参入しようと考えている企業も，「やっぱり参入するのはやめておこう」と考えるかもしれない。だから既存企業の立場からすれば，新規参入をしそうな企業に対して，「いつでも強力に反撃するぞ」という姿勢を見せておかなければならない。しかしフリだけだったらすぐバレてしまう。本当に激しい反撃をしそうか

どうかは，次のような条件を見て判断する。

(1) 実際に既存企業が以前に強力な反撃をしたことがあるという実績の有無。

(2) 反撃するための資金などの経営資源を既存企業が豊富にもっているか否か。

(3) 産業の成長率が低いかどうか。

過去に強力な反撃をしたことがある既存企業が業界内にいれば，新規参入企業はそうとうな覚悟をしてからでなければ参入できないであろう。既存企業の経営資源が豊富であれば，反撃する能力が高いので，新規参入企業に対して長期にわたる広告競争や新製品開発競争，価格競争が繰り広げられる可能性が高い。また，業界の成長率が低ければ，既存企業も自社の売上げダウンを阻止するべく必死になるはずである。逆に業界の成長率が高く，新規需要が次々に生まれていて需要を満たすのに必死であるような状況下では，新規参入企業に対していちいち反撃している暇はないかもしれない。

既存企業間の対抗度と同様に，新規参入の脅威についても，ひとつひとつの要因をチェックした上で，最終的に「新規参入の脅威が大きいか小さいか」という点については総合的な判断を下していく。そして総合的な判断が終わったら次に進もう。

4 買い手の交渉力（売り手の交渉力）
●パワーと価格センシティビティ

買い手の交渉力と売り手の交渉力は，買い手と売り手の立場を入れ替えれば両方理解できるはずなので，ここでは買い手の交渉

力のみを説明しておくことにしよう。自分の会社と買い手側の会社の交渉力を比べてどちらが強いのかを分析できるようになれば，そこで使われたのと同じ論理を，自分の会社＝買い手，部品供給業者＝売り手と考えて応用すれば，売り手の交渉力も分析することができるからである。

買い手側の企業も利益を確保するのに必死である。できるだけ安くて良質な製品や部品を購入しようとする。同じ値段でもより手厚いサービスを要求するかもしれない。売り手側のわが社（売り手）もまた利益確保に必死である。安いコストで作ったものが高く売れるなら，それにこしたことはない。だから買い手とわが社は利益を奪い合う関係にもある。もちろん製品ライフサイクルの導入期や成長期であれば，売り手と買い手は協力して売上高を拡大し利潤を高めていく，共存共栄の関係にあると考えることもできるだろう。しかしその場合でも，協力して得た利潤の総額を両者でどう分け合うか，という問題は存在している。相手企業との間に長年の取引を通じて信頼関係もでき，互いに協力しあっているように見える場合でも，限られた利益の分け前を奪い合っているという関係が，その根本の部分には存在していると考える必要があるのである。

買い手がわが社の製品を買いたたけるか否かは，①買い手が購入価格を下げたいと思っている希望の強さと，②その希望をわが社（売り手企業）に押しつけるパワーの強さという2つの要因で決まる。ここでは買い手が購入価格を下げたいと思っている希望の強さのことを価格センシティビティの強さと呼んでおこう。「買い手の交渉力」＝「買い手のパワー」×「買い手の価格センシティビティ」である。価格をそれほど気にしていない（価格センシティ

ビティが低い）のであれば，パワーをもっていても，強力な値引き要求をしてこないかもしれない。逆に，価格センシティビティが高くても，パワーが弱ければ値引き要求を突きつけることはできない。だから，両方がそろって初めて買い手の交渉力になるのである。それぞれのより詳細な要因は，表6-6に示されているとおりである。

1. 買い手のパワーを高める要因

まず買い手のパワーを高める要因から簡単に説明していこう。

(1) 買い手グループの集中度が高い。または買い手の購入量が売り手（わが社）の売上高に占める割合が大きい

買い手グループの集中度が高いというのは，買い手企業の数が

表6-7　買い手グループの集中度（インクジェット・プリンター業界）

インクジェット・プリンター	市場シェア	小数表記の2乗	%表記の2乗
HP（米）	43.1%	0.1858	1857.6
キヤノン（日）	27.7%	0.0756	756.3
セイコーエプソン（日）	25.7%	0.0660	660.5
ブラザー工業（日）	3.5%	0.0012	12.3
そ　の　他	0.2%		
合　　計	100.0%	0.3287	3286.6

（出所）　日本経済新聞社編『日経業界地図　2022年版』2021年，22頁。なお，「その他」は非常にシェアが小さいので，ここでは計算から除外してある。

少ないか，もしくは買い手の中に飛び抜けて大きな会社がある，ということである。実はここでもハーフィンダール指数が役に立つ。なぜなら，既存企業間の対抗度の説明で出てきた「既存企業の数が多い，または，規模とパワーに関して同等」という程度を，買い手側について測定しているのと同じことだからである。自分の業界についてハーフィンダール指数を計算したのと同じように，買い手の業界についても計算してみればよい。買い手の業界のハーフィンダール指数が大きい＝買い手グループの集中度が高い（イコール）ということである。

　たとえばインクジェット・プリンターの業界に部品を納品しているグローバルな会社に自分が勤めていると考えてみよう。世界のインクジェット・プリンター業界という買い手グループの集中度については，表6-7に計算結果が示されている。この業界は，上位4社の世界シェア合計が99.8％と，寡占化が進んでいる。その他が0.2％と小さいので，それを除いてハーフィンダール指数を計算すると，約0.3287である。この数字は，先に見たスマ

表6-8　取引先集中度

	取　引　先	企業Iの売上比率（%）	企業IIの売上比率（%）
買い手側企業	取引先A社	75.0	35.0
	取引先B社	12.0	30.0
	取引先C社	11.0	20.0
	取引先D社	2.0	15.0
	合　計	100.0	100.0

ホの OS（0.7326）やハードディスク・ドライブ（0.3604）よりは集中度が低いが，それでもかなり高い。もし自分たちがインクジェット・プリンター用の部品をこの業界に売ろうと考えたら，HP かキヤノンかセイコーエプソンに買ってもらわないかぎり，大きなビジネスに成長させることは難しい。この3社で 96.3%の市場シェアを占めてしまうのだから，この3社はわが社に対して非常に強力な交渉力をもつに違いない。

　もうひとつの「買い手の購入量が売り手（わが社）の売上高に占める割合が大きい」というのは，表6-8のような場合を考えればすぐに分かるはずだ。この表には2つの売り手側企業（IとII）がそれぞれ買い手側企業（A，B，C，D）の4社にどの程度ずつ販売しているかを示している。売り手側企業Iの売上高の構成を見ていくと，買い手側企業のA社に全売上高の 75% を依存している。これに対して企業IIはA社からD社まで納入先がほどほどに分散している。買い手側企業A社は，企業Iに対しては強力な交渉力をもつであろうが，企業IIに対してはそれほど強い交渉力をもたないことが予想される。なぜなら，企業IはA社に買ってもらえなくなったら，売上高の 75% を失うからである。いわばA社は企業Iの生殺与奪の権を握っているのである。

(2) 製品が標準化されていたり，差別化されていない。またはス
　　イッチング・コストがかからない

　どこの供給業者から購入しても，同じ規格で同程度の品質のモ
ノが手に入るのであれば，買い手の側はいろいろな供給業者の中
から選択して購入することができる。また，スイッチング・コス
トがかからないのであれば，供給業者を変更しても買い手企業側
にコストが発生しないのだから，いつでも自由に取引先を変更で
きる。この場合も，「これほど高い価格なら，他社の製品に切り
替えますよ」と言って交渉が可能である。

　たとえばパソコンに搭載されている SSD（ソリッド・ステート・
ディスク）を考えてみてほしい。通常の磁気ディスクを使ってい
るハードディスクより高速で，パソコンのスピード向上に大いに
貢献している部品（コンポーネント）である。中に入っている半
導体などは大変高度な技術で作られているのだが，SSD そのも
のはどこの会社のものを買ってきてもパソコンに適合する。パソ
コンと SSD をつなぐ部分（インターフェース）の規格が決まって
いるからである。その意味で SSD は標準化された部品である。
標準化されているから，SSD のメーカーを変更したとしても，
パソコン・メーカーにはスイッチング・コストはかからない。ど
この会社の SSD を購買しても大きさやスピード，容量，安定性
などが変わらないのであれば，パソコン・メーカーはハードディ
スクの納入業者を容易にスイッチすることができる。この点では
パソコン・メーカー側が有利になる。

　なお，部品と部品をつなぐインターフェースの規格が決まって
いて，一定期間にわたって維持される製品の基本設計（アーキテ
クチャー）をモジュラー・システムと呼ぶ。半ば独立したモジュ

ール（構成単位）から成るシステムという意味である。モジュラー・システムとは異なり，1つの製品を開発するたびに部品と部品をつなぐインターフェースを設計しなおして，その製品ごとに最適化する基本設計をインテグラル・システム（統合され一体化しているシステム）と呼ぶ。これを「すりあわせ型」と呼ぶ人もいる。近年の企業経営に関する議論では，このモジュラー・システムとインテグラル・システムの対比が活発に行なわれているので，それらが売り手と買い手の交渉力や価格にどのような効果をもたらすのかについて，簡単に解説しておくことにしよう。

たとえばパソコンに電源やフラッシュ・メモリー（USBメモリー），外付けハードディスクなどを接続するためのUSB（ユニバーサル・シリアル・バス）はインターフェースが決まっていて，皆がそのインターフェースを共同で用いており，モジュラー・システムの典型である。このようなモジュラー・システムの場合，消費者はいつでもフラッシュ・メモリーや外付けハードディスクを他社のものにスイッチすることができる。バッファローのフラッシュ・メモリーでも，アイ・オー・データのそれでも，安くてデザインが良いものをその都度選べばよい。このような場合には，買い手の側は高い価格交渉力をもつことができ，買い手は比較的安価にそのモジュールを購入できるはずである。

これに対して携帯電話の電池は，会社や機種が変わると，異なる設計のものになっている。毎回，携帯電話の新機種を開発するたびに，その大きさ・薄さ・電池のもち時間・デザイン等を総合的に最適なものにするべく，電池も新しい形に設計し直す。携帯電話にはminiSDカードのスロットのようなインターフェースの決まっている部分もあるが，少なくとも電池部分の基本設計につ

いてはインテグラル・システム（すりあわせ型）なのである。それ故，たとえば，消費者が特定機種を購入した3年後に，電池の寿命が来たとすると，その消費者は何でも好きな電池に換えてよいわけではなく，決められた電池に交換しなくてはならない。このような場合には，買い手側の価格交渉力は非常に弱くなるはずである。つまり交換用電池の価格は高めになると予想されるのである。

このように，モジュラーとかインテグラルなどの新しい言葉が出てきた時に，それがもっている競争上の意味を考えるためには，やはり構造分析の基本を学び，理解する必要がある。逆に，業界の構造分析の基本が分かっていれば，この種の新しい概念にも十分対応できる。基本をしっかり学ぶことが大切なのである。

(3) 買い手が後方統合するぞと脅す

原材料→部品→最終商品→卸→小売店→最終顧客というモノづくりから販売の流れのなかで，いま自分たちは最終商品を作っているメーカーだとしよう。この流れの川上（原材料→部品）の業務を自分でやり始めるのを後方統合，この流れの川下（卸→小売店）を自分で手がけるようになるのを前方統合と呼び，両方合わせて垂直統合という。

「買い手が後方統合するぞと脅す」というのは，「御社から購入するのを止めて，これからは自分の会社で作ります」などと買い手側の企業から言われることをさしている。このようなことを言われたら，売り手側の企業にとっては大変な脅威であろう。値引きやサービス向上をせざるをえなくなり，買い手に利益を奪われてしまうことになる。

後方統合とはいっても，全面的に内部調達に変更する必要はな

い。若干の量の内部調達でも効果を期待できるのである（これを一部内製化という）。いつでも自社生産できる製造の実力を示し、しかも相手がどの程度のコストで生産しているのかを予測するためのコスト情報が得られるだけでも、十分に買い手の交渉力を高めることができるからである。たとえば、電気自動車（EV）を生産している自動車メーカーには、自分の会社でも自動車用のリチウムイオン電池を生産している会社や、電池メーカーと共同で生産している会社がある。他方、外部の電池メーカーから全量購入している会社もある。この場合、少しでも自社で生産している会社の方が電池メーカーに対する交渉力が高くなる、というのがここでのポイントである。

(4)　卸売業者や小売店がユーザーの意思決定を左右できる

最終ユーザーがどのブランドを購入するのかという判断を自分で行なう場合もある。買いに行く前に調査を完了し、「何が何でもソニーのブラビア有機 EL テレビを買うぞ」と出かける場合もある。だが、「画像の美しい、大画面のデジタル・テレビが欲しい」とだけ考えて小売店に行く場合もある。この後者の場合には、小売店の店頭でお店の人が「実はシャープのアクティブ・ミニ LED タイプが美しいですよ」と言うと、店員のアドバイスに従ってシャープの AQUOS を買って帰る可能性が高い。店頭での販売員のアドバイスによって商品選択が大きく影響される人が多い場合、最終的にどのブランドが売れるのかは、最終消費者が決めているというよりも、小売店が決めていることになる。小売店が売行きを大幅に左右できるのであれば、メーカー（売り手側）よりも小売店（買い手側）の交渉力が強くなって当然であろう。

また、卸が小売店の店頭に並ぶ商品を大幅に左右する力をもっ

ていて，最終消費者がブランドを指名しないで，とにかく店頭に
並んでいるものを買って帰るという行動をとるのであれば，卸が
メーカーに対して強い交渉力をもつことになる。たとえば焼きそ
ばが欲しいと思ってスーパーに行ったら，まるちゃん（東洋水産）
の商品しか置いてなかったというのであれば，それを買って帰る
お客さんは多いであろう。この時，スーパーの店頭に何を並べる
かを左右する力を卸がもっているのであれば，卸がメーカーに対
して強い交渉力をもつであろう。

**2. 買い手の価格センシ
ティビティを高める
要因**

買い手の価格センシティビティを高める
要因は以下の4つである。

(1) 売り手の製品の価格が，買い手の製
品のコストに占める割合が大きい

　ある買い手側の会社が部品の調達をする場合をイメージして
みよう。この時，買い手側の会社が作っている製品のコストが1
万円だとしよう。また，**図6-4** に示されているように，この製
品には部品代が7,000円かかっていて，5,000円の部品が1つと
1,000円の部品が1つ，100円の部品が10個であったとしよう
（残りの3,000円は人件費や光熱費などだと考えておこう）。この時，
買い手がコストを削減しようと考えたなら，一番先に値引き交渉
をしようとする相手は5,000円の部品を納入している業者である。
　高価だから目立つというのが1つめの理由，また，同じよう
に5％の値引き交渉に成功した場合に最もコスト・ダウン効果
が大きいのがやはり一番高価な部品であるというのが2つめの
理由である。5,000円の部品を5％値引きしてもらえば，250円
もコストが削減できるが，100円の部品では5円にしかならない。

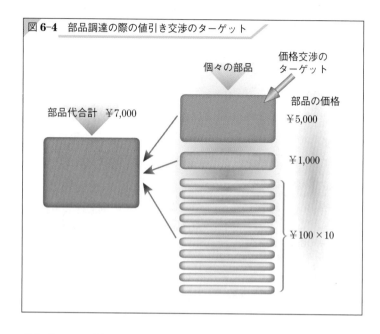

図**6-4**　部品調達の際の値引き交渉のターゲット

個々の部品

価格交渉の
ターゲット

部品代合計　¥7,000

部品の価格
¥5,000

¥1,000

¥100×10

　それ故，この例ではまず5,000円の部品が値引き交渉のターゲットとなり，次いで1,000円の部品，最後に100円の部品という順序になるはずである。

(2)　買い手の利益水準が低い

　儲かっている買い手は，ことさらコスト・ダウンを考えない可能性が高いが，儲かっていない買い手はコスト・ダウンに必死のはずである。だから利益があまり出ていない会社は値引き交渉をしてくる可能性が高いのである。この点を考えると，買い手側の業界が利益を出しやすい業界か否かをチェックする必要があることが分かる。自分の業界ばかりでなく，川下（買い手側）の業界や川上（売り手側）の業界についても，業界の構造分析を行なうことが重要なのである。

(3) 売り手の供給している製品が買い手の製品の質に重要な差を
　　もたらさない

　売り手（わが社）が供給する部品や材料が，買い手の最終製品
の品質を大幅に左右するようなキー・デバイスであれば，買い手
企業も品質低下を恐れて値引きを要求しない可能性が高い。この
場合は買い手よりも売り手の側が強い交渉力をもつであろう。し
かしそれほど品質に影響を及ぼさないのなら，コスト・ダウンを
目指した時に，一番先に値引き交渉の対象にリストアップされて
しまう。

　一見したところでは部品や材料のように見えないかもしれない
が，テレビ局が放映しているスポーツ番組は，テレビ局が生産し
ているサービスの「部品」だと考えることができる。この時，そ
のスポーツ番組の放映権の価格は，それを放送することでどれだ
け多くの最終視聴者をつかめるかにかかっている。スポーツ番組
は，テレビ局の販売しているサービスの質を大きく左右する場合
がある。

　たとえば，買い手の交渉力が弱い方の例として，放送会社とい
う買い手と，ワールドカップ放映権の販売元である売り手（FIFA：
国際サッカー連盟）との交渉力を比べてみよう。2022 年に行なわ
れたカタール・ワールドカップでは，日本での放映権料は 200
億円程度であったと噂されている。そのうちアベマ（ABEMA）は
70 億〜80 億を負担したのではないかという推測も聞かれる。こ
れほど高額の放映権料ではあるが，それでもカタール・ワールド
カップの日本戦の予選 3 戦合計でアベマは 4,100 万人の視聴者を
得たと言う。多くの日本人にアベマのアプリをダウンロードして
もらい，アベマを視聴の選択肢の 1 つにしてもらうためには，ワ

ールドカップの放送は決定的に重要だったのである。このように重要な「部品」として位置づけられたカタール・ワールドカップの放映権については，買い手側が「高い価格でもかまわない」という姿勢になるので，買い手側の交渉力が弱く，売り手側の交渉力が強くなるのである。

(4) 買い手が十分な情報をもつ

他社製品の価格がいくらなのか，相手の生産設備がどのくらい稼働しているのか等々，重要な情報を買い手側がもっているのであれば，買い手は現在の価格が公正（フェア）な価格かどうかを判断できる。逆にその情報をもたなければ，そもそも価格の違いに反応する可能性は低くなる。だから，買い手が価格に関連する重要な情報をもっているほど，顧客は価格に敏感に反応するようになる。ここでは「十分な情報をもつ」を価格センシティビティに関連する要因として分類しているが，情報はパワーの源泉でもあるから，買い手のパワーを高める要因だと位置づけることもできる。たとえば一部内製化により供給業者のコスト構造を買い手側が把握していれば，供給業者側の情報優位が低下し，それ故に，買い手側のパワーが高くなるという側面もあることには注意しておく必要がある。

以上の個々の要因について買い手の交渉力を分析して総合的な判断を下したら，次は自分の会社＝買い手，部品などの供給業者＝売り手と考えて，供給業者の売り手交渉力を分析する。その判断を終えたら，次に説明する代替品の脅威に関する分析に移ればよい。

5　代替品の脅威

●注意を払うべき3つの特徴

1. 注意すべき代替品

　何が代替品であるのか，ということを見きわめるのは実は難しい。この世に存在するすべての製品は多かれ少なかれ相互依存しており，思いもしなかった製品の需要の伸びが自社製品の衰退につながっている，ということもある。しかし，ここでは何が代替品かは分かっていると考えた上で，次の3つの特徴をもつ代替品には注意を払っておくべきだと示唆しておくにとどめておこう。

　(1)　コスト・パフォーマンス比が急速に向上している代替品

　代替品は，自分たちの業界が設定できる価格の上限を決める。こちらの業界が高すぎる価格を設定すると，顧客が代替品に流れてしまうから，それを防ぐために価格に制限がかかるのである。だから，代替品の技術進歩が速く，同じような性能のものが急速に安くなっていったり，同じような価格でどんどん性能が上がっていっている，という場合には，この価格の上限が低下していく可能性が高い。代替品のコスト・パフォーマンス比が急速に向上している場合，自分たちの業界から顧客が逃げていかないようにするために，こちらの業界も製品価格を急速に引き下げていく必要がある。あるいは最悪の場合，こちらの業界の製品がまったく売れなくなる，ということも考えられる。だから，コスト・パフォーマンス比が急速に向上している代替品には注意が必要なのである。

(2) 代替品の業界が高い利益をあげている場合

代替品の業界が高い利益をあげているのであれば，いついかなる時点で思い切った値引きを行なわないとも限らない。急激な価格引き下げはこちらの業界の利益ポテンシャルを下げるばかりか，会社の存続すら危うくするかもしれない。

(3) 破壊的技術

(2)で述べたこととは逆に，代替品の利幅が狭く，一見魅力的に見えないものの場合にも注意が必要だという意見もある。『イノベーションのジレンマ』の著者ハーバード大学のクレイトン・クリステンセン教授によれば，本当に怖い代替品は，次のような特徴をもつ「破壊的技術」の製品である。

① 既存の評価基準でその製品を評価するとレベルが低くて「くだらない技術」を使っているように見える。たとえば計算スピードのみを評価基準として見れば，パソコンは大型コンピュータより劣っている。だから大型コンピュータを開発していた人々から見ると，当初パソコンは「おもちゃのような，くだらない技術」に見えたはずである。

② 既存製品より価格も安くて，とても儲かるビジネスに見えない。たとえば大型コンピュータは価格も高く，販売後のメンテナンスやサービスでも利益を上げることができる。これに対してパソコンは価格も安く，マージンも薄く，売った後のメンテナンス等のサービスもあまり期待できないから儲かりそうに思えない。

既存の製品評価の視点から見て「くだらない，取るに足らない技術」と見えるものを「破壊的技術」という。逆に，既存の評価軸に基づいて評価して性能が進歩していく技術を持続的技術とク

レイトン・クリステンセンは呼ぶ。

　当初，大型のコンピュータを作っていた人々からすると，パソコンは「下らない，取るに足らない技術」と見えたので，パソコンは「破壊的技術」に位置づけられる。しかし当初取るに足らないものに見えた製品も，いったん作られ始めると徐々に性能を上げていく。この性能向上が顧客の期待水準以上に速いスピードで実現されると，そのうち顧客にとって「既存の製品と遜色ない」と評価できるほど高いレベルに到達することがある。そうなると他の特徴が美点として見えてくる。もともと低価格であったり，サイズが小型であるなど，他の側面では優れた面があるので，性能面で「十分」という評価になれば，一気に既存製品の需要を縮小させ，場合によっては代替していくことになる。

2. デジカメ対スマホのカメラ

　たとえばデジタル・カメラとスマホのカメラを考えてみよう。スマホにカメラ機能を載せる場合，小さな機器の中に十分なスペースがとれないから，イメージ・センサーもレンズも小型のものになる。それに較べれば，コンパクト・デジカメは，より大きなイメージ・センサーと大きなレンズを搭載できるので，より美しい写真を撮ることができるはずである。実際，2007年にiPhone が登場してからしばらくの間は，スマホのカメラはコンパクト・デジカメの画質には到底およばなかった。当時すでに800万画素程度のイメージ・センサーを搭載していたコンパクト・デジカメに較べると，スマホのカメラは200万画素から300万画素程度であった。その分だけ，粗い写真になってしまうのである。

だから当初，旅行に行って綺麗な記念写真を撮ろうと思ったら，スマホで済ませるのではなく，コンパクト・デジカメを持って出かけざるを得なかった。スマホ・カメラは当時まだ「質的に劣った，下らない」ものだったのである。しかし，スマホのカメラは急速に進化した。画素数を増やし，暗いところでも綺麗に写せるようになっていった。細かく言えば，コンパクト・デジカメの方が良い写真が撮れるとしても，普通の人が見たら「スマホのカメラで十分良い」と思える所まで進化していったのである。その結果，コンパクト・デジカメは2011年頃から急速に売上高を落とし，2022年現在，製品のバラエティが非常に少なくなって消滅寸前の所まで来ている。

　以上のような代替品の競争は，図 **6-5** のように表すことができる。横軸には時間軸，縦軸には性能が示されている。デジタル・カメラの画質は必ずしもすべて画素数で決まるわけではないが，ここでは説明を簡単にするために縦軸は画素数で，それが画質を左右していたと考えておこう。市場には美しい写真にこだわりをもつハイエンドの顧客と，絵が写っていれば何でもよいと思うローエンドの顧客がいると考えよう。顧客の眼も少しずつ肥えていくから，製品に要求する画素数は時とともに徐々に高まる。だから，ローエンドの線もハイエンドの線も右上がりの直線になっている。

　図6-5には赤い色の線が2本描かれている。上に描かれている破線はコンパクト・デジカメの技術進歩に対応し，下に描かれている線はスマホのカメラの技術進歩に対応する（カメラばかりでなく，一般論でも通用するので，図には技術Aと技術Bとも記されている。読者の皆さんは，カメラ以外の技術や製品を思い浮かべて当

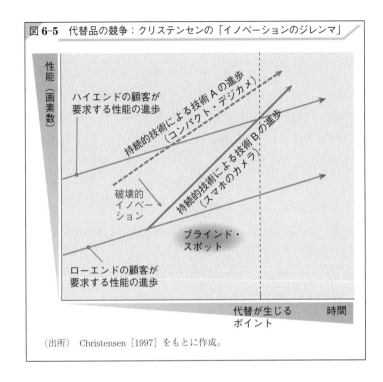

図6-5　代替品の競争：クリステンセンの「イノベーションのジレンマ」

性能（画素数）

ハイエンドの顧客が
要求する性能の進歩

持続的技術による技術Aの進歩
（コンパクト・デジカメ）

破壊的
イノベー
ション

持続的技術による技術Bの進歩
（スマホのカメラ）

ブラインド・
スポット

ローエンドの顧客が
要求する性能の進歩

代替が生じる
ポイント

時間

（出所）　Christensen［1997］をもとに作成。

てはめて考えてみるとよいだろう）。

　スマホのカメラが搭載された当初は，画素数が200万画素程度と少なく，その画質が高いとは言えなかった。だから図中のローエンドの顧客をかろうじて満足させられる程度だったと考えられる。しかし備忘的なメモとして使うならともかく，旅行の大切な思い出を記録するカメラという意味ではまだ不合格で，コンパクト・デジカメのような専用機を使っていた人が多かった。しかし，2011年頃になると，画素数も800万画素になり，一般的な顧客にカメラとして受け入れられるようになっていった。さらにこのスマホ・カメラの性能が高まり，ポートレート・モードで美

しい写真が撮れるようになると、大きなレンズと撮像素子を使わなくても十分に良い写真が撮れると認識されるようになった。こうなると、スマホ・カメラの常に持ち運べる手軽さや撮った写真を即座にSNSに投稿したり、友達と共有できる便利さといった他の要素が重要な特長として認識され、コンパクト・デジカメからスマホ・カメラへの代替が起こる。図6-5は、このプロセスを描いたものである。

「イノベーションのジレンマ」の議論が興味深いのは、既存の評価基準に縛られている人から見ると、一見「下らない技術で作られている製品」に見えるものが、本当に怖い代替品となっていく可能性がある、という点である。自分が既存企業である場合、**図6-5**の右下の部分が「本当は怖い代替品」が登場するブラインド・スポット（盲点）なのだと憶えておく必要がある。一見くだらないように見えて、その後の技術進歩によって「これで十分」と思える日が来るかもしれない。破壊的技術の性能向上を常にチェックしておく必要があるということである。

これらの代替品の脅威を分析し、その脅威の大きさを総合的に評価したら、次の6番目の要因を検討することになる。

6 補 完 財
●もうひとつの競争要因

ここまで説明してきた業界の構造分析は、マイケル・ポーターが構築したオリジナルの「ファイブ・フォーセズ・モデル」(5つの諸力のモデル) である。本章の冒頭でも記したように、近年の戦略論では、この5つに加えて6つめの要因を考えるべきだと

いう主張が主流になりつつある（シックス・フォーセズ・モデル）。6つめの要因とは，補完財あるいは補完的プレーヤーである。

1. パソコンと補完財

たとえばパソコンには「ウィンドウズ」という基本ソフトや「Microsoft 365」や「ウィルスバスター クラウド」のような多様なソフトウェアが必要である。パソコンとソフトが合わさって初めて何らかの製品機能が発揮されるという意味では，両者は互いに補完財と位置づけられる。この補完財業界がどのようになっているのかという条件次第で，自業界の利益ポテンシャルが高まるか，低くなるかが変わってくる。

パソコンは，HP や Dell，レノボ，パナソニック，VAIO など多数の企業が販売している。先の5つの競争要因を分析してみると，このパソコン組立の業界は利益ポテンシャルが低いという結論が出てくるはずである。これらの会社はインテル社製の Core i7 プロセッサのような高価な部品を購入し，必死にコスト・ダウンして他社と激しい競争を展開し，薄利の商売を強いられる。これに対して，ウィンドウズや Microsoft 365 など重要なソフトウェアではマイクロソフト社が支配的な地位を確立しており，ほぼ独占状態であるため，高い利益率を達成することができる。パソコンとソフトという補完関係にある製品は，共同で価値を生み出しているはずなのに，パソコン側は儲からず，ソフトウェア側が儲かる，という状況なのである。パソコンというハードがコスト・ダウンの努力をして安価になり，その結果より多くの人にパソコンが売れるようになり，そのパソコン上で動くソフトの需要が増えて，ソフトの会社が利益を上げるという構造になっている

ように見える。

　パソコンとソフトやスマホとアプリ，EVと充電インフラ（充電ステーションや家庭での充電設備）など，補完関係にある製品は多数存在する。これらは互いに協力して価値を創り出しているのだが，その共同で創り出している価値の分け方が一方に偏りすぎる関係になることがある。この点を分析しないと，自社の属する業界の利益ポテンシャルを理解するのに十分ではない。

　なお，iPhone用のアプリであれば，どのアプリもiPhoneで動き，Android用のアプリであれば，どのアプリもAndroid対応スマホで動く。このように同じiPhoneの規格あるいは標準（スタンダード）のものであれば，アプリや機種（iPhone13と14）を入れ換えても使える。これを「互換性がある」とか「コンパチブル（コンパチ）である」と表現する。

　しかし，iPhone用のアプリをAndroid対応スマホに載せても動かないし，逆にAndroid用のアプリをiPhoneに載せても動かない。つまり，この場合，iOSとAndroidという2つの標準間では互換性はない，ということである。

2. デ・ファクト・スタンダード

アプリの開発業者からすると，より多くのシェアをとる標準がどちらになるのかに応じて，どちら用のアプリを開発するかを決めるだろう。Androidが主流になるなら，Android用のアプリを開発しようと考えるであろう。また，Android用に多くのアプリが開発されれば，Android対応スマホを選んだ方が良いと考える顧客が増え，その結果，Androidが主流になる。つまりハードとソフトのような補完財のセット（標準，スタンダード）には，

ネットワーク外部性（利用者が増えることで生まれる経済性）があり，勝ち始めると更に有利になるという良循環が働くのである。だから，どちらの標準が市場で支配的になるのかをめぐって企業は必死になって競争することになる。この良循環が回った結果として，企業間競争を通じて1つの標準に収束した場合，それをデ・ファクト・スタンダードという。「デ・ファクト（de facto）」というのは「事実上の」という意味のラテン語である。これに対して，デジタル・テレビ放送の信号の標準や携帯電話の通信方法などは，国や国際機関が決めるものであり，デ・ジュリ・スタンダードという。「デ・ジュリ（de jure）」とは，「法律上の」という意味である。

なお，240ページの**表6-3**に示したように，2020年の時点では，グーグルのAndroidが84.1％，アップルのiSOが15.9％の市場シェアをもっている。数量的にはグーグル側が圧倒的に多いが，アップルのシェアは2019年（13.9％）よりもかえって増加している。かつて存在したノキア社のシンビアンOSやリサーチ・イン・モーション社のブラックベリーOSなどは競争の中で淘汰されたり，大幅に市場シェアを失ったりしたが，グーグルのAndroidとアップルのiOSの2つは標準として残った。激しい競争があれば必ず1つの標準に収束するとは限らないのである。

3.2 段階の競争

補完財を含めた製品システムには，ネットワーク外部性が作用し，デ・ファクト・スタンダードになろうとして激しい競争が行われる。このとき，補完財と合わせて魅力的な製品システムになることが重要なのだが，しかし補完財側が強力すぎると後々利益をそちらに奪わ

れてこちらは利益を出しにくくなる。パーソナル・コンピュータのハードを作っているメーカーとマイクロソフトの関係のように、である。このような問題があるので、補完財まで含めた製品システムの利益ポテンシャルを分析する上では、2段階の競争を考える必要がある。

(1) 規格・標準（スタンダード）どうしの競争。たとえば、アップルの基本ソフト（iOS）とiPhoneが勝つのか、あるいはグーグルのAndroid（OS）とAndroid対応スマホが勝つのか、という競争である。

(2) スタンダード内の補完財間の利益分配競争。グーグルのAndroidの場合、グーグル側に利益が出るのか、それともハードウェアを販売しているサムスンやシャオミの側に利益が出るのかという利益配分の競争である。

第1段階の競争という意味では、グーグルのAndroidやアップルのiOSが勝利するのか、それともシンビアンやブラックベリーの側が勝利するのか、というデ・ファクト・スタンダード争いの競争である。サムスンやソニー、シャープなどのスマホ端末メーカーは、勝ち組のAndroid陣営を選んだのだから、第1段階の競争については適切な行動をとったと言えるだろう。

しかし第2段階の競争は、Android対応スマホが生み出した利益をグーグル側が享受するのか、それとも端末メーカー側が享受するのかという競争である。この点では、Android対応スマホを開発・販売しているメーカーの数が多く、ハードウェア側の競争は激しいので、ハード側の利益ポテンシャルは低い。ハード側が必死に競争して低コストの端末を提供してくれるおかげで、Android陣営には利益が生み出されるが、そこで生まれているプラ

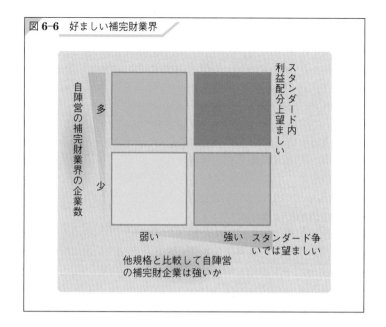

図**6-6**　好ましい補完財業界

（図中のラベル）

自陣営の補完財業界の企業数

多

少

スタンダード内　利益配分上望ましい

スタンダード争いでは望ましい

弱い　　　　強い

他規格と比較して自陣営の補完財企業は強いか

ス部分はグーグルの側が獲得しているように思われる。Android
のスマホが普及することで，グーグルは GooglePlay でのアプリ
販売から手数料を獲得したり，GoogleChrome による検索回数を
増やして広告費収入を増やしたり，というやり方で利益を享受し
ているのである。

　より一般的に言うと，図**6-6** に見られるように，自陣営の補完
財業界は魅力的な製品を生み出す強い企業が多数存在するように
なっていることが望ましい。魅力的な製品を生み出す強い企業が
存在しなければ自陣営全体が負けに追い込まれる。しかし，その
魅力的な製品を生み出す強い企業が少数であれば，自陣営の生み
出す価値のかなりの部分をその補完財メーカーが取っていってし
まう。だから，製品規格を練る段階で，自分たちの側には参入障

壁が高く，補完財メーカーの側は参入障壁が低くなるようにビジネスの構造を設計することが基本方針となる。

7　おわりに

● 5つの注意点

最後に5つほど注意点を述べておく。

1. 基本的論理の大切さ

まず第1に，くれぐれも本章で説明された諸要因のすべてを暗記しようなどと思わないことである。重要なことは，これら6つの要因が最終的に業界の利益ポテンシャルを決めているという基本的な論理構造である。つまり図6-1と図6-2が基本なのだ。この基本論理さえ憶えておけば，あとはそのつど，この本のリストにそって自分の業界を分析していけばよい。本章にあげられた要因群はチェック・リストとして用いればよいので，ひとつひとつの要因について，その意味を理解する必要はあるが，細かい要因のすべてを暗記する必要などないのである。

2. 総合的な判断のために

第2に，6つの競争要因を細目にわたって評価する場合も，また6つの総合的な効果を評価する場合も，足し算をしないでほしいということにも注意しておかなければならない。たとえば既存企業間の対抗度は，さらに細かい要因として8項目に分かれている。この8項目のうち，利益ポテンシャルを高める方向に働いている要因は2つで，低くする方向に作用している要因が6つであったとしよう。この

とき，（＋2）＋（－6）＝（－4）という計算をして，「利益ポテンシャルを高める要因の数の方が少ないから既存企業間の対抗度は利益ポテンシャルを低める方向に作用している」などといった判断をしてはいけない，ということである。たとえば産業の成長率がきわめて高い場合には，生産能力の小刻みな拡大が可能かどうかとか，固定費が大きいかどうかなどは，重要な要因でない，ということはしばしばある。単純に数を数えるのではなく，どれが最も重要な要因なのかを考え，総合的な判断をしなければならない。この総合的な判断ができるようになるには，本書を読んだ上で実際の業界を何種類も分析して，利益ポテンシャルを推測する経験を積んでいかなければならない。どうか読書のままで終えないで，実際の分析に本書の内容を活用してもらいたい。

3. 構造分析の使い方

第3に，業界の構造分析によって，どの業界が儲かるかが分かると同時に，どこをいじれば自分たちは利益が出せるようになるかが分かるはずだ，という点にも注意を促しておきたい。利益の出そうな業界を選ぶのも戦略だが，利益の出にくい業界で競争要因を主体的に変革することで儲かる仕組みを創造するのも戦略である。たとえば鮮度がすぐに落ちる商品は在庫費用がかかるからと言ってあきらめるのではなく，その鮮度をより長時間維持するためにはどうすればよいかと考えることも必要である。実際，チルド配送の仕組みを作ってニワトリのタマゴの鮮度を長持ちさせる仕組みを作った会社や，豆腐の賞味期限を延長することでスーパー閉店前の安売りを回避している豆腐メーカーもある。

　また，スイッチング・コストが低いが故に利益ポテンシャルが

低くなっている業界であれば，それを高めるように工夫すればよい。たとえば米国の航空業界が厳しい価格競争にさらされていた1981年にアメリカン航空はＡアドバンテージというマイレージ・サービスを創始した。飛行機で旅行したマイル数を顧客が一定量ためると，ハワイへの航空券がタダになる，というようなサービスである。航空会社にとっては，オフ・ピーク期に空席の目立つハワイ便のチケットを顧客にプレゼントしても追加コストは大きくない。しかし，顧客にとってはハワイまでタダで行けるのは大きなメリットである。だから，マイレージ・サービスをアメリカン航空が導入することで顧客は他の航空会社にスイッチするコストを意識するようになる。ほぼ同様のサービスを他社も次々に導入したので，他社の顧客にとってもスイッチング・コストが高くなっていった。このようにしてスイッチング・コストを高めることで，当時の航空業界における過剰な価格競争が，一時的にではあるものの，ある程度緩和されたと言われている。

　これらの例が示すように，構造的な要因の中にも企業の努力で変革可能なものがある。だから，構造的な要因を明らかにする作業は，あるビジネスに参入するか否かを決めたり，そのビジネスをあきらめて撤退する意思決定を行なうためだけに存在するのではない。どの構造的な要因が問題であるかを明らかにし，それを打破するイノベーションを考え出すためにも構造分析が使えるということを忘れてはならないのである。

4. ひとつひとつの要因の入念なチェックを

第４の注意点は，業界の構造分析が実際にメリットをもっているということである。この手法は煩雑（はんざつ）に見えるかもしれな

いが，通常のマーケティング戦略の議論では見えてこないものを教えてくれるのである。マーケティング・ミックスとターゲット市場がフィットしていれば，たしかに同業他社よりも自社の方が成功する確率を高めるだろうが，業界全体がどれほどうまくやっても儲からない構造になっているという場合には，4つのPの分析は何も示唆してくれない。だから煩雑でも，ひとつひとつの要因をチェックしていくという作業をまじめに行う意味があるのだ。

5. 競争と協調の組み合わせへの注目

最後に，本章の冒頭にも述べたが，業界の構造分析は「この世のすべてが敵だ」と考えがちの手法だが，実際のビジネスは競争と協調の組み合わせで動いているという点にも注意を促しておきたい。これが5番目の注意点である。この点はとりわけ補完財の議論が入ってくることで近年とくに強調されるようになってきた。たとえば顧客企業と共同で新製品を開発することで長期的な成長を達成できるかもしれないとか，補完財メーカーと共同することで共存共栄の発展を作り上げることができるとか，場合によっては既存企業間もある程度の棲み分けを行なうことで互いに十分な利潤を獲得することができるなど，ビジネスは競争と協調が入り交じって展開されるものである。冷めた目で悲観的に業界を分析すると同時に，互いに協力して新しい価値を生み出していくことがあるという点も常に意識しておかないと，本当の意味での成功はなかなか難しいと思われる。この点にはくれぐれも注意してほしい。

付録　CAGR の計算

　平均成長率（Compound Annual Growth Rate: CAGR）の計算の仕方を簡単に解説しておこう。

　借金をしたら，複利計算で利子がついて返済が大変だ，ということは多くの人が知っているであろう。たとえば，100 万円を借金して，複利で年間 10 ％の利子率であれば，1 年目の末には 110 万円，2 年目は 121 万円，3 年目は 133 万 1,000 円になる。毎年 10 ％の単利なら，毎年 10 万円ずつで 3 年で 130 万円になる，という計算とは 3 万円以上の違いが出る。

　同様に，いま，100 億円の売上規模をもつ業界が年率 10 ％で成長していれば，1 年後には 110 億円，2 年後には 121 億円，3 年後には 133 億 1,000 万円へと売上規模が大きくなる。初めの 100 億円というスタート地点と，「10 ％」の成長率を知っているのであれば，2 年目に 121 億円になるという計算は容易である。$100 \times 1.1 \times 1.1 = 100 \times (1.1)^2$ を計算すればよい。

　しかし，逆に「10 ％」を知らずに，「100 億円が 2 年後に 121 億になった」ということだけしか知らない人が，何％の成長率だったのかを知ろうと思うなら，これまでの計算の逆をしないとならなくなる。いま，これから求めるべき成長率を r（たとえば上の 10 ％）と書くと，$100 \times (1+r)^2 = 121$ だから，r を求めるには，まず両辺を 100 で割って，$(1+r)^2 = 1.21$ を計算すればよい。2 乗して 1.21 になる数字を求めればよいから，両辺の平方根を求めればよい。電卓で言えば 1.21 とインプットしてルート・キー

を押すことで計算できる。なお，ルート・キーを押して出てくる数字は $(1+r)$ だから，ディスプレイに表示されている数字から1を引かないと r は求められない。この r を％表記すれば成長率になる。

最近では電卓ではなく表計算ソフトを使うことが増えてきた。とくに CAGR の計算をする上では表計算ソフトが便利である。たとえば Microsoft Excel で平方根を計算する場合，関数を使って「＝SQRT（1.21）」とセル内に記入するのでもよいし，「＝1.21^(1/2)」と記入するのでもよい。この後者（「＝1.21^(1/2)」）の計算の仕方は応用ができて便利である。「へ」の字のような「^」という記号は通常はパソコン・キーボードの右上の方にあり，「ハット」と読む。「^」という記号は何乗するかを指定するものである。たとえば2乗なら「^2」と記入する。ルートというのは2分の1乗することなので「^(1/2)」である（たとえば，$\sqrt{x} \times \sqrt{x} = x^{\frac{1}{2}} \times x^{\frac{1}{2}}$ と考えれば分かりやすいのではないだろうか）。Excel のような表計算ソフトを使うと，この種の計算が簡単なので，2乗して 1.21 になる数を求めるだけでなく，5乗して 1.610510 になる数を求めることもできる。「＝1.610510^(1/5)」とセルに記入すればよいのである（この場合も答えは $(1+r) = 1.1$）。この計算をすれば，5乗根や 10 乗根など，多様な計算が簡単にできる。

5年の平均成長率（CAGR）を計算する仮設例として，**図 6A-1** のような成長をしている業界があるとしよう。横軸は年，縦軸は売上高（億円）を表している。1年目の期初の売上高から6年目の期初の売上高までを記しているから，期間は5年間である。

基本的には右肩上がりの成長をしているように見えるが，4期目に売上減少を経験している。この数字を表で確認すると，**表**

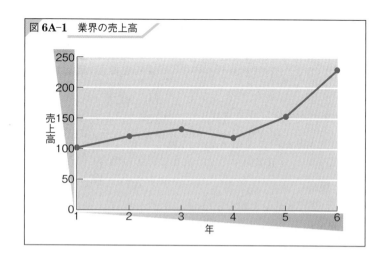

図 6A-1　業界の売上高

6A-1 のようになっている。

　表 6A-1 の上半分の一番左側には何年目かが記されている。次の列が売上高，対前年比で何倍になったか，対前年比成長率（対前年比何倍かという数字から 1 を引いて％表記したもの）が順に並んでいる。倍率の列を見てみれば分かるように，初めは 1.2 倍になり，次いで 1.1 倍となったものの，3 年目の期初から 4 年目の期初にかけて 0.9 倍，すなわちマイナス 10 ％の落ち込みを経験している。

　平均成長率を計算するには，表 6A-1 の下段の「5 年で何倍になったか(b)」に見られるように，まず，この対前年の倍率をすべて掛け合わせて，5 年間で何倍になったのかを計算する。ここでは，$1.2 \times 1.1 \times 0.9 \times 1.3 \times 1.5 = 2.3166$ 倍である。毎年一定率で成長したとすると，毎年何倍ずつになっていれば 2.3166 倍になるかを計算するために，この数字の 5 乗根を計算する（「$= 2.3166 \wedge (1/5)$」）。こうすると，平均約 1.1830 倍なので，そこか

表6A-1 5年の平均成長率（CAGR）の計算例

年	業界の売上高 （億円）	倍率	対前年比 成長率
1年目（期初）	100.00		
2年目（期初）	120.00	1.2	20％
3年目（期初）	132.00	1.1	10％
4年目（期初）	118.00	0.9	−10％
5年目（期初）	154.44	1.3	30％
6年目（期初）	231.66	1.5	50％
5年間で何倍になったか (a) 231.66÷100 (b) 1.2×1.1×0.9×1.3×1.5	2.3166	2.3166	
5乗根　^(1/5)	1.1830	1.1830	
CAGR（−1，％表記）	18.3％	18.3％	

ら1を引いて％表記すると18.3％になる。これがCAGRである。

　同様の数字は6年目の売上高（231億6600万円）を1年目の売上高（100億円）で割り，その5乗根をとって，1を引いて，％表記しても得ることができる。実際に計算する際にはこちらの方が計算は簡単なので，通常は，｛(5年目の売上高)÷(初年の売上高)｝^(1/5)−1を計算して％表記することで5年CAGRを計算することになる。

第7章　全社戦略

　第6章では社外の環境について徐々に視野を広げるべく業界の構造分析を紹介した。続く本章では，自社内の複数事業へと目を向けて，視野を広げることにしよう。具体的には，多様な製品分野・事業分野をもつ多角化した大企業を経営するための手法として開発されたプロダクト・ポートフォリオ・マネジメント（PPM）の考え方を，ここで理解しておくことにしよう。もともとは，多数の製品分野・事業分野の調整によって全社の利益と成長をバランスよく達成するための手法だが，この考え方自体は，《全体と部分》という関係さえあれば，どのような場合にも使える，たいへん便利なものである。つまり，全社と自分の事業という関係ばかりでなく，事業部とその中の自分の担当製品領域という関係でも，あるいは自分の担当地域全体とその中の部分という関係でも，同じ論理を当てはめて考えることができるのである。

たとえば，あなたが0歳から5歳までの子供を対象とした子供用品の販売に関して東京23区全体を任されていると考えてみてほしい。この場合，東京都を世田谷区や品川区などに分けてみることができる。たとえば，子供の数が急速に増加している中央区や港区では自社ブランドの競争力が十分ではないが，逆に子供の数が減少している江戸川区や足立区では非常に強い競争力をもって利益を稼ぎ出している，という状況であれば，PPMの発想法が役に立つに違いない。江戸川区と足立区であげた利益を中央区と港区に集中投入せよ，というのがPPMの教えるところだからである。

　あるいは，あなたが豆乳を販売していると想定してみてほしい。このとき，チャネル別に分けてみて，イオンなどのスーパーやセブン－イレブンのようなコンビニでは十分にシェルフ・スペースを確保しているが，アマゾンのようなインターネット通販のチャネルでは十分なシェアをもっていないと考えてみよう。このときも，リアル店舗で得たキャッシュをインターネット通販での販促に投入するなどの対応の仕方をPPMは示唆してくれる。部分と全体に問題が分かれ，利益の出ている部分と，利益は出ていないが成長している部分に分かれているなどといった状況にあるのならば，PPMの発想法・思考法が役に立つはずである。

1　高度に多角化した企業の経営

●成長機会への注目

　人間の情報処理能力はそれほど高くない。7桁だった電話番号が8桁に変わるとなかなか暗記できなくなる。2人が幸せになる

方法は何とか見つけられるが，3人になると一気に難しくなる。ドライビールかクラフトビールのどちらが好きかを決めることは簡単だが，スーパードライとプレミアモルツ，一番搾り，エビス，ハイネケンなどなど20種類ぐらいのビールを味見して1番から20番まで好きな順位をつけるのは大変だ。

　企業の経営も同じことである。製品が1種類とか2種類でも，いろいろ考えなければならないことが多いというのに，100種類とか1,000種類もの製品を目の前にしたら，どれほど頭の良い人間でも，ひとりですべてを把握できるものではない。ちなみに大きな会社なら，製品を細かい種類に分けていくと，あっという間に何万種類にもなってしまう。たとえばポスト・イットやスコッチテープで有名なスリーエム（3M）社の製品は数万種類もある。

　こういった多数の製品を扱っている企業を経営するにはどうしたらいいのだろうか。おそらく誰でも気がつく解決策は，会社全体をいくつかの事業部に分けて，独立採算制を導入することであろう。そうすれば，どの事業部で利益が出ていて，どの事業部が赤字かは一目瞭然であるし，各事業部は赤字を出さないように必死になって頑張るだろう。かつてパナソニック（旧松下電器産業）が採用していた製品分野別の事業部制と独立採算制は非常に厳格なものだった。各事業部には売上高経常利益率10％という基準が課され，達成できないと他の事業部長の目の前で松下幸之助に厳しく指導されたと言われている。ある事業部で稼いだ利益を他の事業部にもっていくことはしなかったから，事業部長は自分が社長のつもりで，倒産しないように必死になっていた。たしかにこれもひとつのやり方だろう。

　しかしこのようなやり方が本当に機能したのは，おそらく，日

本のエレクトロニクス業界のあらゆる事業分野が成長していた時期のことであろう。すべての事業分野が成長しているのであれば，すべての事業部が必死に努力することと，会社全体の業績が高まることが両立する可能性がある。しかし同じエレクトロニクス業界の中でも，成長分野もあれば衰退分野もあるといった状況の下ではこのやり方には問題が出てくる。つまり，①カネのない事業部には成長機会があり（＝市場成長率が高い），②カネのある事業部には成長機会がない（＝市場成長率が低い）という場合には，会社全体として見ると，もっと成長できる可能性が残されているからである。このような問題に対するひとつの答えとして生まれ，1970年代に一世を風靡したのが，ボストン・コンサルティング・グループ（BCG）のPPMという手法だったのである。

2 PPM
●3つの情報と4つのセル

PPMは，図7-1に見られるように，市場成長率と市場シェアとの2次元で個々の事業単位を位置づけ，カネ（キャッシュ）の流れをコントロールして会社全体として適切な利益と成長を達成するための方法である。PPMでは，このキャッシュ（現金）がどこで生み出され，どこで必要になるかということ，つまりキャッシュを生み出し，投入するということが唯一最大の関心事である。この点を常に念頭に置きながら，以下の注意すべきポイントを読み進めてほしい。なお，PPMというのは，このキャッシュ・フロー（キャッシュの流れ）のマネジメントを行なう手法を指した言葉であり，これから説明する図は一般には成長－シェア・マトリ

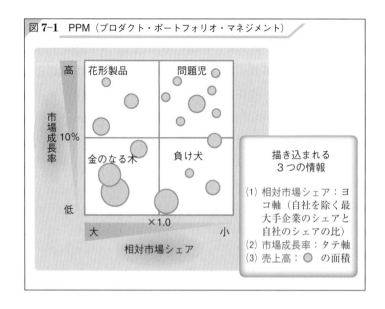

図7-1 PPM（プロダクト・ポートフォリオ・マネジメント）

高
市場成長率
10%
低

花形製品　問題児

金のなる木　負け犬

大　　×1.0　　小
相対市場シェア

描き込まれる
3つの情報

(1) 相対市場シェア：ヨコ軸（自社を除く最大手企業のシェアと自社のシェアの比）
(2) 市場成長率：タテ軸
(3) 売上高：◯ の面積

クスと呼ばれる。しかし，いちいち「成長－シェア・マトリクス」と呼ぶのは面倒なので，以下では「PPMの図」などと表現しておく。

1. 3つの情報：市場シェア，市場成長率，売上規模

この図には3つの情報が盛り込まれる。まず第1に，ヨコ軸は市場シェアを表している。数学で普通に出てくるグラフは右に行くほど数字が大きくなるのだが，PPMの図では逆に左側にいくほど市場シェアが大きく，右側ほど小さくなるように描かれる。PPMでは通常，相対市場シェアが使われる。相対市場シェアというのは，自社を除く業界他社のうち最大手と自社のシェア比である。つまり自社が業界1位で30％のシェアをもち，2位の企業が20％のシェアをもっていたら，自社の相対シェアは

1.5 になる。また，逆にこの業界 2 位の企業の立場に立ってみれば，相対シェアは 3 分の 2（約 0.67）である。ここで相対シェアという珍しいシェアの計算の仕方をするのは，その方が他社と比較して自社がコスト面で優位にあるか劣位にあるかはっきりするからである。ふつうの市場シェアの計算では，自社に 30 ％の市場シェアがあっても，自分の会社が業界 1 位なのか 2 位なのか判断できない。45 ％のシェアをもつ企業があれば，たとえ 30 ％のシェアをもっていても首位ではないからである。

　2 つめの情報はタテ軸の市場成長率である。上が市場成長率の高い方を示し，下にいくほど成長率は低い。

　3 つめの情報は製品の売上高である。売上高の大きさは円の面積によって表されている。

　これら 3 つの情報を 1 枚の絵の中に描き込むことで，利益を確保したまま成長を継続するための戦略の基本方針を考えやすくする，というのが PPM のメリットである。

| 2. 3 つの仮定：キャッシュの産出量と必要量，成長率 |

相対市場シェアと市場成長率，売上規模という 3 つの情報が盛り込まれた PPM の図を解読するには次の 3 つの仮定を知っている必要がある。図 7-2 を参照しながら読み進めてほしい。

　仮定(1)：相対市場シェアが大きいほど，生み出されるキャッシュ（現金）の量は大きい。

　相対市場シェアが大きいということは，他社よりも多くの経験効果を蓄積していて，他社よりも低いコストで製品を生産できる，ということを意味している。業界内の価格が一定であれば，他社よりも低いコストで生産できる自社事業は高い利益率を達

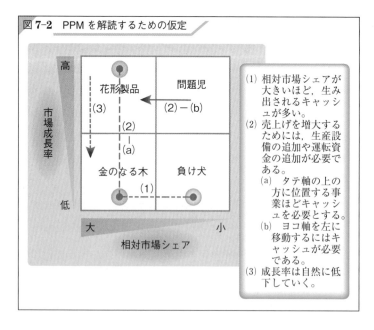

図 7-2　PPM を解読するための仮定

市場成長率

高
　　花形製品　　　　問題児
　　　（3）　　　　　（2）−(b)
　　　　｜（2）
　　　　｜（a）
　　金のなる木　　　　負け犬
　　　　　（1）
低

大　　相対市場シェア　　小

(1) 相対市場シェアが大きいほど，生み出されるキャッシュが多い。
(2) 売上げを増大するためには，生産設備の追加や運転資金の追加が必要である。
　　(a) タテ軸の上の方に位置する事業ほどキャッシュを必要とする。
　　(b) ヨコ軸を左に移動するにはキャッシュが必要である。
(3) 成長率は自然に低下していく。

成しているはずである。だから，図の左側に位置する事業の方が右側に位置する事業よりも生み出すキャッシュが多いと考えられるのである。

　仮定(2)：売上げが増大するためには，生産設備の追加や運転資金の追加が必要である。だから，売上げ増大のためにはキャッシュが必要である。

　したがって，次の2つのことを仮定することになる。

　　仮定(2)-(a)：タテ軸の上の方に位置する事業ほどキャッシュを必要とする。

　　成長率の高い業界に属している事業は，業界の成長と同じ成長率を達成するだけでも設備投資や運転資本の追加が必要である。

仮定(2)-(b)：ヨコ軸を左に移動するにはキャッシュが必要
である。

　市場成長率いかんにかかわらず，市場シェアを獲得するに
は通常，プロモーションや値引きなどにカネがかかる。新規
の顧客を開拓したり，他社の顧客を奪ったり，生産設備を大
きくしたりするのだから，マーケティング面での投資も，工
場の設備投資も必要であり，大きな需要に対応するために在
庫も積み増さなくてはならない。

仮定(3)：成長率は自然に低下していく。

　製品ライフサイクルの議論が正しいとすれば，いずれ事業は成
熟期に達する。だから，企業がどういう手を打とうと，図 **7-1** の
中の円は時とともに下降していくはずである。

3. 各セルの特徴

以上のように考えれば，PPM の４つの
セルのキャッシュ状況は図 **7-3** のように
なるはずである。

　まず，右上のセルでは市場成長率が高いので市場と同じスピー
ドで成長するためにも多額の投資が必要である。しかし，他社に
比べるとコストが高いので，あまり多くのキャッシュを生み出し
ていない。したがって使用するキャッシュと生み出すキャッシュ
を差し引きすると大幅なマイナスである。

　左上のセルでは，成長のために多額のキャッシュを必要とする
が，他社よりも低コストで生産できるので生み出されるキャッシ
ュも多い。そのため，このセルの事業はキャッシュがプラスであ
ったとしても大幅なプラスではなく，マイナスであったとしても
大幅なマイナスではない。

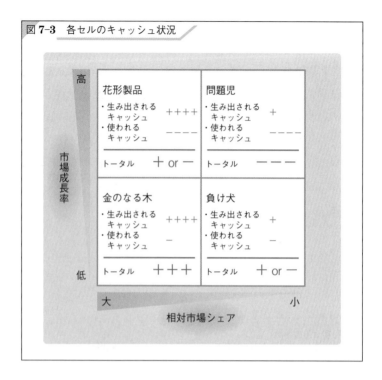

図7-3　各セルのキャッシュ状況

花形製品
・生み出される　　＋＋＋＋
　キャッシュ
・使われる　　　　－－－－
　キャッシュ

トータル　　　＋ or －

問題児
・生み出される　　＋
　キャッシュ
・使われる　　　　－－－
　キャッシュ

トータル　　　－－－

金のなる木
・生み出される　　＋＋＋＋
　キャッシュ
・使われる　　　　－
　キャッシュ

トータル　　　＋＋＋

負け犬
・生み出される　　＋
　キャッシュ
・使われる　　　　－
　キャッシュ

トータル　　　＋ or －

市場成長率　高　低

相対市場シェア　大　小

　左下のセルは成長率が低いので，もはや追加投資はさほど必要ない。しかも他社と較べて低いコストで生産できるので，大量のキャッシュを生み出すことができる。

　右下のセルはキャッシュを使いもしないし，生み出しもしないので，大きなマイナスにも大きなプラスにもならない。

　これら4つのセルには，それぞれの特徴に合わせて名前が付いている。右上のセルは成長性が高い業界であり，その意味では魅力的な事業領域であるにもかかわらず，自社の市場シェアが低く，キャッシュを食うので，問題児と呼ばれる。ただし，市場成長率が高いので，育て方しだいでは将来大物になるかもしれない「問

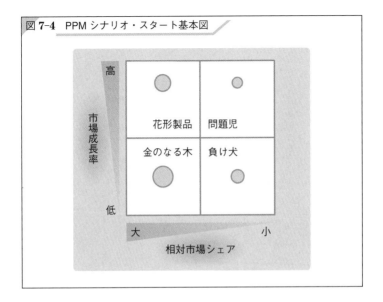

図7-4 PPMシナリオ・スタート基本図

市場成長率 高／低

花形製品 問題児

金のなる木 負け犬

相対市場シェア 大／小

題児」である。左上の事業は，このまま順調に育てば将来大量の
キャッシュを生み出す事業になりうるので花形製品と呼ばれる。
左下の事業は大量のキャッシュを今現在生み出しているので金の
なる木，右下の事業はすでに勝負のついてしまった業界で，トッ
プになれなかった事業であるから負け犬と呼ばれる。

3 キャッシュ・フローのマネジメント
●成長性と利益率のバランス

　各セルのキャッシュ状況がほぼ把握できたら，次はそのキャッ
シュをどのように管理するかという問題を考えなければならない。
ここで3つのマネジメント・スタイルを想定して，個々のスタイ
ルを採用すると会社が将来どのようになっていくのか，というシ

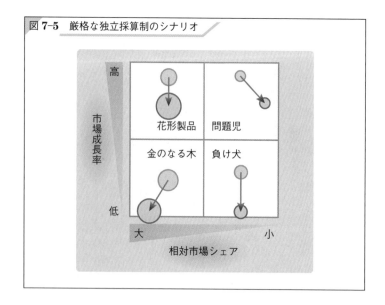

図 **7-5** 厳格な独立採算制のシナリオ

高

市場成長率

低

花形製品　問題児

金のなる木　負け犬

大　　　　　　　　　小

相対市場シェア

ナリオを描いてみよう（図 **7-4**）。

1. 厳格な独立採算制の シナリオ

まず，厳格な独立採算制をしいた場合の シナリオを考えてみよう。厳格な独立採 算制というのは，個々の事業部がひとつ ずつ会社のようになっている場合を想定すればよい。つまり，ひ とつの事業が稼いだおカネは，たとえ同じ会社内であっても，他 の事業に回すことはしない，というマネジメント・スタイルであ る。ひとつひとつの事業は自ら稼いだキャッシュをそれぞれ自ら の事業領域内で次の投資に回すのである。

　このような場合には，時の経過とともに図 **7-5** のような状態 になると考えられる。説明しよう。花形製品と負け犬はキャッシ ュのプラス・マイナスがほぼゼロだから，時の経過とともに事業

が成熟し，まっすぐ下に降りてくるだろう。もちろん花形製品は市場成長率が高いのだから，市場と同じように成長すれば売上高は増大し，円の面積が大きくなっているだろう。負け犬は，市場成長率が低いのだから，市場の成長と歩調を合わせていれば，ほとんど円の面積も広がらないはずである。

　金のなる木は，業界が低成長なわりには投資するべきキャッシュを大量にもっているから，今まで以上にシェアを高め，左斜め下の方向に移動し，円の面積を少し拡大するであろう。ここで，円の面積が少ししか拡大しないのは，金のなる木の事業分野の成長率が低いためである。成長率の低い業界では他社も必死で反撃するであろうから，投資に見合った売上げアップは難しいのである。

　問題児はキャッシュがマイナスだから，市場の成長率に合わせて成長することができず，右斜め下の方向に移動するだろう。このとき，投資が出来なければ売上げアップは難しいので円の面積は同じままに留まる。しかし，競争相手は成長しているので相対シェアは低下していくので右下に移動するのである。

　このようなマネジメント・スタイルを採用した場合の問題は，問題児という市場機会の豊かな領域で成長できないことと，金のなる木という将来性が大きいとは言えない成熟分野で過剰な成長をすることであろう。つまり成長機会のある事業部にはカネがなく，カネのある事業部には成長機会がない，という状況なのである。PPM は全面的に成長産業ばかりに直面しているのではなく，むしろ，このように成長機会と利益率にデコボコのある事業群を経営する場合に必要な手法だということを，もう一度思い出しておこう。

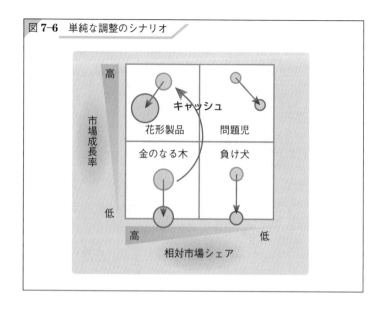

図 7-6　単純な調整のシナリオ

高
市場成長率
低

キャッシュ

花形製品　　　問題児

金のなる木　　負け犬

高　　　　　　　　　　**低**

相対市場シェア

**2. 単純な調整を行なう
場合のシナリオ**

少し考えてみれば，金のなる木で得られたキャッシュをもっと成長性の高い事業領域に投資すればよい，ということぐらいは誰でも思いつく。成長性が高く，しかも他社に十分に勝てる見込みのある事業にキャッシュを回せばよい。金のなる木で余ったキャッシュを花形製品に投資し，より強固な地位を築かせるのである。このようなマネジメントを行なうと，おそらく図 7-6 のようなシナリオが描かれるであろう。こうすれば，金のなる木はほぼまっすぐ下に降りていき，円の面積もほぼ変わらない。その分だけ将来，金のなる木になるはずの花形製品はやや左斜め下側に移動し，独立採算のケースよりも円の面積を大きくすることができるであろう。

このような単純素朴な調整によっても，厳格な独立採算制を採

用した場合よりも企業全体としての成長性を高めることが可能である。しかし，もっと成長することが可能である，と PPM を知っている人は考えるはずである。

<table>
<tr><td>3. PPM の最適キャッ
シュ・フロー</td></tr>
</table>

PPM によれば，企業全体としての最適なキャッシュ・フローのマネジメントは，〈金のなる木で得られたキャッシュ〉＋〈負け犬を売却して得たキャッシュ〉を特定の問題児事業に集中的に投資し，その問題児事業を花形製品へと育成することである。

ここでのポイントは 2 つある。ひとつは金のなる木（および負け犬の売却）から問題児へのキャッシュ・フローであり，もうひとつは集中的な投資を行なうべき問題児の選別である。企業の保有する問題児事業が 1 つだけだということはまれである。通常はいくつもの問題児事業を抱えている。そのすべてに金のなる木から生まれたキャッシュを分散して投資するのではなく，特定の問題児事業を選び，その問題児事業に集中的にキャッシュを投入するのである。

このようなキャッシュ・フローのマネジメントを行なうと，図7-7 のようなシナリオを描くことができるであろう。すなわち，花形製品は業界成長率と歩調を合わせて成長し，円の面積を拡大させながら真下に降下する。金のなる木から潤沢なキャッシュの投入を受けた問題児は，業界の高い成長率の下でシェアを伸ばすのだから，大幅に売上げを増大させて円の面積を大きくしながら左下に移動する。ここで問題児から花形製品に成長していく際に，若干斜め下に向かっているのは，市場シェアを高めていく間に時間が流れていて，その間に徐々に市場成長率が低下している

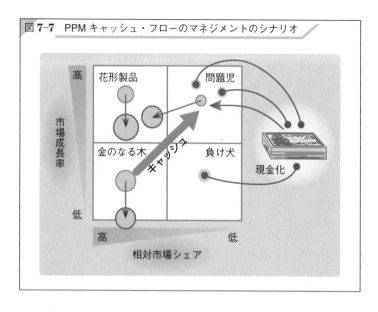

図7-7　PPMキャッシュ・フローのマネジメントのシナリオ

はずだ，と考えられるからである。M&A（合併・買収）をすれば
急速な市場シェア拡大は可能だが，独力であれば1年程度で市場
シェア・トップになる，ということは考えにくい。2〜3年かけ
てここまで大きく育てることができれば，その間に市場の成長率
は徐々に低下していく。その後，この新たな花形製品は時の経過
とともに金のなる木となり，次の問題児育成のためのキャッシュ
を生み出すようになるであろう。負け犬については，売却するか，
もしくは投資を抑えてキャッシュ創出を最大化するかを選ばなく
てはならない。これによって獲得されたキャッシュもまた問題児
事業に投入される。したがって，負け犬はこの図から除去される
か，もしくは右下に円の面積を小さくしながら移動する。金のな
る木は，その地位を維持するのに必要な投資のみを行ない，真っ
直ぐ下に降下させていく。

こうすれば，独立採算のシナリオや単純素朴な調整のシナリオ
よりも成長性と利益率のバランスが良くなるはずである。これが
PPM の教えである。

4 事業単位ごとの戦略指針
●構築・維持・収穫・資金回収

以上のような最適キャッシュ・フローに合わせて，個々の事業
の戦略指針が決定される。PPM で考えられている各事業単位ご
との戦略指針は次の4つである（図**7-8**）。

1. 4つの指針

(1) 構築せよ（Build）＝シェア拡大

問題児の中には花形製品へと育成する候
補として有望な魅力のある事業がある。これには金のなる木から
キャッシュを集中的に投入してシェア拡大をさせる。また，花形
製品の中には，シェアがナンバーワンであっても，まだ僅差のナ
ンバーワンであるような事業もあるだろう。そのような事業につ
いてはさらなるシェア拡大を行なって，圧倒的に強い事業に育て
る必要がある。したがって，有望な問題児と若干弱めの花形製品
に対して《構築せよ》という戦略指針が与えられる。

(2) 維持せよ（Hold）＝シェア維持

すでに強力な市場地位をもつ花形製品はこれ以上市場シェアを
拡大する必要はない。また，まだ衰退期に入りそうにない金のな
る木も，安定した市場地位を維持するための投資を行なって金の
なる木として生かしておきたい。これらの事業に関しては市場シ
ェアを《維持せよ》という戦略指針が与えられる。

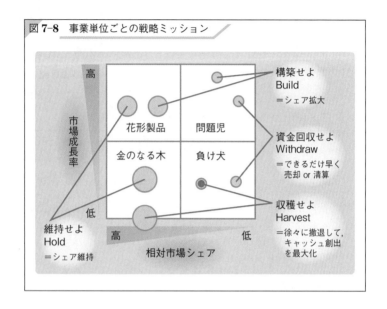

図7-8 事業単位ごとの戦略ミッション

高
市場成長率
低

花形製品　問題児

金のなる木　負け犬

高　　　　　　　低
相対市場シェア

構築せよ
Build
＝シェア拡大

資金回収せよ
Withdraw
＝できるだけ早く
売却 or 清算

収穫せよ
Harvest
＝徐々に撤退して，
キャッシュ創出
を最大化

維持せよ
Hold
＝シェア維持

(3)　収穫せよ（Harvest）＝徐々に撤退して，キャッシュ創出を最
　　大化

　すでに衰退期に入ってしまった業界なら，たとえ金のなる木と
いえども，もはや市場地位を維持するための投資すら控えてもよ
いかもしれない。投資を抑えて，現状の設備のまま，できるだけ
大量のキャッシュを生み出させる，というのが適切な場合がある。
また，負け犬事業の中には，業界が衰退期に入っていて，しかも
業界2位や3位程度であれば，ほどほどの利益を生み出してく
れるものもある。このような事業についても，投資を抑え現有設
備の維持管理のみに注力してできるだけ多くのキャッシュを生み
出させるようにすれば，その分だけ問題児事業に投資できる。だ
から，比較的市場地位の高い負け犬事業にも《収穫せよ》という
戦略指針が与えられる。

(4)　資金回収せよ（Withdraw）＝できるだけ早く売却あるいは清
　算

　問題児事業の中でも，弱い市場地位にある事業や，投資先とし
てあまり魅力的ではないような事業は，なるべく早くポートフォ
リオから除去してしまった方が，金の使い方としては効率が高ま
る。また，負け犬事業のうち，市場地位が非常に低くて赤字が続
くような事業なども，できるだけ早く売却あるいは清算して運転
資金を浪費しないようにした方がいいだろう。これらの事業には
《資金回収せよ》という戦略指針が与えられる。

2. 戦略経営へ

これらの戦略指針を与えられた各事業単
位は，それぞれの与えられた戦略指針に
基づいて評価されるべきだ，という点については注意が必要であ
ろう。つまり，《構築せよ》という戦略指針を与えられた事業単
位は売上成長率やシェアの伸び率で評価されるべきであって，利
益率で評価されるべきではない。また，《資金回収せよ》という
戦略指針に基づいて行動している事業単位は，売却のタイミング
の良さや，それによって得られたキャッシュの大きさで評価され
るべきであって，売上成長率やシェアの伸び率などで評価される
べきではない。当然のことだ。

　さらにこれらの戦略指針に合わせて事業単位の統括責任者の個
人特性も考慮されるべきだろう。《構築せよ》というミッション
を追求する事業には，市場シェア・アップに適した元気の出るリ
ーダーを配置したり，《維持せよ》を命じられた事業には，シェ
アを防衛しながら利益率を維持・向上するのに適した緻密な人を
配置する。また，《収穫せよ》がミッションなら，徹底的な合理

化によって事業の将来性を犠牲にしても現在のキャッシュ・フローの最大化を目指そうとするドライな人が適合しているかもしれない。さらに,《資金回収せよ》というミッションなら,事業をできるだけ高い価格で売却するのに長けた抜け目のない人が向いているだろう。それぞれ違うパーソナリティと能力をもった経営管理者が,その能力とパーソナリティにフィットした事業を経営するように配置できれば,PPMの指針を実行するのがより容易になるであろう。

　PPMという手法は,成長と収益性をダイナミックにバランスさせる全社戦略を策定し,その結果として各事業の特徴に応じてミッションを定め,さらにそのミッションに沿って人材配置と評価を遂行していく,という体系的な経営手法へと発展してきた。こういった経営にかかわる業務全般を全社戦略に基づいて一貫して構築していくことを戦略経営(ストラテジック・マネジメント)という。

5　若干の注意事項

●注意点とメリット

1. PPMについての3つの注意点

PPMの論理は単純であり,その単純な論理が組み合わされた思考の枠組は体系的であり,そこから引き出される示唆は明確である。

　しかしながらPPMから得られる示唆を有効に活用するためには,注意しておくべきポイントが少なくとも3つある。

　注意するべきポイントのひとつめは,PPMの分析を始めるに

あたって，その初めの段階で，ひとつひとつの事業分野を分類し，まとめる作業が決定的に重要だということである。PPMの図に描かれる円は，何らかの事業を表している。しかしこの事業は既存の事業部であるとは限らない。むしろ日本の事業部制の下では，過去の歴史的経緯から，現在の戦略から見ると関係の薄い製品も同じ事業部にまとめられていることがある。PPMの円を描くには，まず，それぞれ独立して戦略を立てられるような事業単位に会社の事業分野を分類し直す必要がある。このように独立して戦略を立案することができる事業単位を戦略事業単位（ストラテジック・ビジネス・ユニット，SBU）という。このSBUのまとめ方次第でPPMから得られる結論はガラリと変わってしまう。

　たとえば物理的には同じパーソナル・コンピュータという製品であっても，オフィスのデジタル・トランスフォーメーション（DX）を推進するための1製品として扱う場合と，個人向けに1台ずつ販売する事業として捉える場合とでは，市場成長率も異なれば，自社の相対市場シェアも異なる。したがって，いままでパソコンは問題児に位置づけていたが，見方を変えることで花形製品に位置づけられるといったことが起こりうるのである。自社の製品分野を分類し，事業を定義するという初めのステップが際立って重要なのである。

　2つめの留意点は，PPMの応用範囲を狭く捉えすぎないことである。PPM自体はもともと多角化した大規模企業の戦略策定のために考案された戦略の手法であるが，PPMで用いられている考え方は企業内のさまざまなレベルに応用が可能だということである。すでに本章の初めにも触れたように，PPMの考え方は《全体　部分》という関係が存在する所であれば，どのような所

でも応用できるのである。たとえば,《日本経済−個別の業界》という関係にも応用可能であるし,《製品ライン−製品アイテム》や《製品アイテムの全国売上げ−各地域市場》という関係にも適用できる。産業政策の立案者であれば現在「金のなる木」となっている業界から得た税金を次世代の「問題児」業界に投入しようと考えるであろうし,事業部長は「金のなる木」製品から得たキャッシュを「問題児」製品へ,特定製品の販売担当者は「金のなる木」地域から獲得されたキャッシュを「問題児」地域へ投入しようと考えるであろう。どのようなレベルにも,そのレベルで考える必要のある全体と部分があるのである。

ただし,PPMの論理が単純で,応用範囲が広いのは,この手法がキャッシュのみを考えているからだ,という点には十分に注意しておく必要がある。これが3つめの注意点である。この手法は,自分の生み出すキャッシュでは成長機会を捉えきれないSBUと,逆に自分の事業を維持するには有り余るキャッシュが生み出されるSBUをうまくつなぎ合わせる,という点を最も重視している。いわば,複数のSBU間で,キャッシュの過少と過剰を結びつけ,多角化企業ならではのキャッシュのシナジー効果を達成する手法がPPMなのである。

しかし,PPMの手法はキャッシュ以外のシナジー効果について明確に捉えている訳ではない。たとえば,ヒトという資源に関していえば,必ずしもPPMの金のなる木でヒトが育っているとは限らない。かえって一番辛い負け犬や問題児の領域でこそヒトが育っているかもしれない。あるいは,勝つことと成長することの楽しさをともに学べる花形製品がヒトを育てるのに適しているかもしれない。したがって,ヒトを育成するというような観点に

立ってヒトのシナジー効果を考えるには，PPM とは別の論理を追究しなければならない。

そもそも多角化企業は単に SBU 間のキャッシュの過不足を補い合うために存在しているのではない。複数の SBU が同じ会社内に存在することで，バラバラな会社であるよりもメリットが享受できるから，多角化企業の存在意義がある。そうでなければ，株主・投資家から見ると，「多角化などせずに，ひとつひとつの事業が別会社でいてくれた方が分散投資ができてありがたい」と言われるだろう。逆に，複数の SBU で成功する要因（キー・サクセス・ファクター，KSF）が異なるために，複数の SBU を同じ会社が経営するとかえって業績が落ちる，という場合だってあり得る。このようなことが起こっていると思われて多角化企業の評価が下がることをコングロマリット・ディスカウント（複数事業をもつ会社故の企業価値の低化）という。

1つの会社が複数事業のポートフォリオを構成する意味があるのは，SBU 間にキャッシュ以外のシナジー効果があるからである。販売チャネルや工場が共通だとか，類似の技術を活用しているとか，ブランドを統一することで顧客から価値を認められるとか，経営者の能力を共通に発揮できるなど，複数の SBU が1つの会社に留まっていることによるプラス・アルファのメリットが必要なのである。この点について，PPM は示唆を提供してくれるわけではない。

もちろん，キャッシュ以外のシナジーについて十分な議論をしていないから，PPM の議論が無効だということではない。PPM の論理だけで企業経営の判断ができない，というだけである。いったん PPM でキャッシュ・フローの議論を整理した上で，キャ

ッシュ以外のシナジー効果についてじっくり考えなければならない。これがPPMを活用する際の3つめの注意点である。

2. PPMの2つのメリット

注意点はいろいろあるが、PPMには数々のメリットがあることは明らかである。ここでは2点ほどを指摘しておくにとどめよう。

まず第1に、PPMの考え方は選択的投資を奨励していることである。選択的投資とは、あらゆる分野にキャッシュをばらまくのではなく、特定の分野に集中して資金を投入するということである。どのような企業にとっても、動員できる経営資源には限界がある。カネが余っていても、ヒトが足りないとか、ヒトは十分だがカネはまったくない、などという状態が通常である。ヒト、モノ、カネといった経営資源に限りがあるのだとすれば、何かの分野を諦めて、これはという分野に集中的に経営資源を投入した方がよい。集中を欠いたために結局どの事業も育たなかったという事例は、歴史上数多く存在する。PPMは、企業全体として高い成長率と利益率を保ち続けるためには、何かを切り捨て何かに集中することが重要であることをわれわれに教えるとともに、切り捨てるべき分野がどこであるかを示唆してくれる。ひとつひとつの事業分野の立場に立てば、すべての事業が大切である。しかし、すべての領域で努力をすることが全体にとってもよい結果をもたらすとは限らない。すべてが大切に思える時に、それでも何かを切り捨てなければならない、という難しい状況下で、少なくともひとつの選択基準を与えてくれる、という点でPPMは優れていると評価せざるをえない。現在でも、しばしば企業のトップ

が選択と集中という言葉を強調している。これは実は特別新しい考え方ではなく，すでにPPMが1970年代から指摘してきた論理そのものなのである。

　第2に，PPMは長期志向の強い手法だという点も評価できる。PPMによれば，長期的な成長性を維持するためには，選択するべき問題児事業が常に複数存在する必要がある。健全な成長を続けるためには，成長性は高いけれども，カネ食い虫だと言われるような事業をもっていなければならないのである。企業のもつSBUの中には不健全な赤字（負け犬）と健全な赤字（問題児）の2種類があり，健全な赤字部門の中から有望なものを見つけて集中投資せよ，とPPMは指摘する。赤字部門をすべて一律に問題視するのではなく，将来性のある赤字部門の価値を強調している点で，PPMは長期志向の手法なのである。

第8章 事業とドメインの定義

戦略的思考の基本・出発点

1 事業定義・ドメイン定義の重要性

●自分たちは何をする会社か

> **1. 事業の定義**

　　　　　　　　　　　　自分たちの携わっている事業は，いった
いどのような事業なのか。誰に対して，
どのような製品・サービスを供給しているのか。そもそも何のために，何を目指して仕事をしているのか。これらの問題に対する答えが事業の定義である。たとえば鉄鋼メーカーの社員に，「貴方の会社は何の会社ですか」と問いかけたなら，「鉄鋼を生産・販売する会社です」という答えが返ってくるかもしれないし，「総合素材メーカーです」という答えが返ってくるかもしれない。IBM の社員に同様の質問をすれば，おそらく「顧客の問題解決を

支援し，ソリューションを提供するサービスこそわが社の提供しているものです」という答えが返ってくるであろう。またキッコーマンに尋ねたら，「『食と健康』に関わる商品とサービス」と答えるかもしれないし，「美味しい記憶をつくること」と答えるかもしれない。

　事業の定義は重要なものなので，いろいろな学者が事業の定義の異なる側面に注目してきている。そのため事業の定義と同じような内容をもつ事柄に対してさまざまな呼び名が存在する。たとえば，「ドメイン（企業の生存領域）」，「ミッション（使命）」，「ヴィジョン」，「長期目標」，「パーパス（目的：企業の存在意義）」，「経営理念」などが類似の意味内容をもつ言葉である。言葉が違うのだから，その意味やニュアンスも異なる。ミッションは現在の事業が何であるのかを定義するものであるのに対して，ヴィジョンは自社事業を将来どのようにしたいか，という未来の方向性を定義するものだというように，強調点が現時点か将来時点かというような違いがある。パーパスは社会の中で自社がどのような価値を提供して貢献しているのかを示すことで会社の存在意義を明確化するものだと言われている。経営理念は，会社の存在意義を示す場合もあるが，「常に誠意をもって行動する」など単に社員の倫理的な行動原則を語っている場合も多い。

　こうやって言葉の意味の違いを考えていくとそれなりに違うのだが，現実の企業社会ではそれほど明確に区別して使われているわけではない。「自分たちが何をする会社なのか」，「自分たちは何によって社会に貢献している会社なのか」という問いに関係するという点で，これらの言葉には違いよりも共通点が多いからであろう。だから，言葉は違っても，意味内容は同じようなものだ，

と思って読んでほしい。そうすれば不要な混乱をしないですむ。

2. ドメインの定義

ただし，この章で個々の事業部などが直面する事業の定義と全社レベルで行なわれる事業の定義とを分けて議論する時には，前者を「事業の定義」と呼び，後者を「ドメインの定義」と呼ぶことにする。通常の企業はいろいろな分野の製品やサービスを扱っているので，個々の製品分野ごとに行なわれる「事業の定義」と，多様な製品群を包括するような「ドメインの定義」とは，ずいぶん異なるものになる場合が多いのである。

たとえばパナソニックのような会社を考えてみよう。同社は冷蔵庫や洗濯機のような白物家電や，レッツノート・ブランドのパソコン，Technics ブランドの高級オーディオ機器，ナノケア・ヘアドライヤーのような美容家電機器，乾電池などなど，私たちの身近な製品を多数提供している。しかし，パナソニックが従事している事業はこれだけにとどまらない。ビルの非常口を知らせる避難口誘導灯や換気扇，テスラの電気自動車に搭載されるリチウムイオン電池など，言われなければパナソニック製だと気づかない製品も多数製造販売している。これらの多様なビジネスのそれぞれについて「事業の定義」が必要であるように，それらを全体としてまとめた「ドメインの定義」も，企業が総合力を発揮していくには重要である。しかし，明らかにこの2つを同じ抽象度で語ることはできない。だから事業の定義とドメインの定義という2つの言葉を用意しておくのである。

事業の定義あるいはドメインの定義は，戦略的に思考する場合の出発点である。どのような会社の戦略も，何よりもまず自社の事業の定義をしておかないと策定できないはずである。だから，本来ならば「事業の定義」は本書の一番初めに書くべき部分であったと言うこともできる。ただ，事業の定義に関連する議論は奥が深くて内容が難しいので，初学者の理解を助けるために，便宜的にここまで議論を延期しておいたのである。おそらくここまで読み進んでくれた人ならば事業の定義の重要性を理解できるであろうが，ふつうの人にとってみれば事業の定義というのは，あまりにも哲学的な議論のように思われるかもしれない。《計画のグレシャムの法則》にはまり込んでいる人にとっては，そんなことを考える暇などないし，そもそも具体的な仕事に役立たないように思われるであろう。

　しかし，事業の定義は戦略思考の出発点であるとともに，いつでもそこに帰っていかなければならない戦略論の基本である。

　しかも事業の定義もドメインの定義も，実は具体的な仕事に役立っている。いやそれどころか，事業の定義がなければ具体的な仕事ができないはずである。そもそも事業を定義しなければ，市場シェアも市場成長率も計算できないからである。たとえばドレッシングを販売している会社が，「主としてスーパーやコンビニを通じて売られる一般家庭用ドレッシング」を自分たちの事業として定義しているのか，あるいは「レストランや生協の食堂などで使われる業務用のドレッシング」を事業の定義として採用しているのか，あるいは両方を含めた大きな定義を採用しているのかに応じて，自分の会社がリーダー企業として振る舞うべきか，そ

れともチャレンジャーやニッチャーとして振る舞うべきかが，ず
いぶん変わってくる。だから「事業の定義なんて必要ない」と思
っている人も，実は暗黙のうちに何らかの定義をして日々の実務
に携わっているのである。しかし，暗黙のうちに定義していると，
思わぬ落とし穴がある。組織メンバーがそれぞれ異なる事業の定
義を採用していると，皆の努力がバラバラな方向に向いてしまい，
良い成果が達成できないことになりかねない。

　個々の事業に関する定義だけでなく，多角化企業の全社的なド
メインの定義も「具体的な仕事」に直結した問題である。そのこ
とをイメージしてもらうために，ここではまず1980年頃のホリ
デイ・インズ社の例を見ておこう。

**4. ホリデイ・インズ社
のケース**

ホリデイ・インズ社はこの事例の時期に
は独立の企業だったが，その後買収され，
現在は，インターコンチネンタル・ホテ
ル・グループ（IHG）の一部になっている。ただし，ホリデイ・
インというホテルのブランド名は残っており，世界中にホリデ
イ・インのホテルを見つけることは容易である。巨大なホテル・
チェーンのベスト・ウェスタンやマリオットなどにくらべると，
ホリデイ・インは中規模なホテルチェーンであり，現在ではそれ
ほど目立たなくなっているが，1980年頃は，世界中に展開する
ホテル・モーテル・チェーンの先駆けとして業界トップの位置に
いた。当時のホリデイ・インズ社は，このホテル・モーテル・チ
ェーンの親会社である。同社は，1970年代の末にはすでにかな
りの程度の多角化を進めており，12億ドルの売上高のうちホテ
ル・モーテル部門の割合は約50％程度であった。当時のホリデ

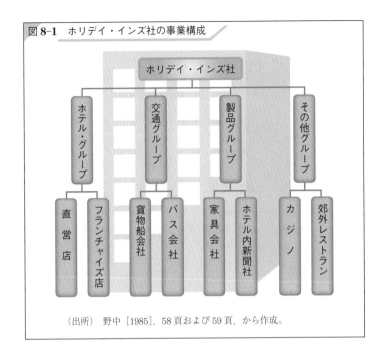

図8-1 ホリデイ・インズ社の事業構成

ホリデイ・インズ社

ホテル・グループ
交通グループ
製品グループ
その他グループ

直営店
フランチャイズ店
貨物船会社
バス会社
家具会社
ホテル内新聞社
カジノ
郊外レストラン

(出所) 野中 [1985]，58頁および59頁，から作成。

イ・インズ社の事業構成は**図8-1**に示されている。なお，以下で
は煩雑さを避けるために，「当時の」という追記は最小限にとど
めることにする。

　ホリデイ・インズ社は，大きく分けると，最も大きな売上げを
占めるホテル・グループの他に3事業グループをもっていた。ま
ず製品グループは，ホテルや病院用の家具を生産・販売し，自社
のチェーン店と外部のホテルや病院に家具を納入する家具会社を
初めとして，宿泊客に配布するホテル内の新聞を作る会社など，
多数の雑多な事業から構成されていた。交通グループは，バス会
社と貨物船の会社から構成されていた。バス会社は，当時全米第
2位の長距離バス会社コンチネンタル・トレイルウェイズ社（当

時の1位はグレイハウンド社。1987年にグレイハウンド社がコンチネンタル・トレイルウェイズ社を買収している）であり、貨物船の船会社は南米航路に強いデルタ・スチームシップ社であった。このほかに、その他グループとして、郊外レストランとカジノを保有していた。

このように多数の事業を抱え込んだ1980年前後のホリデイ・インズ社の取締役たちは、次の時代の投資先をどこにするべきか悩んでいた。彼らの意見は2つのドメイン定義の間で対立した。一方の人々は、ホリデイ・インズ社は「旅行業」に携わっており、移動と宿泊の機能を果たす事業分野に集中的に投資するべきだと主張した。もう一方の人々は、ホリデイ・インズ社は「接客業」に従事しているのであって、一般の消費者に対して接客業務を行なう事業分野に集中するべきだという議論を展開した。

もしも「旅行業」だと定義するのであれば、カジノやレストランからは撤退するべきであろう。逆に「接客業」と定義するのであれば、貨物船事業を経営するべきではないし、バス会社も必要ないかもしれない。ホリデイ・インズ社の取締役たちが悩んだのは、抽象的な議論のレベルだけではなく、具体的にどの事業を切り捨て、どの事業を育てるか、という重点投資分野を決定するという問題であり、どのようなシナジーを追求していくかという会社経営の基本的方向に関する問題だったのである。結局、同社は1980年に自社のドメインを「接客業」と定義し、カジノに力を入れ始めるとともに、バス会社を売却し、貨物船会社の買い手を探し始めることになった。

事業の定義やドメインの定義は、社内政治の駆け引きでもしばしば利用され、かなり生臭い話にも直結している。ホリデイ・イ

ンズ社の場合にも，信条として賭博を許容できない取締役たちは
「旅行業」という定義を支持したであろうし，企業の成長と利益
こそすべてと考えていた取締役たちは当時成長期にあったカジノ
を成長の原動力としようとして「接客業」を主張したであろう。
実際，最終的に「接客業」という定義が採用されるまでの間に，
何人かの取締役が退任している。

　この事例から分かるように，ドメインの定義あるいは事業の定
義は抽象的な問題ではなく，具体的な行動と直結した重要な問題
なのである。

2　事業定義の方法
●ひとつひとつのビジネスを定義する

1. 事業定義の３軸

事業を定義したりドメインを定義したり
するのが重要だということは分かったが，
いったいどうやって定義すればいいのだろうか。ここではまず
個々の事業部における事業定義の問題を考える枠組みを簡単に述
べておこう。デレク・エーベルという人が考え出したこの枠組み
によれば，事業を定義する際には次の３つの軸を使って考えるべき
きである。すなわち，顧客グループと顧客ニーズと技術との３つ
である。

　顧客グループを定義するというのは，対象とするのは誰か，あ
るいは対象とするのはどのような企業かを決めることである。顧
客ニーズとは，たとえば美しくなりたいというニーズや自分の住
んでいる部屋の壁を綺麗にしたいというニーズ，ゴキブリのいな
い生活をしたいというニーズ，硬い金属に精密な穴あけを行ない

たいというニーズなどを想定すればよい。技術とは，そのニーズを満たす方法のことである。たとえばゴキブリの退治法にも，スプレー式の殺虫剤や「冷凍ジェット」で退治する方法や「ゴキブリホイホイ」で捕獲する方法などなど，多様な技術がある。

　ここでは3つの軸で事業を捉えるということをまず憶えてほしい。顧客グループを Who，顧客ニーズを What，技術を How と置き換えれば憶えやすいだろう。また，事業の定義は市場の定義に技術（How）を加えたものだ，と憶えてもらってもいい。第2章で紹介されたセグメンテーションの議論を思い出してもらいたい。市場を定義するためには，少なくとも，どこの（Where），誰の（Who），どのようなニーズ（What）かを考えなければならない。Where と Who を合わせて顧客グループだと考え，What がニーズだから，残る違いは技術だけである。つまり，エーベルの言う事業の定義は，市場の定義 ＋ 技術なのである。

　顧客グループと顧客ニーズと技術の3つの軸は，互いにある程度独立して決めることのできるものだということに注意しておこう。つまり，特定の顧客グループを決めたからといって顧客ニーズを決めたことにはならないし，顧客ニーズを決めたからといって技術を決めたことにはならない，ということである。たとえば，新宿駅から半径15キロメートルの所にあるワンルーム・マンションに住む27歳独身のビジネス・パーソンという顧客グループは，さまざまな顧客ニーズをもっている。運動不足を解消したいというニーズをもっているかもしれないし，夜中に良い音質でクラシック音楽を聴きたいというニーズをもっているかもしれない。後者のニーズを満たすための方法も，高品質のヘッドホンという方法以外に，ボリュームを下げた時にも優れた音質で聴けるスピ

ーカーという方法もあり，さらにはクラシック・コンサートを開く時間帯を遅くするとか，防音設備の整ったマンションを提供するという方法もある。

　3つの軸がある程度独立なのだから，3次元の座標軸を描いて事業を図形で把握するのが分かりやすい。エーベルの方法のエッセンスは，これら3つの軸のそれぞれについてどの程度の広さをとり，どの点で他社と差別化するかを図で明らかにすること，またそれが見た目に分かりやすく描けるということにある。最近のプレゼンテーション（発表）重視の世の中では，この「見た目に分かりやすい」というのは重要である。

2. 花王と資生堂のケース

より具体的な例でエーベルの方法を示そう。具体例として若干古いが，花王が1982年に化粧品市場にソフィーナ・ブランドで参入した時の事業定義を，当時の資生堂の事業定義と比較してみることにしよう。

　図を簡単にするため，顧客グループは，①男性向け化粧品を好む顧客と，②女性向け化粧品を好む顧客という区別にしておこう。顧客ニーズは，①皮膚の老化防止や外気（あるいは刺激）からの保護というニーズと，②自分の個性を表現するというニーズの2つだと考えよう。技術は，①香りの合成と，②色彩の合成と，③皮膚科学の発見を利用した物質の合成の3つだと考えよう。実際に企業間の差を深く理解するには，それぞれの軸について細かいカテゴリー分けを行なった方がよいのだろうが，ここでは手法の概要を理解してもらうことが主目的だから，カテゴリーは2〜3の程度にとどめておこう。

　まず資生堂の事業定義は図8-2のように描かれる。資生堂は当

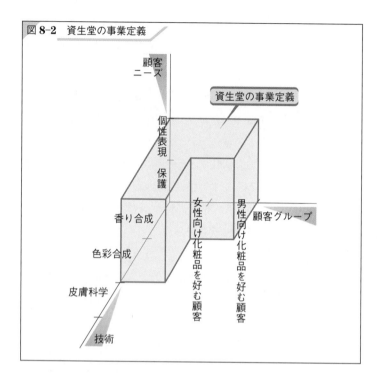

図 8-2　資生堂の事業定義

資生堂の事業定義

顧客ニーズ

個性表現
保護

香り合成
色彩合成
皮膚科学
技術

女性向け化粧品を好む顧客
男性向け化粧品を好む顧客
顧客グループ

時から，女性向け化粧品を好む顧客も，男性向け化粧品を好む顧客も，両方とも自社が対象とする顧客グループだと考えていた。しかも両者向けに，個性表現というニーズと外気（あるいは刺激）からの保護というニーズに資生堂は応えていた。

　当時の資生堂が用いていた技術は，女性向け商品を好む顧客に関して言えば，香りの合成と色彩の合成の両方であった。つまり，ファウンデーションやクリームなどの基礎化粧品と，口紅やアイシャドーのようなメイクアップ化粧品を販売していたのである。

　男性向け化粧品を好む顧客グループに対しては，アフターシェーブ・ローションやクリームなど皮膚の保護を主目的とする化粧

品を提供するとともに，ヘアリキッドやオードトワレなど個性の表現というニーズに応える製品をも提供していた。若干の例外はあったものの，男性向け化粧品を好む顧客グループに対しては，主として香りの合成技術を資生堂は用いていて，色彩の合成技術は用いていなかったと単純化して考えて，図8-2が描かれている。また，この頃の資生堂は，皮膚科学という技術に関してはそれほど強調していなかった。もちろん皮膚に関する研究がなければ化粧品を作ることはできないのであろうが，「皮膚科学の知見に基づいて物質を合成する」という点は，花王が訴求点として打ち出してから注目されるようになっていった。

このような資生堂の事業定義に対して，新規参入を行なった花王は，まず女性向け化粧品を好む顧客グループを対象とし，皮膚の老化防止や外気からの保護というニーズを捉えるべく，香りの合成と色彩合成と皮膚科学の3つの技術を活用することにした。これを描き込んだのが図8-3である。顧客グループと顧客ニーズに関しては範囲を絞り込んで，技術についてはより広い定義を採用していたのである。図8-3を見れば，花王が化粧品事業に新規参入した際に，事業の定義そのものを資生堂と明確に差別化していたことが伝わってくるであろう。

その後，花王はさらに化粧品市場での市場シェアを向上させていくべく，事業の定義を拡大していった。いったん一定の市場地位を獲得した後で，事業定義を変更し，新たに口紅などのメイクアップ化粧品を導入し，個性表現のニーズも満たすようになったのである。この事業定義がこのように拡大されたことを，**図8-4**に描き込んである。2006年にはメイクアップ化粧に強みをもつカネボウを買収し，**図8-4**の事業定義をさらに強化した。

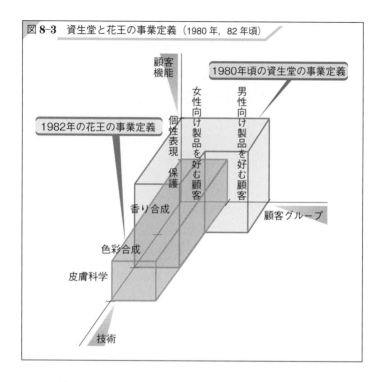

図 8-3 資生堂と花王の事業定義 (1980 年, 82 年頃)

1980年頃の資生堂の事業定義

1982年の花王の事業定義

顧客機能

男性向け製品を好む顧客

女性向け製品を好む顧客

個性表現

保護

香り合成

色彩合成

皮膚科学

顧客グループ

技術

　その後，図 8-5 に見られるように，「メンズビオレ」を導入すると，香りと皮膚科学に関する技術を活用して，男性向け化粧品を好む顧客グループへとターゲットを拡大した。さらに 2021 年からは，カネボウが女性向けの眉マスカラを男性のひげにも使えるようにしたり，ファウンデーションを男性にも使いやすい製品へと改良するなど，ジェンダーレス化を進め，翌 2022 年には花王が「UNLICS（アンリクス）」という男性向けのメークアップ化粧品を導入し，花王の事業定義は図 8-6 のように拡張されていった。これらの図を見ることで，当初，資生堂といかに差別化して化粧品事業に参入したか，その後，どのように事業を拡大してい

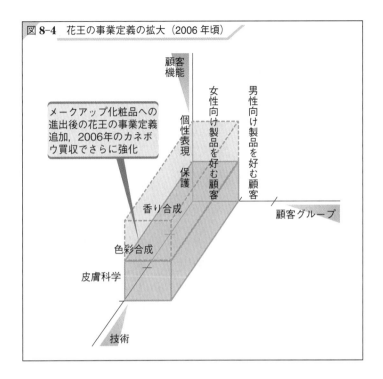

図 8-4　花王の事業定義の拡大（2006 年頃）

メークアップ化粧品への進出後の花王の事業定義追加，2006年のカネボウ買収でさらに強化

顧客機能

個性表現

保護

香り合成

色彩合成

皮膚科学

技術

女性向け製品を好む顧客

男性向け製品を好む顧客

顧客グループ

ったかが明確に把握できるであろう。これがエーベルの手法のメリットである。

3. エーベルに学ぶ

エーベルの事業定義の方法から学ぶ点は 3 つある。

　まず第 1 に，事業を定義する際に必ず顧客グループと顧客ニーズと技術という 3 つの軸に注意を払わなければならない，ということである。いつも何となく暗黙のうちに自分の事業を定義していると，顧客グループと顧客ニーズには気をつけているのに，技術については見落としていた，ということがありうる。気づかぬ

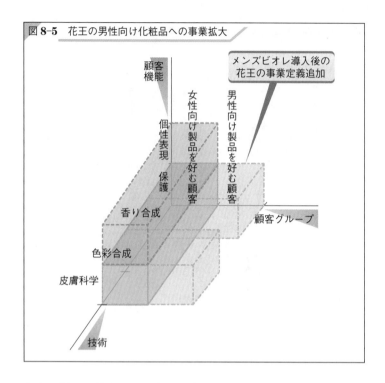

図8-5　花王の男性向け化粧品への事業拡大

メンズビオレ導入後の花王の事業定義追加

顧客機能

個性表現

保護

香り合成

色彩合成

皮膚科学

女性向け製品を好む顧客

男性向け製品を好む顧客

顧客グループ

技術

うちに新しい技術が出てきて，自分たちのビジネスが危機に陥るということがないようにするためには，3つの軸に常に目くばりしておく必要がある。

　第2に，新規参入するにせよ，リーダー企業と4つのPで差別化して競争するにせよ，具体的なマーケティング・ミックスの差別化の背後には事業の定義そのものの差別化がある，ということである。「自分たちの事業は何か」という問いに対する独自の答えがないのであれば，明確な差別化戦略は長続きしないであろう。とりわけ，ひとつひとつの商品開発で差別化を工夫するだけでなく，長期間にわたる差別化の積み上げによってブランドを構

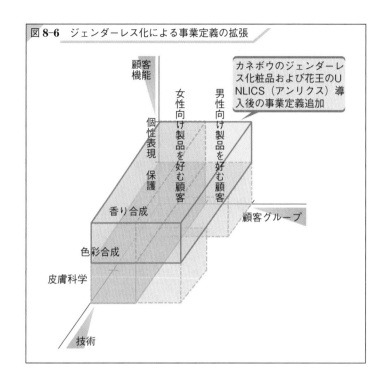

図8-6　ジェンダーレス化による事業定義の拡張

顧客
機能

カネボウのジェンダーレス化粧品および花王のUNLICS（アンリクス）導入後の事業定義追加

女性向け製品を好む顧客

男性向け製品を好む顧客

個性表現　保護

香り合成

顧客グループ

色彩合成

皮膚科学

技術

築しようと考える場合には，事業の定義が決定的に重要になる。

　エーベルの議論から学ぶべき第3のポイントは，図による表現（グラフィカル・プレゼンテーション）がうまくできると思考がすっきりとする，ということであろう。「思考がすっきり」すれば，「もやもや感」を超えて，その先の思考の展開が可能になる。常日頃から考えていることを絵で描いてみるというのは，頭の訓練になりそうだ。読者も試みてほしい。

3 ドメイン定義の注意点

●チェック・ポイントの説明

1. 5つのチェック・ポイント

複数の事業領域をもつ多角化した大企業の全社的なドメインの定義は際立って難しい作業である。どうやってドメインを定義すればよいのかは，いまだによく分かっていない。しかし，いったんできあがったドメインの定義を評価する基準，つまりチェック・ポイントはいくつか主張されてきている。だから自分でドメインを定義しようと考える際に，最低限，このようなチェック・ポイントがある，という点は注意しておくべきだろう。簡単に言えば，チェック・ポイントは5つある。(1)と(2)，(5)の3つは個別事業の定義にも多角化企業のドメインの定義にも，どちらにも当てはまるポイントであり，(3)と(4)はとくに全社レベルのドメインの定義に関連するポイントである。

(1) 機能的表現：モノに基づいた表現を避けて，機能（サービス）に基づいて表現すること。

(2) 緻密性：あまりにも抽象的になりすぎて，なんだか分からない定義にならないように，ある程度緻密にすること。

(3) 時間展開：長期的に展望が描けるように，ダイナミックな時間の流れが分かるようになっていること。

(4) 資源配分の焦点：資源配分のメリハリがはっきりすること。

(5) ドメイン・コンセンサスと夢：社外の人々にも受け容れられ，社内の人々の元気が出ること。

以上の5つである。

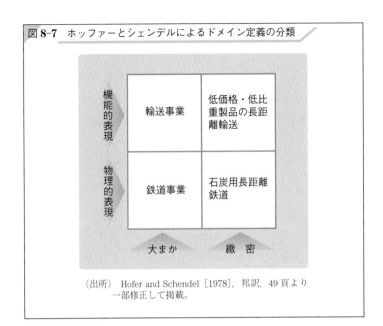

図 8-7　ホッファーとシェンデルによるドメイン定義の分類

	大まか	緻密
機能的表現	輸送事業	低価格・低比重製品の長距離輸送
物理的表現	鉄道事業	石炭用長距離鉄道

（出所）　Hofer and Schendel［1978］，邦訳，49頁より一部修正して掲載。

2. ホッファーとシェンデルの分類

初めの2つを理解するために，戦略論の大家であるチャールズ・ホッファーとダン・シェンデルの議論を紹介しておこう。彼らはドメイン定義のタイプを図8-7のように4つに分類する。タテ軸はドメイン定義が機能に注目した表現になっているか，モノに注目した表現になっているかを分類している。ここではタテ軸の両端を機能的表現と物理的表現と呼んでおくことにしよう。物理的表現とは，たとえば，「わが社は醤油メーカーです」とか「わが社は鉄道会社です」というような場合である。機能的表現とは，モノそのものではなく，そのモノが生み出すサービスに即してドメインを表現したものである。たとえば，「おいしい思い出を残す」とか「輸送」などと定義することである。

ヨコ軸は大まかに定義するか，緻密に定義するかという違いである。このように考えると，「鉄道事業」というのは物理的かつ大まかに表現されたドメイン定義であり，「石炭用長距離鉄道」というのは物理的かつ緻密，「輸送事業」は機能的かつ大まか，「低価格・低比重製品の長距離輸送」というのは機能的かつ緻密な表現がされているということになる。

　かつてマーケティング学者のセオドア・レビットは，米国の鉄道会社は自社のドメインを鉄道事業と定義し，輸送事業と定義しなかったために，自動車産業の成長とともに衰退してしまった，と主張したことがある。たしかに鉄道事業という定義では，自社の競争相手はあくまでも他の鉄道会社であって自動車会社と競争しているとは社員たちが考えなかった可能性がある。そのために，輸送需要の多くが自動車輸送に奪われていった時に，鉄道会社の対応が遅れがちになったとしても不思議ではない。

　しかし，ホッファーとシェンデルは，輸送事業と定義するのでは十分ではないと主張する。彼らは，最適なドメイン定義は機能的表現であるとともに，緻密に行なわれなければならないと言う。図8-7でいえば，「低価格・低比重製品の長距離輸送」という表現が最適だというのである。大まかな定義では，かえって注意が分散して新しい変化に気づきにくいからである。むしろある程度緻密に定義しておいた方が，多くの社員にとって何に注意するべきかを，明確に伝えることができる，というのである。

　ここでいう「低価格・低比重製品の長距離輸送」という定義は，鉄道事業のみに従事している企業の場合でも，取扱貨物について考える上で役に立つから，個別事業の事業定義としても有効である。しかし，鉄道事業とトラック輸送事業，貨物船事業という3

つの事業を運営している多角化企業にも，このような定義は有効であろう。だから，(1)機能的表現と(2)緻密さという2つのポイントは，個別事業についても多角化企業の全社についても重要なポイントなのである。

3. NEC のケース

3番目の，ダイナミックな時間の流れが分かるようにという点では，日本電気（NEC）が1977年から2003年まで公式のドメイン定義として採用していた「コンピュータ＆コミュニケーション」，略して「Ｃ＆Ｃ」が最も適切な例を示してくれている。図 **8-8** に C&C の発展の図が示されている。かつて電話交換機（コミュニケーション）とコンピュータは異なる技術で作られていたが，コンピュータの技術が進歩し，またその基幹部品である半導体が進歩していくにつれて，コンピュータとコミュニケーション（通信）が両方とも同じ技術でできるようになる。しかもコンピュータとコミュニケーションの融合と連合によって，世界中の情報が瞬時に手に入り，世界中の人々がさまざまな情報のやりとりを行なうような社会が到来する。日本電気の C&C は，このような未来社会の中で同社がコンピュータとコミュニケーションと両者をつなぎ合わせる半導体の領域で事業を展開していく，と宣言したものである。注意するべきポイントは，日本電気の C&C は単に「コンピュータと通信がわが社のドメインです」と宣言したものではなく，技術と社会の変化シナリオを視野に入れて，自社の目指すべき方向性が時間の流れの中で描き出されているということである。多数の社員がそれぞれの持ち場で頑張っているときに，自分たちが今どこにいて，これから何処に向かうのか，という方向感覚をダ

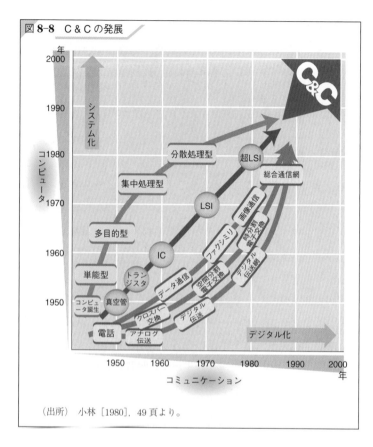

図8-8　C&Cの発展

年
2000

システム化

1990

コンピュータ

1980　分散処理型　超LSI
集中処理型　　　　　総合通信網

1970　　　　　　LSI
　　　　　　　　　　　画像通信

多目的型　　　　　　ファクシミリ　時分割電子交換

1960　　　　IC　　　　空間分割電子交換　デジタル伝送網

単能型　トランジスタ　データ通信

1950　　真空管
コンピュータ誕生　　クロスバー交換　デジタル伝送

電話　アナログ伝送　　　　　　デジタル化

　　　　1950　　1960　　1970　　1980　　1990　　2000
　　　　　　　　コミュニケーション　　　　　　　　　年

（出所）　小林［1980］，49頁より。

イナミックに伝えるドメインの定義になっているのである。

　日本電気のC&Cは，4番目のチェック・ポイント，すなわち「資源配分のメリハリがはっきりすること」を理解する上でも絶好の例である。同社はもともと電電公社（民営化される前のNTT）に電話交換機を納入するなど，通信機を中心として多角化してきた企業であった。C&Cは同社の過去の事業展開を見直し，新たな成長の方向を示唆する役割を果たしている。まずC&Cの最初

のＣは通信機（コミュニケーション）のＣではなく，コンピュータである。それ故，今後，日本電気が重視するのは通信機よりもコンピュータの方だというメッセージがC&Cには込められていた。しかも，C&Cと宣言して，それまでに研究所で行なわれていた原子力発電関係のプロジェクトを中止することにした。つまり，いまあるすべての事業を全部そのまま表現すると何になるか，という考え方ではなく，より積極的に将来どの方向で伸びていくのか，そのためには何に投資をして，何を切るべきか，ということもC&Cは示していたのである。

4. 社員の納得

最後に５番目のチェック・ポイントとして，社員や顧客，取引先，投資家など，社内外の人々にとって納得性の高いものであり，夢を与えるような定義であるべきだ，という点に説明を加えておこう。どれほど緻密に，しかも洒落（しゃれ）たドメイン定義をしたところで，なぜうちの会社がそんなことをやっているのかを社外の人々や社員が納得できるものでなければ，ドメイン定義など意味がない。「なるほど，そういう会社を目指しているのか」と社内外の人が納得し，合意してくれることを，ドメイン・コンセンサスという。ドメイン定義はお経（きょう）と同じように唱えればそれで済むものではない。ドメイン・コンセンサスが必要なのである。「エッ，どうしてあの会社がそんなカッコイイこと言っているの？」などと社外の人から笑われてしまうような定義では，ドメインを定義してもほとんど意味はない。「なるほど，言われてみればたしかに，あの会社はそういうビジネスを目指していていて不思議はない」とか「そうだ。たしかに自分たちがやっていくべきなのはこういうビジネスなの

だ」と社内外の人々が納得して初めて意味がある。現在取り組んでいる事業をすべて肯定するようなドメイン定義を目指せということではなく，「言われてみるとそのとおりだ」というような納得感のある定義が重要だということである。

　また，ドメイン定義は社内外の関係者がそれによって夢を描けるように，志が高く魅力的なものであることが望ましい。「夢なんて」とバカにしてはいけない。人間は意味のないことはやりたがらない。たとえば社員にとってみれば，自分たちの行なっている活動が単に目の前の競争相手に勝つことだったり，納期に間に合わせることだけだとしたら，数年のうちに疲弊し切ってやる気がなくなってしまうであろう。いまやっているこの忙しい仕事が，長期的に，また大局的に見ると，こういう形で社会に貢献しているのだとか，世界をより住みやすい場所にしているのだ，といったような高邁な理想の実現の一部でなければ，生き生きとして充実した日々を過ごすことは難しい。現代日本では，ただ単に生きていくことはたやすい。毎日毎日，つまらない仕事を我慢して会社に行ってさえいればいい。それが嫌で会社を辞めても，転職も比較的容易であり，アルバイトをしても毎日を生きていく程度の収入を手に入れることは可能である。ただ生存していくことは可能でも，生き生きとした充実した日々を過ごすことは難しい。会社をこのような生き生きした生活のできる場にするか，あるいは辞めたいと思いながら嫌々出社している人々で満たすか。このカギを握っているのがドメインの定義なのである。

　また，企業は従業員のやる気だけでは発展しない。顧客がその会社の商品に将来性を感じているとか，主要な取引先が喜んで協力してくれるような関係にある，という外部の人々からのサポー

トも必要である。魅力的な将来像を描いているから投資家が将来性を見込んで資金を投入してくれるとか，株価が高くなって資金調達が容易になるなど，資金の提供者たちも企業のドメイン定義に魅力を感じてくれることが必要である。社内外の多様な人々からの協力を得る上でドメインの定義は重要なのである。

4 おわりに
●正解のない環境下でビジネスを創造するために

　最後にひとつだけ，事業の定義とかドメインの定義などの議論をする時にしばしば引用される有名な話をひとつ書いておこう。

　カール・ワイックという異端の組織論者が好んで引用するこの話は，まずハンガリー軍の若い中尉がアルプス山中に少人数の斥候チームを派遣することから始まる。斥候たちが出発する頃にちょうど降り始めた雪はやがて吹雪になり，彼らは2日間待っても帰ってこなかった。中尉は心配になる。「斥候隊員たちは無事だろうか。いま頃どこでどうしているだろうか。」3日めになって斥候チームが無事に帰ってきた。中尉がいままでどうしていたのか尋ねると，1人がこう答えた。「吹雪の中で道に迷ってしまい，吹雪がやむのを待っていました。すると隊員の1人がポケットの中に地図が入っているのを見つけました。皆，それを聞いて安心し，自分たちの現在地点と本隊への帰還ルートが確認できました。吹雪がやんで，その地図を頼りにしながら，こうやって無事に帰ってこられたのです。」しかし，中尉がその地図をよく見てみたら，実はそれはアルプスの地図ではなく，ピレネー山脈の地図だった。

このお話のエッセンスは，地図は必ずしも現実の地形を表している必要があるわけではない，ということである。地図があれば困難な状況に直面したときにパニックに陥らない。だから皆が冷静な判断をすることができるようになり，その時々の状況に合わせて力を出し合って困難を乗り切ることができる。この地図をドメインの定義だと考えれば，その意味するところは明らかであろう。

　もちろん山岳地帯での遭難の場合，実物の地形があるから間違った地図がうまく使えるかどうかは分からない。その意味でワイックの逸話は少々冗談じみた話に聞こえるだろう。しかし，現実のビジネスの環境には絶対的な正解があるわけではない。むしろ混沌とした環境の中で，組織メンバーが皆で力を合わせて新しいビジネスの世界を創造していくことがとりわけ重要なのである。だから，ドメインの定義がある場合とない場合を較べたら，多少問題のあるドメイン定義でも，ないよりあった方がずっとよいのである。困難な状況に直面すればするほど，皆の冷静な状況判断と協力する精神が必要になる。そういう逆境に直面した時に，事業の定義やドメインの定義はきわめて重要になるのである。

終 _章 戦略的思考に向かって

切り捨て，集中する

1. 本書のまとめ

簡単に今までの議論の流れを振り返って
おこう。第Ⅰ部ではターゲット市場とマ
ーケティング・ミックスのフィットをいかにして作り上げるか，
ということを考えた。まず第1章では，企業が顧客に働きかける
手段であるマーケティング・ミックスを4つのP（プロダクト，
プレイス，プロモーション，プライス）に分類して，それぞれの説
明を行なった。続く第2章では，ターゲットとして狙うべき市場
の部分を探し出し選択するために，市場を何らかの軸によって分
類する方法について解説した。こうやって選択されたターゲット
市場にフィットするように特定のマーケティング・ミックスを構
築するのがマーケティング戦略の基本である。しかし，ターゲッ
ト市場とマーケティング・ミックスのフィットは，まわりの状況
しだいで変わる。製品がたどるライフサイクルの段階ごとに，ま

た市場で自社が占める地位に応じて，どのようなターゲット市場を設定し，どのようなマーケティング・ミックスを構築しなければならないかが変わってくる。ライフサイクルの段階ごとの問題は第3章で考察し，市場地位別のマーケティング戦略については第4章で議論した。インターネットが普及した近年では，マーケティング戦略の考えなくてはならない環境が大きく変わりつつある。そのすべてを本書のような入門書に取り入れることは出来ないが，主要な変化を理解していくための初めの一歩を踏み出すべく，ロングテールやプラットフォーマーの議論を第5章で紹介した。

　第I部で述べた内容が主として自社の特定分野と顧客ニーズの間の適合関係に注意を向けており，その関係に影響を及ぼす時間的な変化（製品ライフサイクル）と市場地位とに議論を限定していたのに対し，第II部では，これらの適合関係を考える上で重要な背後のコンテクストをもっと大きく広げるための考え方を議論した。第6章では，競争の概念を拡張し，競争相手が必ずしも同業他社だけではないことを示した。業界内の同業他社との競争を規定する要因ばかりでなく，買い手や供給業者，新規参入業者，代替品の業界，補完財の提供者という6つの競争要因によって自社の利益が奪われていることを強調した。第7章では，今度は視点を企業内部に移して，思考を広げる努力をした。今日の大規模企業の多くは，単品だけを製造・販売しているわけではなく，多数の事業領域にまたがってビジネスを展開している多角化企業である。このような多角化企業の中で行なっている自分の仕事をより良く理解するために，PPMという手法が紹介された。さらに第8章では，自分たちの従事しているビジネスがいったい何であ

るのかを根本的に問い直す作業が重要であるという議論を行なった。この章では，事業の定義，あるいはドメインの定義こそが戦略的な思考を行なう上でのカギなのだと主張されていた。

2. 3つのスタンス

これらのすべての章に流れている共通の主張について最後にまとめておくことも有意義であろう。本書冒頭のイントロダクションでも述べたように，戦略的に思考するためには，①大きく考えること，②未来を考えようとすること，③論理的に考えることの3つが重要である。より大きく考えることが重要だというのは，この本の全体の構成からも見て取ることができる。初めはできるだけ身近な顧客ニーズとマーケティング・ミックスの適合から入り，徐々に市場地位や業界構造，複数の事業領域など，より広いコンテクストの下で考えようとするように本書は書かれている。未来について考えたり，時間とともに生じる変化を捉えるという思考法は製品ライフサイクルやPPMや事業の定義のさまざまな部分で述べられていた。フィットという概念の重要性を強調することで，また個々の事例の説明をできるだけ論理的に行なうことで，論理的に考えることの重要性を本書では強調してきたつもりである。

3. 集中せよ

これらの3つのスタンスはどれも戦略的思考にとって重要なものである。ここでは最後にもうひとつだけ，戦略的思考にとって重要なスタンスを述べておきたい。それは「集中する」ということである。たしかに目の前にある仕事はすべて大切なように思われるだろう。しかし，時間は限られている。仕事をする人間の数も限られている。

こういった時には，手抜きをするわけではないが，やはりより重要な仕事とやや重要でない仕事のめりはりをつけておく必要がある。「集中する」ということは見方を変えれば「切り捨てる」ことでもある。「切り捨てる」のは何ごとにせよ辛いことだ。しかし，「切り捨てる」必要があるから人間は考えるのである。

　切り捨てることができずに窮地に陥った例をひとつ取り上げて，この本の締めくくりにしよう。ビジネスの例でもよいのだが，軍事戦略の例をあげておくことにしよう。

4. シュリーフェン・プラン

　かつて第1次世界大戦の前に，ドイツ軍参謀本部はシュリーフェン・プランという戦略を立案していた。このプランを初めに創り上げた時の参謀総長の名前にちなんで付けられた名称である。アルフレート・フォン・シュリーフェンが深刻に考えた問題は，フランスとロシアという2つの大国と同時に戦争してドイツが勝利を収める方法はないか，ということだった。いわゆる二正面作戦は明らかに不利だ。戦力を2つの戦線に分割すれば，どちらの戦線でも勝利することは難しい。そこでシュリーフェンはまず対ロシア戦線（東部戦線）をとりあえず切り捨てることにした。つまり，もしも戦争が始まったならば，当初は東部戦線にはほとんど兵力を配置しないことにしたのである。

　このような意思決定を下した背後には，ロシアがその広大な国土に散らばった農民を徴兵してひとりひとりに武器を渡すのに時間がかかる，という冷徹な読みがあった。だからまず対フランス戦線（西部戦線）に兵力を集中し，そこで迅速かつ徹底的な勝利を収めてフランスと講和を結び，しかる後に兵力をすべて東部

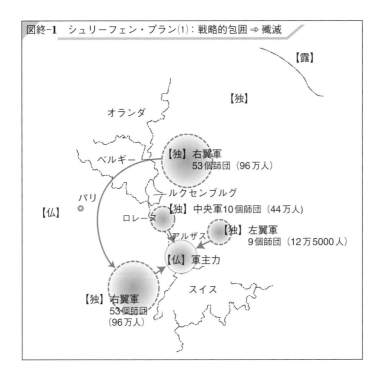

図終-1　シュリーフェン・プラン(1)：戦略的包囲 ⇒ 殲滅

【露】

【独】

オランダ

ベルギー

【独】右翼軍
53個師団（96万人）

パリ

【仏】

ルクセンブルグ

【独】中央軍10個師団（44万人）

ロレーヌ

【独】左翼軍
9個師団（12万5000人）

アルザス

【仏】軍主力

【独】右翼軍
53個師団
（96万人）

スイス

戦線に投入しようと考えたのである。そうすればロシアがドイツ
の領土を多少侵食したとしても，すぐに取り戻せるはずだ。

　さらに，フランスに対して短期間で徹底的な軍事的勝利を収め
るために，戦略的包囲という手が考えられていた。これは，西部
戦線のベルギー・オランダ側に大量の兵力を配備し，アルザス地
方側（スイス側）にはごく少量の兵力のみを配置するという作戦
だった。シュリーフェンがプランを作った時にドイツが徴集でき
た師団数は72個であった。図終-1に見られるように，シュリー
フェン・プランでは，ドイツ側から見て右翼に53個師団を配置
し，中央に10個師団，左翼に9個師団を配備することになって

いた。それぞれの軍団には特定の戦略指針が与えられていた。中央の軍団はその場所を維持し，左翼軍は徐々に撤退する。右翼軍は迅速にフランス領内に攻め入り，パリの近くを通って旋回する。

　このようなドイツ軍の行動に対してフランス軍は次のように行動するはずだと考えられていた。まず，圧倒的な強さを誇るドイツ右翼軍にフランス左翼軍は敗北を重ね，撤退につぐ撤退を行なうであろう。逆に弱小のドイツ左翼軍と対峙するフランス右翼軍は徐々にドイツ領内に引き込まれていくだろう。ドイツ右翼軍に蹴散らされたフランス左翼軍の残りも，このフランス右翼軍の進軍に参加し，徐々にフランス軍の主力はドイツ左翼軍が撤退をした後のドイツ領内に集結するようになるだろう。一方，強力なドイツ右翼軍はパリ近郊をかすめて旋回し，フランス右翼軍の背後に回り込む。それまで持場を維持していたドイツ中央軍もフランス右翼軍に対する攻撃を始め，兵力損耗を最小限に抑えて撤退を続けていたドイツ左翼軍も攻勢に転ずる。このようにして，フランス軍の主力をドイツ領内に引き込んで包囲し，一気に殲滅するはずであった（図終-1）。

　このシュリーフェン・プランがさまざまな意味で「集中」を行なっていたことは明らかである。まず，東部戦線を切り捨て，西部戦線に集中する。次に，西部戦線の右翼に「集中」的に兵力を配置する。第１次大戦が勃発する１年前の1913年に他界したシュリーフェンは，「右翼を徹底的に強大ならしめておけ」と言って息絶えたという。

　しかし，シュリーフェンの後を継いで参謀総長に任命された小モルトケ（普墺戦争・普仏戦争当時の参謀総長モルトケの甥）は，この「集中」の原則を崩した（図終-2）。まず，人口増加によっ

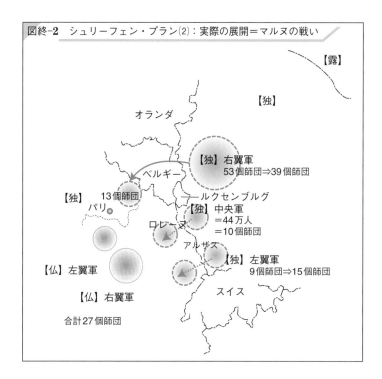

図終-2　シュリーフェン・プラン⑵：実際の展開＝マルヌの戦い

【露】

【独】

オランダ

【独】右翼軍
53個師団⇒39個師団

ベルギー

【独】　13個師団

ルクセンブルグ

【独】
パリ

【独】中央軍
＝44万人
＝10個師団

ロレーヌ

アルザス

【仏】左翼軍

【独】左翼軍
9個師団⇒15個師団

スイス

【仏】右翼軍

合計27個師団

て新たに徴集可能になった6個師団を左翼へ回した。これによっ
てまず意図された左右のアンバランスが弱まってしまった。しか
も，右翼から7個師団を東部戦線へ転出させ，7個師団をベルギ
ー国内の鎮圧のために現地にとどめ置いてしまった。この結果，
左翼はやや強力になり，右翼はやや弱小になり，全体としての左
右のアンバランスは完全に弱まってしまったのである。その結果，
ドイツ右翼軍のうちパリ近郊までたどり着いたのはたかだか13
個師団にすぎなかった。しかも，強力になったドイツ左翼軍は撤
退をせずにフランス右翼軍に勝利を収め，フランス領内に攻め入
ってしまった。フランス左翼軍がパリ近郊で13個師団のドイツ

右翼軍と戦った時，敗退してパリの近くまで戻っていたフランス右翼軍は友軍の支援にかけつけることができた。ドイツ軍13個師団に対して，フランス軍は合計で27個師団になっていた。

　その後ドイツ，フランス両軍ともに決定的な勝利を収めることができずに，映画にもなった『西部戦線異状なし』で有名な長期にわたる塹壕戦（ざんごうせん）に入ったのであった。この塹壕戦でドイツは一歩もひけをとらなかったわけだが，戦争全体として見ればもはや敗北は明らかだった。フランス軍との戦闘が長引けばロシアも兵力の動員を終了し，二正面作戦を強いられることになるからである。

　おそらく，小モルトケは前線にアンバランスに配備された兵力を見て不安になったのであろう。左翼軍が決定的な敗北を喫（きっ）したらどうしようか。ロシア軍が予想以上のスピードで攻めてきたら困る。こういった心配は当然のことだろう。シュリーフェンが偉大な戦略家であったのは，こういった心配を十分に承知していながらも，それでもなおかつ大胆に「切り捨て」，「集中」することができた点にある。

　もちろん，シュリーフェンの戦略シナリオどおりに実際に実行できたのかどうかは疑わしい，という議論もある。当時の輸送力ではシュリーフェンの計画した通りの行軍は難しかったという指摘や，本当に必要な兵力をドイツ軍は確保できていなかったという指摘など，シュリーフェン・プランの実現可能性に疑問符を投げかける歴史家は多い。たしかにシュリーフェンの「集中」が実際に成功したかどうかは必ずしも定かではない。しかしそれでもなお，戦略を策定する時点でシュリーフェンの行なった「切り捨て」と「集中」は戦略的思考の本質を的確に捉えている。

　ビジネスの世界で戦略を思考するときにも，真剣に考え抜いた

末に切り捨て，集中することが大切だということをシュリーフェ
ン計画の事例から記憶してもらえれば幸いである。

参考文献

主要参考文献————————

Abell, Derek F. [1980], *Defining the Business: The Starting Point of Strategic Planning*, Prentice-Hall.（石井淳蔵訳 [1984]，『事業の定義：戦略計画策定の出発点』千倉書房。）

Abell, Derek F. and John S. Hammond [1979], *Strategic Market Planning*, Prentice-Hall.（片岡一郎・古川公成・滝沢茂・嶋口充輝・和田充夫訳 [1982]，『戦略市場計画』ダイヤモンド社。）

相原修 [1989]，『ベーシック マーケティング入門』日本経済新聞社（第2版は1999年に刊行）。

安部修仁・伊藤元重 [2002]，『吉野家の経済学』日経ビジネス人文庫。

アンダーソン，クリス（篠森ゆりこ訳）[2006]，『ロングテール：「売れない商品」を宝の山に変える新戦略』早川書房（アップデート版は2009年に刊行）。

アンダーソン，クリス（髙橋則明訳）[2009]，『フリー：無料から生み出す新戦略』早川書房。

Aaker, David A. [1984], *Strategic Market Management*, John Wiley & Sons.（野中郁次郎・北洞忠宏・嶋口充輝・石井淳蔵訳 [1986]，『戦略市場経営：戦略をどう開発し評価し実行するか』ダイヤモンド社。）

Christensen, Clayton M. [1997], *The Innovator's Dilemma*, Harvard Business School Press.（玉田俊平太監修・伊豆原弓訳 [2001]，『イノベーションのジレンマ：技術革新が巨大企業を滅ぼすとき』増補改訂版，翔泳社。）

戴潔・李東浩 [2015]，「花王の競争戦略：PPM分析を超えて」『流通科学大学論集：流通・経営編』第28巻第1号，pp. 1-25。

Eisenmann, Thomas, Geoffrey Parker, and Marshall W. Van Alstyne [2006], "Strategies for Two-Sided Markets, *Harvard Business Review*, vol. 84, pp. 92-101.

藤原雅俊［2002］，「ビジネス／ケース　キリンビール：『キリンラガー』の生ビール化と戦略策定の落とし穴」『一橋ビジネスレビュー』第50巻第3号，pp. 128-145。

Galbraith, Jay R. and Daniel A. Nathanson［1978］, *Strategy Implementation: The Role of Structure and Process*, West.

廣田章光・石井淳蔵編［2004］，『1からのマーケティング』碩学舎。

Hofer, Charles W. and Dan Schendel［1978］, *Strategy Formulation: Analytical Concepts*, West.（奥村昭博・榊原清則・野中郁次郎訳［1981］，『戦略策定：その理論と手法』千倉書房。）

兵藤雄之［2022］，「コンビニチェーン売上高ランキング2021＆上位チェーン最新動向」『Diamond Chain Store Online』4月1日（https://diamond-rm.net/management/125418/2/）。

一般社団法人カメラ映像機器工業会「デジタルカメラ統計」（https://www.cipa.jp/j/stats/dc-2019.html）。

一般社団法人日本食品機械工業会［2022］，『2021年　食品機械調査統計資料』日本食品機械工業会。

石井淳蔵［1999］，『ブランド：価値の創造』岩波新書。

石井淳蔵［2004］，『マーケティングの神話』岩波現代文庫。

石井淳蔵・嶋口充輝・栗木契・余田拓郎［2004］，『ゼミナール　マーケティング入門』日本経済新聞社。

伊丹敬之［1984］，『新・経営戦略の論理：見えざる資産のダイナミズム』日本経済新聞社。

Jobs, Steve［2007］，「iPhoneを発表するスティーブ・ジョブズ」YouTube（https://www.youtube.com/watch?v=L0XeQhSnkHg）。

金井壽宏・米倉誠一郎・沼上幹編著［1994］，『創造するミドル：生き方とキャリアを考えつづけるために』有斐閣。

栗木契［2020］，「スマホ全盛のいま，なぜ『インスタントカメラ』が年1000万台も売れているのか『チェキ』が採ったグローバル戦略」『PRESIDENT Online』9月17日9:00（https://president.jp/articles/-/38774?page=1-5）。

経営アカデミー経営意思決定コース［1990］，『平成元年度　グループ研究報告書』日本生産性本部。

ケラー，エド＆ブラッド・フェイ（澁谷覚・久保田進彦・須永努訳）［2016］，『フェイス・トゥ・フェイス・ブック：クチコミ・マーケティングの効果を最大限に高める秘策』有斐閣。

小林宏治［1980］，『C&C は日本の知恵：21 世紀への道を拓く』サイマル出版会。

小林一雅［2022］，『小林製薬　アイデアをヒットさせる経営　絶えざる創造と確信の追求』PHP 研究所。

小林隆一［2002］，『流通の基本』第 3 版，日経文庫。

Kotler, Philip［1980］, *Marketing Management*, Prentice-Hall. （村田昭治監訳［1983］，『マーケティング・マネジメント：競争的戦略時代の発想と展開』プレジデント社。）

Levitt, Theodore［1962］, *Innovation in Marketing: New Perspectives for Profit and Growth*, McGraw-Hill. （土岐坤訳［1983］，『マーケティングの革新：未来戦略の新視点』ダイヤモンド社。）

McAfee, R. Preston［2002］, *Competitive Solutions: The Strategist's Toolkit*, Princeton University Press.

McCarthy, E. Jerome and William D. Perreault, Jr.［1988］, *Essentials of Marketing*, 4th ed., Irwin.

McNamee, Patrick B.［1985］, *Tools and Techniques for Strategic Management*, Pergamon Press.

March, James G. and Herbert A. Simon［1958］, *Organizations*, John Wiley & Sons. （土屋守章訳［1977］，『オーガニゼーションズ』ダイヤモンド社。）

枡本康平［2012］，「スマートフォン市場　2 大勢力の競合分析：iOS 対アンドロイド」沼上幹＆一橋 MBA 戦略ワークショップ『戦略分析ケースブック Vol. 2』東洋経済新報社，pp. 97-120。

丸山一彦［2014］，「有望市場・有望ターゲットを発見するための仮説構築に関する研究：食洗機市場を例として」『和光経済』第 46 巻第 2 号，

　　pp. 21-38。

丸山雅祥・成生達彦［1997］,『現代のミクロ経済学：情報とゲームの応用ミクロ』創文社。

丸山雅祥［2017］,『経営の経済学』第3版, 有斐閣。

ムーア, ジェフリー［2014］,『キャズム ver.2 増補改訂版：新商品をブレイクさせる「超」マーケティング理論』翔泳社。

両角晴香［2021］,「着物業界はピークの6分の1に縮小：デジタルを使った最大手やまとの切り札とは」『Diamond Chain Store Online』11月3日（https://diamond-rm.net/management/95433/）。

村瀬清彦［2012］,「40年のあゆみ：サステナブル社会に貢献する」『食器洗い乾燥機の最新動向と課題（松下電器産業株式会社）』No. 3, pp. 130-133。

内閣府「消費動向調査（令和4〔2022〕年12月実施分）　調査結果の要点」（https://www.esri.cao.go.jp/jp/stat/shouhi/kekkanoyouten2022.pdf）。

Nalebuff, Barry J., and Adam M. Brandenburger［1996］, *Co-opetition*, Harper Collins Business.（嶋津祐一・東田啓作訳［2003］,『ゲーム理論で勝つ経営：競争と協調のコーペティション戦略』日経ビジネス人文庫。）

長沢伸也編著［2007］,『ルイ・ヴィトンの法則：最強のブランド戦略』東洋経済新報社。

名和高司［2021］,『パーパス経営：30年先の視点から現在を捉える』東洋経済新報社。

日経産業新聞編『日経　市場占有率』各年版, 日本経済新聞社。

日本経済新聞社編［2021］,『日経業界地図　2022年版』日本経済新聞出版。

野口智雄［2005］,『マーケティングの基本』第2版, 日経文庫。

野中郁次郎［1985］,『企業進化論：情報創造のマネジメント』日本経済新聞社。

野渡和義［2019］,『お客様と私たちを結んできた格言選考会の歩み：ユースキン製薬格言選考会20周年を記念して』ユースキン製薬株式会社。

小笠原啓［2014］,「富士フイルム, 執念でヒット再び」『日経ビジネス』

11 月 7 日，p. 18。

小川孔輔［1994］，『ブランド戦略の実際』日経文庫。

Pearce II, John A., and Richard B. Robinson, Jr.［1985］, *Strategic Management: Strategy Formulation and Implementation*, 2nd edition, Richard D. Irwin.

Porter, Michael E.［1980］, *Competitive Strategy*, Free Press.（土岐坤・中辻萬治・服部照夫訳［1982］，『競争の戦略』ダイヤモンド社。）

Rothenberg, Gunther E.［1986］, "Moltke, Schlieffen, and the Doctrine of Strategic Envelopment," in Peter Paret（ed.）, *Makers of Mordern Strategy*, Princeton University Press.

Rysman, Marc［2009］, "The Economics of Two-Sided Markets," *Journal of Economic Perspectives*, Vol. 23, No. 3, pp. 125–143.

劉彦甫［2019］，「富士フイルム『チェキ』，年 1000 万台なぜ売れる：デジタルにはない『アナログ感』が人気呼ぶ」『東洋経済オンライン』5 月 12 日（https://toyokeizai.net/articles/-/280892?page=3）。

榊原清則［1992］，『企業ドメインの戦略論：構想の大きな会社とは』中公新書。

Sharp, Byron［2017］, *Marketing: Theory, Evidence*, Practice, 2nd edition, Oxford University Press.

シャープ，バイロン（加藤巧監訳・前平謙二訳）［2018］，『ブランディングの科学：誰も知らないマーケティングの法則 11』朝日新聞出版。

シャープ，バイロン（加藤巧監訳・前平謙二訳）［2020］，『ブランディングの科学（新市場開拓篇）：エビデンスに基づいたブランド成長の新法則』朝日新聞出版。

嶋口充輝［1984］，『戦略的マーケティングの論理：需要調整・社会対応・競争対応の科学』誠文堂新光社。

嶋口充輝［1986］，『統合マーケティング：豊饒時代の市場志向経営』日本経済新聞社。

嶋口充輝・石井淳蔵［1995］，『現代マーケティング』新版，有斐閣 S シリーズ。

嶋口充輝・竹内弘高・片平秀貴・石井淳蔵編［1998］，『マーケティング革新の時代1　顧客創造』有斐閣。

嶋口充輝・竹内弘高・片平秀貴・石井淳蔵編［1999］，『マーケティング革新の時代2　製品開発革新』有斐閣。

嶋口充輝・竹内弘高・片平秀貴・石井淳蔵編［1999］，『マーケティング革新の時代3　ブランド構築』有斐閣。

嶋口充輝・竹内弘高・片平秀貴・石井淳蔵編［1998］，『マーケティング革新の時代4　営業・流通革新』有斐閣。

総務省統計局「2014年全国消費実態調査（現・全国家計構造調査）」（e-Stat）。

田内幸一［1985］，『マーケティング』日経文庫。

俵万智［1988］，『サラダ記念日：俵万智歌集』河出書房新社。

寺畑正英［1998］，「製品ライン戦略と顧客の学習」『組織科学』第32巻第2号，pp. 41–53。

戸田顕司［2007］，『逆境の経営学：吉野家阿部修仁』日経BP社。

和田充夫・恩蔵直人・三浦俊彦［2006］，『マーケティング戦略』第3版，有斐閣アルマ。

東洋経済新報社編［2022］，『会社四季報　業界地図　2023年版』東洋経済新報社。

Weick, Karl E.［1990］, "Introduction: Cartographic Myths in Organizations," in A. S. Huff（ed.）, *Mapping Strategic Thoughts*, John Wiley & Sons.

米田清紀［1988］，『エリア・マーケティングの実際』日経文庫。

有限会社きものと宝飾社［2018］，『着物市場規模に関する調査　2018』ステータスマーケティング／きものと宝飾社（https://status-marketing.com/wp-content/uploads/2018/01/着物市場規模に関する調査2018.pdf）。

有限会社きものと宝飾社［2022］，『着物市場規模に関する調査　2022』ステータスマーケティング／きものと宝飾社（https://status-marketing.com/wp-content/uploads/2022/01/着物市場規模に関する調査2022.pdf）。

記事，その他資料━━━━━━━━

『C&T』，「製配販のスクラムで商品音更なる浸透と拡販へ：ユースキン製薬代表取締役社長 野渡和義氏に聞く」（2017 年 10 月号，pp.92-97）。

『日経流通新聞』「長生き商品 人気の秘密」（1990 年 4 月 28 日，p. 16）。

『日経流通新聞』「ネーミング 『チェキ』」（1999 年 1 月 30 日，p. 4）。

『日経流通新聞』「クローズアップ戦略商品 富士写のインスタントカメラ 『instax mini 10 チェキ』」（1999 年 3 月 20 日，p. 3）。

『日経流通新聞』「税改正 キレ欠くビール復権」（2020 年 10 月 21 日，p. 1）。

『日経流通新聞』「ビール激変 主戦場は家」（2021 年 3 月 5 日，p. 1）。

『日経流通新聞』「男性フェースケアに『新顔』」（2022 年 2 月 28 日，p. 6）。

『日経産業新聞』「ハイライフを追え：日清食品 ライブハウスで若者つかむ」（1989 年 9 月 22 日，p. 5）。

『日経産業新聞』「大型商品：開発の軌跡を追う 18 日清カップヌードル（上）」（1990 年 3 月 8 日，p. 30）。

『日経産業新聞』「大型商品：開発の軌跡を追う 19 日清カップヌードル（下）」（1990 年 3 月 9 日，p. 26）。

『日経産業新聞』「ロングセラー商品の秘密：日清食品の『カップヌードル』絶えず若者に的絞る」（1991 年 6 月 14 日，p.14）。

『日経産業新聞』「富士写・ポラロイドの価格競争：『2 社寡占』揺さぶり加熱」（1998 年 11 月 6 日，p. 13）。

『日経産業新聞』「ヒット商品解剖 富士フイルム 小型インスタントカメラ」（1999 年 9 月 2 日，p. 21）。

『日経産業新聞』「デジカメ，スマホ世代照準」（2022 年 4 月 1 日，p. 3）。

『日経産業新聞』「日清，時代に合わせブランド磨く」（2022 年 7 月 8 日，p. 1）。

『日経産業新聞』「30 年までに営業益 100 億円」（2022 年 7 月 27 日，p. 14）。

『日経ビジネス』「普及率 35 ％まで来た 新『三種の神器』 食器洗い乾燥機の進化」（2021 年 3 月 25 日，https://business.nikkei.com/atcl/gen/19/00217/012600004/）。

『日経ビジネス』「デジタル全盛 変わる成功の方法」（2021 年 10 月 18 日，

pp. 22–24)。

『日経ビジネス』「百福氏から宏基氏，徳隆氏へ　挑み続ける安藤家　危機感を語り継ぐ」(2022 年 5 月 30 日，pp. 12-15)。

『日本経済新聞』「ブランド絞り独自色高める」(2021 年 3 月 25 日朝刊，p. 19)。

『日本経済新聞』「化粧品もジェンダーレス」(2022 年 3 月 10 日朝刊，p. 17)。

『日本経済新聞』「日清食品 HD　3 代目の危機感」(2022 年 12 月 2 日朝刊，p. 17)。

『日本経済新聞』「Z 世代，髪型よりコスメ」(2022 年 9 月 21 日朝刊，p. 17)。

『日本経済新聞』「スポーツ中継　ネット主役」(2022 年 12 月 20 日朝刊，p. 3)。

『日本食糧新聞』「日清食品，『日清これ絶対うまいやつ！』コンセプトが評価　計画比 3 倍増見込む」(2021 年 2 月 3 日，p. 3)。

Wikipedia, "iPhone" (https://ja.wikipedia.org/wiki/IPhone) (2023 年 2 月 27 日確認)。

ほかに，『日本経済新聞』，『日経産業新聞』，『日経流通新聞』の多数の記事，Wikipedia，ユースキン製薬株式会社，株式会社やまと社，バルミューダ株式会社，日清食品株式会社，をはじめ各社のホームページも参考にしている。

インタビュー

山田昇氏（ヤマダ電機代表取締役会長兼社長 CEO）インタビュー記録(2022 年 1 月 18 日)。

野渡和義氏（ユースキン製薬代表取締役社長）インタビュー記録 (2022 年 4 月 28 日)。

索引 index

事項・人名索引

企業名索引

（　）内は本文で取り上げられている主な商品や商品名等

著者紹介　沼上 幹（ぬまがみ つよし）
　　　　　　早稲田大学ビジネス・ファイナンス研究センター研究院教授

【有斐閣アルマ】

わかりやすいマーケティング戦略〔第3版〕

A First Course in Marketing Strategy 〔3rd edition〕

2000年4月28日 初　版 第1刷発行　　2023年9月30日 第3版 第1刷発行
2008年4月10日 新　版 第1刷発行

著　者	沼上 幹
発行者	江草貞治
発行所	株式会社有斐閣
	〒101-0051 東京都千代田区神田神保町2-17
	https://www.yuhikaku.co.jp/
装　丁	デザイン集合ゼブラ＋坂井哲也
イラスト	与儀勝美
組　版	有限会社ティオ
印　刷	大日本法令印刷株式会社
製　本	牧製本印刷株式会社
装丁印刷	株式会社亨有堂印刷所

落丁・乱丁本はお取替えいたします。定価はカバーに表示してあります。
©2023, Tsuyoshi NUMAGAMI.
Printed in Japan ISBN 978-4-641-22219-9